血統と戦績で読む

伝説の牝馬図鑑

江面弘也 監修
マイストリート 編

イースト・プレス

PART 3

※ 本書に収録した「牝馬」は牡牝混合の六大競争とGＩレースを勝った牝馬を基本として、各年代を代表する馬を編集部が選抜したものです。

※ 本書の勝利数などのデータで特に記載のないものは2023年10月1日現在のものです。

※ 獲得賞金は日本国内での総賞金獲得額です。

※「年代分け」は当該馬が活躍してファンの記憶に残った年を基準にしていますので、生年順の並びではありません。また構成上の都合で、生年順になっていない部分もあります。ご了承ください。

PART 1

なぜ牝馬は強くなったのか

長距離戦に勝てず買いたたかれた時代を経て
牝馬が牡牝混合ＧⅠを当たり前のように勝つ現在

◎「牝馬の時代」を読み解く
◎牡牝混合の六大競争＆ＧⅠを勝った名牝たち
◎日本の主なファミリーライン
◎種牡馬系統図で分かる伝説の牝馬たちの血統

なぜ牝馬は強くなったのか？「牝馬の時代」を読み解く

文：江面弘也

3年に一度 牝馬が年度代表馬になる時代

「牝馬の時代」と言われるようになってひさしい。以前は「牝馬が強い世代は牡馬のレベルが低い」という感覚もあったが、オールドファンが積み重ねてきた経験などまったく意味がなくなるほど、牝馬が強くなった。２０００年代の年度代表馬（ＪＲＡ）をみても、ウオッカ[※1]、ジェンティルドンナ[※2]、アーモンドアイ[※3]が二度ずつ選ばれ、ほかにブエナビスタ[※4]、リスグラシュー[※5]がいる。3年に一度の割合で、牝馬がチャンピオンになっているのだ。

戦中戦後の競走馬の数が極端にすくなかった時代には三冠レース[※6]や天皇賞[※7]に勝つ牝馬もいたが、80年代まではまだ牝馬は牡馬にとうてい敵わないものだと思われていた。なにしろ、１９９７年度代表馬となったエアグルーヴ[※8]はトウメイ[※9]以来26年ぶりの牝馬の受賞であり、54年にはじまった「年度代表馬」（87年からＪＲＡ賞）史上2頭めの受賞だった。

長距離戦に勝てず 牝馬が買いたたかれた時代

なぜ、牝馬がこれほどまでに強くなったのか——。順を追って考えてみたい。

80年代のはじめまで、3歳の牝馬にはクラシックとエリザベス女王杯につながる重賞があったが、4歳以上の牝馬のトップクラスは牡馬との混合重賞で戦わないといけなかった。競走体系が整備され、グレード制がはじまる前年——エアグルーヴの母ダイナカール[※10]がオークスを制した83年——の古馬牝馬重賞はわずかに四つである。春は京都牝馬特別と83年に新設された中山牝馬ステークス、秋は牝馬東京タイムズ杯（現府中牝馬ステークス）と阪神牝馬特別である。当時の古馬のトップホースが目標としていたのは春秋の天皇賞と有馬記念、宝塚記念だったが、グレード制の導入前にこの4レースに勝った最後の牝馬は、春の天皇賞は53年レダ[※11]、秋は80年のプリテイキャスト[※12]、有馬記念は71年ト

※1：120ページ参照。　※2：130ページ参照。　※3：144ページ参照。　※4：124ページ参照。　※5：146ページ参照。　※6：皐月賞、日本ダービー、菊花賞の3歳限定の牡牝混合クラシックレース。　※7：年2回春・秋に行われる。前身は「帝室御賞典」。　※8：96ページ参照。　※9：44ページ参照。　※10：66ページ参照。　※11：38ページ参照。　※12：64ページ参照。

2020年、ジャパンカップを勝ったアーモンドアイ。日本馬で初のGI9勝をあげた（中央）［©T.MURATA］

ウメイ、宝塚記念は66年[13]エイトクラウンである。スプリンターズステークスや安田記念など短い距離のレースでは牝馬も健闘していたが、長距離では牡馬に太刀打ちできなかった。

そのために、賞金を稼げない牝馬の価格はひどく低く、牝馬という理由で買ってもらえない馬もいた。牝馬二冠となる[14]テスコガビーは見た人だれもが「すばらしい馬だ」と絶賛する仔馬だったが、馬を探しにきた調教師が股間を覗いて「牝か…」と落胆して帰って行ったという話は有名だ。そういう状況だから、小さな牧場で牝馬ばかりうまれると経営が傾くという話はよくきいた。

牝馬限定重賞の増加と距離体系の見直し

牝馬の重賞が増やされ、[15]牝馬ＧＩが新設されたのはＪＲＡの牧場救済政策のひとつだったが、これによって牝馬の活躍の場もひろがっていった。さらに、長距離に偏っていた距離体系の整備によって短距離重賞の数が増やされ、90年代にはＧＩになったスプリンターズステークスや安田記念に勝つ牝馬も現れる。4歳以上の牝馬にもスポットライトがあたるようになり、[16]ヒ

※13：42ページ参照。　※14：52ページ参照。　※15：古馬の牝馬限定GIは、現在はエリザベス女王杯、ヴィクトリアマイルの2レース。ちなみに3歳牝馬限定GIは桜花賞、オークス、秋華賞。2歳牝馬限定GIは阪神ジュベナイルフィリーズ。　※16：88ページ参照。

2014年、有馬記念を勝って引退の花道を飾ったジェンティルドンナ（中央黒帽）［©T.MURATA］

シアマゾンやエアグルーヴが登場し、メジロドーベル[※17]のように牝馬限定であってもGIを5勝する名牝も現れる。牝馬だからと買い控える馬主や調教師もすくなくなっていった。

そして2000年代になって、牝馬は一段と強くなり、活躍の場も拡大する。

その要因のひとつに牧場から厩舎までの飼養管理がよくなったことがある。栄養状態がよくなり、テスコガビーのように、牡馬と見間違えられるほどりっぱな体をした牝馬も多くなった。健康管理も行き届き、むかしはよく、発情期と重なる桜花賞のころには「フケ（発情）で力が発揮できなかった」という牝馬がいたが、いまはそういう話をほとんどきかなくなった。

もうひとつ、大きな要因が調教育成の技術の進歩である。かつては多くの馬が厩舎で生活し、故障したときなど長めの休養では北海道の牧場で休んでいたが、いまはトレセン近郊の育成牧場で休みながら調教もできる。育成牧場にはりっぱな施設があり、優秀なスタッフが揃い、肉体面でも精神面でもしっかりとケアできる体制が整っている。繊細で生理面でも管理がむずかしい牝馬には、以前は一度体調を崩してしまうと立ち直れない馬も多かったが、いまはそういうケースも

※17：94ページ参照。

すくなくなり、長く健康に競走生活をおくれるようになった。

海外ではとんでもない記録を牝馬が打ち立てている

海外に目を向けると、ビッグレースを連覇し、GIをいくつも勝つような強い牝馬が世界各国で登場している。凱旋門賞を連覇したトレヴ※18、エネイブル※19。アメリカではゼニヤッタが19連勝、GI13勝を記録すれば、オーストラリアではウインクスが33連勝、GI25勝というとんでもない記録を打ち立てた。

2000年代になって高額賞金の国際的なイベントが増えたことも「強い牝馬」の活躍の舞台を拡大している。国内や競馬圏のビッグレースを勝って種牡馬として一定の評価を得た牡馬のトップホースは、早ければ3歳、通常でも4歳いっぱいで引退するのが一般的であり（5歳6歳まで現役をつづけて万が一のことがあれば、馬によっては世界的な損失になる）、国際レースの中心になっているのは牝馬であり騸馬である。ゼニヤッタとエネイブルは6歳、ウインクスは8歳までトップホースとして現役をつづけた。クラブ法人が所有するアーモンドアイやジェンティルドンナは「現役は6歳3月まで」という規程があるために外国馬のように長くは走れないが、それでも5歳の年末まで現役を継続している。

さらに彼女たちを後押ししているのが牝馬の負担重量を軽くするルール「セックスアローワンス」である。国や地域によって若干の差はあるが、日本やアジア、オセアニアなどは2kg、ヨーロッパは3ポンド（1.5kgに相当）軽くすることで、アーモンドアイやエネイブルのような牡馬に伍する実力がある牝馬は「ハンデをもらっている」状態になるのだ。JRAのハンディキャッパーにきくと、国際会議では「牡と牝がおなじ重量のレースがあってもいいのではないか」と主張する人もでてきたそうだ。それほど世界レベルで牝馬が強くなっている。

産まれてきた仔馬が牡か牝かが大問題だった時代は終わった［©T.MURATA］

※18：173ページ参照。　※19：174ページ参照。

牡牝混合の六大競走&GⅠを勝った名牝たち

ＪＲＡ（日本中央競馬会）が重要競走とするＧＩレースはグレード制が導入された１９８４年から制定されたが、それ以前は４歳クラシックの桜花賞、オークス、皐月賞、東京優駿（本書では日本ダービーと表記）、菊花賞と古馬路線の天皇賞・春／秋、有馬記念の「八大競走」が重要レースとされた。

この中で牝馬限定の桜花賞とオークスを除く牡牝混合戦の「六大競走」と84年以降の牡牝混合ＧＩを勝った牝馬をリストアップした。

八大競走は、桜花賞以外は２０００メートル以上の距離で、長距離レースが格が高いとされていた名残といえる。84年のグレード制導入では３２００メートルのレースだった天皇賞・秋が２０００メートルに短縮されたほか、スプリンターズステークス（１２００メートル）や安田記念などマイル（１６００メートル）以下のレースもＧＩとされ、スピードタイプの牝馬の優勝も目立つようになっている。

1983年までの牡牝混合六大競走優勝牝馬

六大競走は皐月賞／日本ダービー／菊花賞／天皇賞・春／天皇賞・秋／有馬記念

※印は当時のレース名称

ヒサトモ	日本ダービー（※東京優駿大競走 37）、天皇賞・秋（※帝室御賞典 38）
ニパトア	天皇賞・秋（※帝室御賞典 42）
クリフジ	日本ダービー（※東京優駿競走 43）、菊花賞（※京都農商省賞典四歳呼馬 43）
トキツカゼ	皐月賞（※農林省賞典 47）
ブラウニー	菊花賞（※農林省賞典四歳馬 47）
ヒデヒカリ	皐月賞（※農林省賞典 48）
ヤシマドオター	天皇賞・秋（50）
レダ	天皇賞・春（53）
クインナルビー	天皇賞・秋（53）
オパールオーキツト	天皇賞・秋（54）
セルローズ	天皇賞・秋（58）
ガーネツト	天皇賞・秋（59）、有馬記念（59）
スターロツチ	有馬記念（60）
クリヒデ	天皇賞・秋（62）
トウメイ	天皇賞・秋（71）、有馬記念（71）
プリテイキャスト	天皇賞・秋（80）

1984年以降の牡牝混合GI優勝牝馬

緑文字は海外GIレース

タカラスチール	マイルCS（86）
パッシングショット	マイルCS（90）
ダイイチルビー	安田記念（91）、スプリンターズS（91）
ニシノフラワー	スプリンターズS（92）
シンコウラブリイ	マイルCS（93）
ノースフライト	安田記念（94）、マイルCS（94）
フラワーパーク	高松宮記念（96）、スプリンターズS（96）
エアグルーヴ	天皇賞・秋（97）
シーキングザパール	NHKマイルC（97）、モーリス・ド・ゲスト賞（98）
ビリーヴ	高松宮記念（03）、スプリンターズS（02）
スイープトウショウ	宝塚記念（05）
ヘヴンリーロマンス	天皇賞・秋（05）
ラインクラフト	NHKマイルC（05）
アストンマーチャン	スプリンターズS（07）
ピンクカメオ	NHKマイルC（07）
ウオッカ	天皇賞・秋（08）、日本ダービー（07）、安田記念（08・09）、ジャパンC（09）
スリープレスナイト	スプリンターズS（08）
ダイワスカーレット	有馬記念（08）
ブルーメンブラット	マイルCS（08）
ブエナビスタ	天皇賞・秋（10）、ジャパンC（11）
カレンチャン	高松宮記念（12）、スプリンターズS（11）
ジェンティルドンナ	ジャパンC（12・13）、ドバイシーマクラシック（14）、有馬記念（14）
ハナズゴール	オールエイジドS（14）
サンビスタ	チャンピオンズC（15）
ショウナンパンドラ	ジャパンC（15）
ストレイトガール	スプリンターズS（15）
マリアライト	宝塚記念（16）
メジャーエンブレム	NHKマイルC（16）
アエロリット	NHKマイルC（17）
アーモンドアイ	天皇賞・秋（19・20）、ジャパンC（18・20）、ドバイターフ（19）
リスグラシュー	宝塚記念（19）、有馬記念（19）、コックスプレート（19）
ノームコア	香港カップ（20）
グランアレグリア	安田記念（20）、マイルCS（20・21）、スプリンターズS（20）
クロノジェネシス	宝塚記念（20・21）、有馬記念（20）
モズスーパーフレア	高松宮記念（20）
ラッキーライラック	大阪杯（20）
レイパパレ	大阪杯（21）
ラヴズオンリーユー	香港カップ（21）、クイーンエリザベスII世C（21）
ウインマリリン	香港ヴァーズ（22）
ソングライン	安田記念（22・23）
ママコチャ	スプリンターズS（23）

日本の主なファミリーライン

種牡馬系統図は英語ではサイアーラインだが、もちろん繁殖牝馬にも系統図はある。ファミリーライン、またはメアーラインとされる。種牡馬と同じく優秀な繁殖成績を収めた一頭から連なり「○○（馬名）系」として分類されている。しかし年に100頭以上も種付けする種牡馬と違い、年に1頭しか生めないため活躍馬が出る確率は低く、また何代も経て突然活躍馬が出るなど、種牡馬系統図と比べると連続性も低くなる。そこで今回は日本のファンが記憶しておくべき主なファミリーラインを紹介する。

北海道の繁殖牧場でデビューを待つ母仔［©T.MURATA］

種牡馬だけじゃない名馬を生み出す母の血

文：江面弘也

現在も続くビューチフルドリーマー系

１９０６（明治39）年に軍馬育成を目的とした馬政局がつくられ、「馬匹改良三十年計画」がはじまると、三菱財閥系の小岩井農場がイギリスから多くの繁殖牝馬を輸入している。そのなかに、ビューチフルドリーマーやフロリースカップ、アストニシメント、フラストレート……など、長く日本の競馬を支え、歴史をつくってきたファミリーラインを形成した牝馬がいた。なかでもビューチフルドリーマーは日本を代表するファミリーを築き、子孫からはシンザンをはじめ多くの名馬が誕生しているが、12年にホエールキャプチャがヴィクトリアマイルに勝つなど、21世紀になってもまだ活躍馬を出している。

長く競馬を見ていると、血統表の奥深くにある牝馬の名前に目がとまるようにな

［凡例］馬名が英字だけのものは日本語で馬名登録されてない外国馬。馬名後の数字は生年。
※「↓」は2頭の間に何代か隔たりがあることを示す。

- ハヤノボリ 1949
  - シンザン 1961
- ブライトン 1933
  - クリススム 1944
    - クリゾノ 1950
      - グランドフォード 1958
        - タマミ 1967

マイリー系（← Saperlipopette 系）

イットー、ハギノカムイオーを生んだ華麗なる一族

- マイリー
  - キユーピツト 1957
    - ヤマピット 1964
    - ミスマルミチ 1965
      - イットー 1971
        - ハギノトップレディ 1977
          - ダイイチルビー 1987
          - ウメノアスコット 1989
            - マイネルセレクト 1999
        - ハギノカムイオー 1979
      - ニッポーキング 1973

豆知識

ファミリーにはナンバーがつけられている

各ファミリーには系列ごとにナンバーが振り付けられており、それぞれ○号族と呼ばれる。何代かで枝分かれしていき、例えばダイナカール系は8号族-fのパロクサイド系の枝族とされる。

ビューチフルドリーマー系（← Royal Mare 系）

日本の名繁殖牝馬につながるイギリスからの輸入牝系

- ビューチフルドリーマー 1903
  - 種義 1912
    - アストラル 1921
      - 第参アストラル 1937
        - オーマツカゼ 1944
          - オーハヤブサ 1959
    - 雪義 1931
      - マイラブ 1946
        - ミスミハル 1951
          - ヤマトマサル 1965
          - シルティーク 1981
            - レオダーバン 1988
        - ミスミドリ 1955
          - クインエポロ 1964
            - ホクエイリボン 1973
              - エルプス 1982
                - リヴァーガール 1991
                  - テイエムオーシャン 1998
      - グローリアス 1948
        - パッシングミドリ 1966
          - エリモジョージ 1972
  - 第三ビューチフルドリーマー 1917
    - バツカナムビユーチー 1929
      - 第四バツカナムビユーチー 1940
        - シラハタ 1945
          - メイヂヒカリ 1952
        - カネユキ 1946
          - オーテモン 1955
        - ハクリヨウ 1950
      - 第五バツカナムビユーチー 1941

る。種牡馬と違い、好きだった馬の近親馬は1頭1頭がなつかしく、鮮明に思いだされるものだ。それが牝系のおもしろさでもある。

「華麗なる一族」マイリー系

57年に荻伏牧場がイギリスから輸入したマイリーを祖とする牝系は、70年代から80年代にかけて人気のあったファミリーである。オークス馬ヤマピットにはじまり、イットー、ニッポーキング、ハギノトップレディ、ハギノカムイオー、そしてダイイチルビーと、華のある快速馬が多かった。山崎豊子氏の小説から「華麗なる一族」と呼ばれていたが、命名したのは詩人の志摩直人氏である。

社台を支えるダイナカール系

83年のオークス馬ダイナカールは、68年に社台ファームが輸入したパロクサイドという牝馬の孫になる。ダイナカールからエアグルーヴ、アドマイヤグルーヴと続く母系からは、ドゥラメンテ、ルーラーシップと種牡馬として成功した馬もでており、いまなお活力のあるファミリーだ。

- ローズバド 1998
  - ローザブランカ 2005
    - スタニングローズ 2019
  - ローズリパブリック 2006
  - ローズキングダム 2007
- ローゼンクロイツ　2002

ロサード 1996

ヴィータローザ 2000

ミエスク系（← Sea-Change 系）

Miesque 1984
- Kingmambo 1990
- East of the Moon 1991
  - Alpha Lupi 2004
    - Alpha Centauri 2015
    - Alpine Star 2017
    - Discoveries 2019
- ムーンイズアップ 1993
  - サンイズアップ 1998
    - Karakontie 2011
- Monevassia 1994
  - ラヴズオンリーミー 2006
    - リアルスティール 2012
    - ラヴズオンリーユー 2016
- セカンドハピネス 2002
  - Study of Man 2015

スカーレット系（← Manganese 系）

母の母として地位を築いたスカーレットインクの一族

スカーレットインク 1971
- スカーレットローズ 1987
  - スカーレットレディ 1995
    - ヴァーミリアン 2002
- スカーレットブーケ　1988
  - ダイワメジャー 2001
  - ダイワスカーレット 2004

ダイナカール系（←パロクサイド系）

オークス馬を生んだオークス馬の一族

ダイナカール 1980
- カーリーエンジェル 1990
  - オレハマッテルゼ 2000
- エアグルーヴ 1993
  - アドマイヤグルーヴ 2000
    - ドゥラメンテ 2012
  - ソニックグルーヴ 2003
    - スペシャルグルーヴ 2007
      - ジュンライトボルト 2017
  - ルーラーシップ 2007

ローザネイ系（← Queen Bertha 系）

スタニングローズが 22 年の秋華賞制覇!薔薇一族

ローザネイ 1988
- ロゼカラー 1993

名門スカーレット一族

71年に「活馬の輸入自由化」が実施されると、有力な馬主や牧場は競って欧米の市場に向かった。この時代に輸入された牝馬ではマルゼンスキーの母シルやプリテイキャストの母タイプキャストなどが有名だが、スカーレットインクもこの時代の輸入馬である。スカーレットインクの娘たちには冠名のように「スカーレット」とつけられ、ノーザンテーストとの間に生まれた「ブルー」、「リボン」、「ローズ」、「ブーケ」の4頭が主要な後継牝馬となる。そして、スカーレットブーケの孫からダイワメジャー、ダイワスカーレットが登場し、名門ファミリーとしての地位を築いた。

「薔薇一族」ローザネイ系

92年12月、ノーザンファームの吉田勝已氏がイギリスのせりで購入したのが、イギリスダービー馬シャーリーハイツの仔を受胎していたローザネイである。翌春、ローザネイが生んだ仔がロゼカラーで、ロゼカラーの孫ローズキングダムがジャパンカップに、曾孫のスタニングローズが秋華賞に

ハイクレア系（← Aloe 系）

欧州2冠馬ナシュワンも出した名牝系

- Highclere 1971
  - Burghclere 1977
    - Capo Di Monte 1982
      - Dream Ticket 1992
        - Magic Mission 1998
        - タリスマニック 2013
    - インヴァイト 1986
      - ウインクリューガー 2000
    - ウインドインハーヘア 1991
      - レディブロンド 1998
        - ラドラーダ 2006
          - レイデオロ 2014
        - ゴルトブリッツ 2007
      - ディープインパクト 2002

ラスティックベル系（← Variety 系）

〇ノームコア・クロノジェネシスにつながる名牝

- ラスティックベル 1990
  - フサイチエアデール 1996
    - フサイチリシャール 2003
  - インディスユニゾン 1997
    - クロノロジスト 2003
      - ノームコア 2015
      - クロノジェネシス 2016

ソニンク系（← Perion Mare 系）

欧州を転戦したディアドラを出したイギリスの名血

- ソニンク 1996
  - アコースティクス 2001
    - ロジユニヴァース 2006
  - ルミナスポイント 2003
    - ルミナスパレード 2011
      - ソングライン 2018
  - ライツェント 2007
    - ディアドラ 2014
    - リューベック 2019
    - フリームファクシ 2020
  - ノーザンリバー 2008

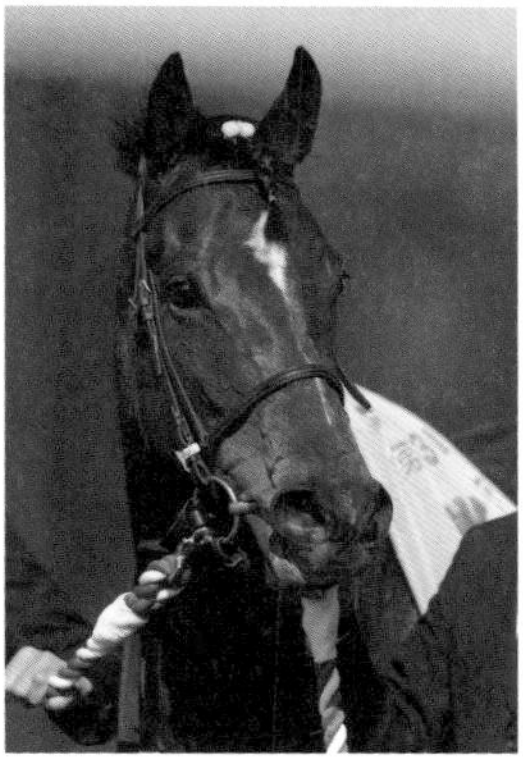

計り知れない可能性を感じさせるリバティアイランが新しいファミリーラインを築くことを期待（2023年桜花賞）［©T.MURATA］

勝つなど、ロゼカラーをとおしてこの系統は拡大していく。また、このファミリーはバラにちなんだ名前の馬が多く、いつのころからか「薔薇一族」と呼ばれているのだが、最初に「薔薇一族」と漢字で表現したのはどんな人なのだろうか、とつい考えてしまうのは初老の男だ。

「世界の名牝」ミエスク系

競馬の国際化が進むにつれて、世界的な名牝の血をひく系統が日本でも広がっていく。

名種牡馬キングマンボなどの母ミエスクは、ヨーロッパとアメリカでGⅠ10勝、アメリカでは2年連続で芝牝馬チャンピオンに選出された80年代を代表する名牝である。その流れをくむ牝馬は日本にも数多く輸入され、孫のラヴズオンリーミーが生んだラヴズオンリーユーは国内外で四つのGⅠに勝ち、ミエスクとおなじく、外国馬でありながらアメリカの芝牝馬チャンピオンに選ばれた。

ディープインパクトも一族のハイクレア系

ディープインパクトの曾祖母ハイクレア

青文字：牡馬・騸馬　70年代以前 80年代 90年代 2000年代 2010年以降：本書収録馬

ブラックターキン系（← Stray Shot 系）

名スプリンターカレンチャンにつながる名門牝系

- ブラックターキン 1954
  - シャダイターキン 1966
    - ダイナターキン 1979
      - レッツゴーターキン 1987
  - シャダイウイング 1968
    - センシユータカラ 1976
      - カズミハルコマ 1984
        - スプリングチケット 1997
          - カレンチャン 2007

白毛一族の血の繁栄の期待をになうことなるソダシ。繁殖としての成績も気になる［©T.MURATA］

シラユキヒメ系（← Peter Lely Mare 系）

白毛初のＧⅠ馬ソダシが活躍し、世界も注目する新牝系

- シラユキヒメ 1996
  - ホワイトベッセル 2004
  - ユキチャン 2005
    - シロインジャー 2013
      - メイケイエール 2018
    - ハウナニ 2015
    - ハイアムズビーチ 2019
    - アマンテビアンコ 2021
  - マシュマロ 2009
    - ハヤヤッコ 2016
    - ケオケオ 2020
  - ブラマンジェ 2010
    - ウアラネージュ 2017
    - ダノンハーロック 2018
  - マーブルケーキ 2011
    - ブランシール 2021
  - ブチコ 2012
    - ソダシ 2018
    - ママコチャ 2019
    - カルパ 2021
  - シロニイ 2014
  - ブッチーニ 2016

はエリザベス女王の所有馬としてイギリス１０００ギニーとフランスオークスに勝った。孫のナシュワン（ダービーなどＧⅠ４勝）をはじめ、ヨーロッパの名馬がハイクレアの系統から数多く誕生している。ディープインパクトの母ウインドインハーヘアの他にもハイクレア系の牝馬は何頭も輸入されていて、この一族は日本でも拡大している。

これから期待の若い一族

ラスティックベルやソニンクの系統は近年の活躍がめだつ若いファミリーだが、海外のＧⅠに勝つ牝馬も登場している。おそらく今後、日本で築かれたファミリーが海外でも注目されるようになり、外国に買われていく牝馬もでてくるだろうが、そうなればおもしろいのが、世界的にも希少な白毛のファミリー、シラユキヒメ系である。突然変異で誕生する白毛は能力で劣るという固定観念が常識のようになっていたが、ホワイトベッセルが中央の白毛として初勝利をあげると、ユキチャンが重賞に勝ち、ソダシがＧⅠ馬になった。メイケイエールやソダシの妹ママコチャは鹿毛だが、白毛

アンティックヴァリュー系（Toxophilite Mare 系）

直仔のG1馬ベガの孫ハープスターもGⅠ制覇

- アンティックヴァリュー 1979
  - ベガ 1990
    - アドマイヤベガ 1996
    - アドマイヤボス 1997
    - アドマイヤドン 1999
    - ヒストリックスター 2005
      - ハープスター 2011

豆知識

トゥザヴィクトリーとハープスターは同じ枝族

Toxophilite Mare は9号族というファミリーナンバー。一族に活躍馬が多いので9-fの始祖とされる。この一族には他にもメジロラモーヌ（牝馬三冠）、チョウカイキャロル、アパパネ（牝馬三冠）、アユサン、牡馬のグローリーヴェイズなどがいる。

キャサリーンパー系（← Rajput Princess 系）

9頭で19勝。G1馬も複数生んだクリソプレーズを輩出

- キャサリーンパー 1987
  - タンザナイト 2000
    - モルガナイト 2006
      - ブラックスピネル 2013
    - ダンビュライト 2014
  - クリソプレーズ 2002
    - クリソライト 2010
    - マリアライト 2011
      - オーソクレース 2018
    - リアファル 2012
    - クリソベリル 2016

フェアリードール系（← Toxophilite Mare 系）

名競走馬にして名繁殖のトゥザヴィクトリーを輩出

- フェアリードール 1991
  - トゥザヴィクトリー 1996
    - アゲヒバリ 2004
      - メドウラーク 2011
      - リオンリオン 2016
    - トゥザグローリー 2007
    - トゥザワールド 2011
    - トーセンビクトリー 2012
  - フェアリーダンス 2009
    - フェアリーポルカ 2016

は優性遺伝で、白毛から白毛が生まれる確率が高く、シラユキヒメ系の広がりは目に見えてわかる。

引退が決まったソダシもやがて母になる。ここでわたしたちはひとつの夢を見る。ソダシには社台スタリオンステーションのトップサイヤーが種付けされるだろう。そしてそこから、優秀な白毛の牡馬が誕生し、GⅠに勝ち、種牡馬になったら――。

1993年、桜花賞を制したベガと武豊騎手。ベガはオークスも勝って牝馬二冠馬に。繁殖牝馬としても成功した［©T.MURATA］

青文字：牡馬・騸馬　70年代以前 80年代 90年代 2000年代 2010年以降：本書収録馬

種牡馬系統図でわかる伝説の牝馬たちの血統

サンデーサイレンス系ディープインパクト産駒のブエナビスタ。写真は2010年天皇賞・秋［©T. MURATA］

種牡馬と繁殖牝馬の父の血統がうまくかみ合えば名馬が産まれる

サラブレッドの歴史は血統の歴史といえる。ダーレーアラビアン、ゴドルフィンアラビアン、バイアリータークの３大始祖からはじまり、種牡馬と繁殖牝馬の父系の血統を組み合わせて、強く早い馬を作り上げてきた。

ここではＰＡＲＴ２に掲載する名牝の血統を基本に種牡馬系統図を紹介しよう。

始祖からネアルコ系まで

ダーレーアラビアン系
Darley Arabian 1700
↓
エクリプス系　Eclipse 1764
↓
ファラリス系　Phalaris 1913
｜ファロス Pharos 1920
｜｜ネアルコ系　Nearco 1935

※現在サラブレッドの90％ほどを占める始祖ダーレーアラビアン系だが、そのうちのほぼ半分がネアルコ系と隆盛を誇っている。

ネアルコ系から分岐している日本の血統

世界の主流となっているネアルコ系だが、日本も例外ではなくネアルコの直仔であるナスルーラ、ロイヤルチャージャー、ニアークティックからの分枝が大繁栄している。

また「系」とまではいかないが、ネアルコの直仔カリムが日本に輸入され、桜花賞馬タマミを出した。またハイセイコーの母父でもある。ネアルコの孫のインディアナからはダービー・天皇賞馬タケホープが出ている。

日本の大種牡馬テスコボーイにつながるプリンスリーギフト系

ナスルーラ直仔のネヴァーセイダイ系からネヴァービート、コントライトなど輸入されているが中でもなじみ深いのは日本の大種牡馬テスコボーイにつながるプリンスリーギフト系である。

テスコボーイはトウショウボーイが代表産駒として有名だが、初年度産駒から皐月賞馬ランドプリンスを出すなど成功し、本

［凡例］馬名が英字だけのものは日本語で馬名登録されてない外国馬。カタカナ+英字は日本で馬名登録された外国馬（日本に輸入された外国馬。来日してレースに登録したことのある馬など）。カタカナだけのものは日本馬（持込馬・外国産含む）。馬名後の数字は生年※「↓」は2頭の間に何代か隔たりがあることを示す。

| | リキエイカン 1966
| | グランドマーチス 1969
| | インターグロリア 1974
| フィルモン 1960
| | ラフオンテース 1977
| コントライト Contrite 1968
| | テンポイント 1973

プリンスリーギフト系（ナスルーラ系）

Princely Gift 1951
| King's Troop 1957
| | ボイズィーボーイ Boysie Boy 1965
| | | カツラギエース 1980
| テスコボーイ Tesco Boy 1963（テスコボーイ系）

テスコボーイ系（プリンスリーギフト系）

テスコボーイ Tesco Boy 1963
| ランドプリンス 1969
| キタノカチドキ 1971
| テスコガビー 1972
| トウショウボーイ 1973
| | ミスターシービー 1980
| | アラホウトク 1985
| | パッシングショット 1985
| | サクラホクトオー 1986
| | ダイイチルビー 1987
| | シスタートウショウ 1988
| ホクトボーイ 1973
| インターグシケン 1975
| ハギノカムイオー 1979
| サクラユタカオー 1982
| | サクラバクシンオー 1989
| | | ショウナンカンプ 1998
| | | グランプリボス 2008
| | | ビッグアーサー 2011
| | サクラキャンドル 1992

ネアルコ系（ファラリス系）

Nearco 1935
| Nasrullah 1940（ナスルーラ系）
| Dante 1942
| Royal Charger 1942（ロイヤルチャージャー系）
| | ロイヤルチャレンンジャー Royal Challenger 1951
| | | スピードシンボリ 1963
| Sayajirao 1944
| | インディアナ Indiana 1961
| | | タケホープ 1970
| カリム 1953
| | タマミ 1967
| Nearctic 1954（ニアークティック系）

ナスルーラ系（ネアルコ系）

Nasrullah 1940
| Grey Sovereign 1948（グレイソヴリン系）
| | Sovereign Path 1956
| | | スパニッシュイクスプレス 1962
| | | | アローエクスプレス 1967
| | | | | テイタニヤ 1973
| Never Say Die 1951（ネヴァーセイダイ系）
| | シプリアニ 1958
| | トウメイ 1966
| | アチーブスター 1969
| Princely Gift 1951（プリンスリーギフト系）
| Bold Ruler 1954（ボールドルーラー系）
| Red God 1954（レッドゴッド系）
| | イエローゴッド 1967
| | | ブロケード 1978
| Never Bend 1960（ネヴァーベンド系）
| | ブレイヴェストローマン 1972
| | | マックスビューティ 1984

ネヴァーセイダイ系（ナスルーラ系）

Never Say Die 1951
| ネヴァービート Never Beat 1960
| | マーチス 1965

書収録のテスコガビー（桜花賞、オークス）をはじめ、キタノカチドキ（皐月賞、菊花賞）、サクラユタカオー（天皇賞（秋））らを送り出した。1974、75、78年、79年と4回日本リーディングサイアーになっている。軽種馬農協所有で種付け料が安価で産駒も高く売れたため、産駒のトウショウボーイと同じく「お助けボーイ」と呼ばれることもあった。

そのトウショウボーイは現役時代「天馬」と呼ばれテンポイント、グリーングラスとともにTTG三強時代を築いた。種牡馬としては同じ新馬戦でデビューしたシービークインとの配合で三冠馬ミスターシービーを出している。また、牝馬もアラホウトク（桜花賞）、パッシングショット（マイルCS）、ダイイチルビー（安田記念など）など実績馬を輩出し、母の父（ブルードメアサイアー）としても優秀な成績を残している。

2018年オークスを勝ったアーモンドアイ［©T.MURATA］

赤文字：本書未掲載の牝馬　70年代以前 80年代 90年代 2000年代 2010年以降：本書収録馬

- クリスタルパレス Crystal Palace 1974
  - プレクラスニー 1987
- Cozzene 1980
  - アドマイヤコジーン 1996
    - アストンマーチャン 2004
  - ローブデコルテ 2004
- シャルード Sharrood 1983
  - ビワハヤヒデ 1990
- シービークロス 1975
  - タマモクロス 1984

ゼダーン系（グレイソブリン系）

- ゼダーン Zeddaan 1965
  - Kalamoun 1970
    - カンパラ Kampala 1976
      - トニービン Tony Bin 1983
        - ウイニングチケット 1990
        - サクラチトセオー 1990
        - ベガ 1990
        - ノースフライト 1990
        - オフサイドトラップ 1991
        - エアグルーヴ 1993
        - ミラクルアドマイヤ 1995
          - カンパニー 2001
        - ジャングルポケット 1998
          - クィーンスプマンテ 2004
          - オウケンブルースリ 2005
          - トールポピー 2005
          - トーセンジョーダン 2006
          - アヴェンチュラ 2008
        - レディパステル 1998
        - テレグノシス 1999

ボールドルーラー系（ナスルーラ系）

- Bold Ruler 1954
  - Boldnesian 1963
    - Bold Reasoning 1968
      - Seattle Slew 1974（シアトルスルー系）
  - ステューペンダス Stupendous 1963
    - ラッキールーラ 1974
    - カツアール 1976
  - Raja Baba 1968
    - ロイヤルスキー Royal Ski 1974
      - アグネスフローラ 1987
  - Secretariat 1970

シアトルスルー系（ボールドルーラー系）

- Seattle Slew 1974
  - ヒシナタリー 1993
  - A.P. Indy 1989
    - Pulpit 1994
      - Lucky Pulpit 2001
        - カリフォルニアクローム California Chrome 2011
      - Tapit 2001
        - テスタマッタ 2006
        - ラニ 2013
      - パイロ Pyro 2005
        - メイショウハリオ 2017
    - Old Trieste 1995
      - シニスターミニスター Sinister Minister 2003
        - テーオーケインズ 2017
    - Mineshaft 1999
      - カジノドライヴ 2005
    - マジェスティックウォリアー Majestic Warrior 2005
      - ベストウォーリア 2010
  - ダンツシアトル 1990
  - タイキブリザード 1991

フォルティノ系（グレイソブリン系）

- フォルティノ Fortino 1959
  - Caro 1967

日本競馬に向いていたグレイソブリン系

ナスルーラの直仔グレイソブリンの系統からはソブリンパス系、フォルティノ系、ゼダーン系が分枝され、いずれも日本競馬に合っていたのか、活躍馬を多数出している。

中でもゼダーン系カンパラ産駒のトニービンが種牡馬として大成功をおさめた。

サンデーサイレンス、ブライアンズタイムと並んで1990年代の3大種牡馬と呼ばれ、94年にはリーディングサイアーになっている。

トニービンはアイルランド生まれのイタリア調教馬で凱旋門賞馬であり、現役最後のレースはジャパンCだった。社台グループの種牡馬として、牝馬二冠馬のベガをはじめ、ダービー馬ウィニングチケット、オークスと天皇賞・秋エアグルーヴなどGⅠ馬が目白押しだ。

産駒はロングスパートを得意とするタイプが多い。直線の長い東京競馬場と相性が良く、東京競馬場で行われたGⅠを完全制覇している。

- イナリワン 1984
- ロジータ 1986

サーゲイロード系 （ターントウ系）

- Sir Gaylord 1959
  - Habitat 1966
    - スティールハート 1972
      - ニホンピロウイナー 1980
        - ヤマニンゼファー 1988
          - フラワーパーク 1992
        - タカラスチール 1982

ヘイロー系 （ヘイルトゥリーズン系）

- Halo 1969
  - Devil's Bag 1981
    - Devil His Due 1989
      - ロージズインメイ Roses in May 2000
        - ドリームバレンチノ 2007
    - タイキシャトル 1994
      - ウインクリューガー 2000
      - メイショウボーラー 2001
        - ニシケンモノノフ 2011

サンデーサイレンス系 （ヘイロー系）

- サンデーサイレンス Sunday Silence 1986
  - ジェニュイン 1992
  - タヤスツヨシ 1992
  - ダンスパートナー 1992
  - フジキセキ 1992
    - カネヒキリ 2002
      - ロンドンタウン 2013
    - キンシャサノキセキ 2003
    - ファイングレイン 2003
    - ダノンシャンティ 2007
    - サダムパテック 2008
    - ストレイトガール 2009

ブラッシンググルーム系 （レッドゴッド系）

- Blushing Groom 1974
  - クリスタルグリッターズ Crystal Glitters 1980
    - アブクマポーロ 1992
    - マチカネフクキタル 1994
  - Rainbow Quest 1981
    - サクラローレル 1991
  - Nashwan 1986
    - バゴ 2001
      - クロノジェネシス 2016

ミルリーフ系 （ネヴァーヴェンド系）

- Mill Reef 1968
  - マグニテュード Magnitude 1975
    - ミホノブルボン 1989
  - ミルジョージ Mill George 1975

全盛のサンデーサイレンス系につながる系統

- ネアルコ系 Nearco 1935
  - ロイヤルチャージャー系 Royal Charger 1942
    - ターントウ系 Turn-to 1951
      - ヘイルトゥリーズン系 Hail to Reason 1958
        - ヘイロー系 Halo 1969
          - サンデーサイレンス系 Sunday Silence 1986
        - ロベルト系 Roberto 1969
      - サーゲイロード系 Sir Gaylord 1959

※ネアルコ産駒のロイヤルチャージャーから始まりディープインパクトの孫世代まで、日本競馬を激変させた血統。

2010年の牝馬三冠馬アパパネ。写真はオークス［©T.MURATA］

豆知識

なぜか日本の芝が合わないシアトルスルー系後継種牡馬

シアトルスルーは1977年のアメリカの無敗で三冠を制した史上初の馬で史上最強馬との声も上がる。種牡馬としても今でもアメリカの主流血統だが、日本では安田記念馬タイキブリザードや宝塚記念馬ダンツシアトルを出しているが、後継種牡馬の産駒の活躍馬はほとんどダート馬。シニスターミニスターやパイロなどダート専用種牡馬の趣である。

赤文字：本書未掲載の牝馬　70年代以前 80年代 90年代 2000年代 2010年以降：本書収録馬

- マンハッタンカフェ 1998
  - ジョーカプチーノ 2006
  - ヒルノダムール 2007
- メジロベイリー 1998
- ビリーヴ 1998
- アドマイヤマックス 1999
  - ケイティブレイブ 2013
- ゴールドアリュール 1999
  - エスポワールシチー 2005
  - オーロマイスター 2005
  - スマートファルコン 2005
  - クリソライト 2010
  - コパノリッキー 2010
  - ゴールドドリーム 2013
  - クリソベリル 2016
- デュランダル 1999
- オレハマッテルゼ 2000
  - ハナズゴール 2009
- アドマイヤグルーヴ 2000
- ヘヴンリーロマンス 2000
- ゼンノロブロイ 2000
  - サンテミリオン 2007
- スティルインラブ 2000
- ネオユニヴァース 2000
  - アンライバルド 2006
  - ロジユニヴァース 2006
  - ヴィクトワールピサ 2007
  - ネオリアリズム 2011
- スズカマンボ 2001
  - サンビスタ 2009
  - メイショウマンボ 2010
- ダイワメジャー 2001
  - カレンブラックヒル 2009
  - コパノリチャード 2010
  - ブルドッグボス 2012
  - メジャーエンブレム 2013
  - アドマイヤマーズ 2016
- ハーツクライ 2001
  - アドマイヤラクティ 2008
  - イスラボニータ 2011
- マーベラスサンデー 1992
- イシノサンデー 1993
- ダンスインザダーク 1993
  - ツルマルボーイ 1998
  - ザッツザプレンティ 2000
  - デルタブルース 2001
  - スリーロールス 2006
- バブルガムフェロー 1993
- サイレンススズカ 1994
- ステイゴールド 1994
  - ドリームジャーニー 2004
  - ナカヤマフェスタ 2006
  - オルフェーヴル 2008
    - エポカドーロ 2015
    - ラッキーライラック 2015
    - マルシュロレーヌ 2016
  - ゴールドシップ 2009
  - フェノーメノ 2009
  - レインボーライン 2013
  - ウインブライト 2014
  - インディチャンプ 2015
- スペシャルウィーク 1995
  - シーザリオ 2002
  - ブエナビスタ 2006
  - トーホウジャッカル 2011
- トゥザヴィクトリー 1996
- アドマイヤベガ 1996
  - ブルーメンブラット 2003
- アグネスフライト 1997
- アッミラーレ 1997
  - ハッピースプリント 2011
- エアシャカール 1997
- アグネスタキオン 1998
  - ダイワスカーレット 2004
  - キャプテントゥーレ 2005
  - ディープスカイ 2005
    - キョウエイギア 2013
    - サウンドスカイ 2013

ディープインパクトとキングカメハメハ

2010年代の2大種牡馬といえばディープインパクトとキングカメハメハ。奇しくも2019年7月30日のディープインパクトが死亡した10日後にキングカメハメハも亡くなってしまった。キングカメハメハは2010年、11年にリーディングサイアーの座についた。ディープインパクトが12年にリーディングサイアーになってからは奪い返せなかったものの18年までディープに次いで2位を死守した。

この2頭はどちらも産駒の数が多いこともあるが、ディープはターントゥ－ヘイロー－サンデーサイレンス。キングカメハメハはネイティヴダンサー－ミスタープロスペクター－キングマンボとなり、この組み合わせは系統が異なるので血が濃くなりすぎることは少ない。

例えばダービー馬ワグネリアン、アカイトリノムスメは5代血統表に同一の祖先を持たない完全なアウトブリード馬である。

アウトブリード馬は健康な仔が多いということも、父ディー

- グランアレグリア 2016
- ラヴズオンリーユー 2016
- コントレイル 2017
- レイパパレ 2017
- シャフリヤール 2018

マツリダゴッホ 2003

ロベルト系（ヘイルトゥリーズン系）

Roberto 1969

- Kris S. 1977
  - シンボリクリスエス 1999
    - ストロングリターン 2006
    - エピファネイア 2010
      - デアリングタクト 2017
- Silver Hawk 1979
  - グラスワンダー 1995
    - スクリーンヒーロー 2004
      - モーリス 2011
      - ゴールドアクター 2011
    - アーネストリー 2005
- リアルシャダイ Real Shadai 1979
  - オースミシャダイ 1986
  - イブキマイカグラ 1988
  - ライスシャワー 1989
- ブライアンズタイム Brian's Time 1985
  - ナリタブライアン 1991
  - チョウカイキャロル 1991
  - マヤノトップガン 1992
  - サニーブライアン 1994
  - シルクジャスティス 1994
  - マイネルマックス 1994
  - ファレノプシス 1995
  - トーホウエンペラー 1996
  - シルクプリマドンナ 1997
  - タイムパラドックス 1998
  - タニノギムレット 1999
    - ウオッカ 2004
  - フリオーソ 2004

- ジャスタウェイ 2009
- ワンアンドオンリー 2011
- シュヴァルグラン 2012
- スワーヴリチャード 2014
- リスグラシュー 2014

ハットトリック 2001

ブラックタイド 2001

- キタサンブラック 2012
  - イクイノックス 2019

ディープインパクト 2002

- ダノンシャーク 2008
- トーセンラー 2008
- リアルインパクト 2008
- スピルバーグ 2009
- ディープブリランテ 2009
- ジェンティルドンナ 2009
- キズナ 2010
  - ソングライン 2018
- エイシンヒカリ 2011
- サトノアラジン 2011
- トーセンスターダム 2011
- ミッキーアイル 2011
- ハープスター 2011
- ショウナンパンドラ 2011
- ダノンプラチナ 2012
- リアルスティール 2012
- マリアライト 2011
- ミッキークイーン 2012
- サトノダイヤモンド 2013
- ディーマジェスティ 2013
- ヴィブロス 2013
- アルアイン 2014
- サトノアレス 2014
- ダノンプレミアム 2015
- フィエールマン 2015
- グローリーヴェイズ 2015
- ダノンキングリー 2016
- ロジャーバローズ 2016
- ワールドプレミア 2016

2010年秋の天皇賞馬ウオッカ［©T.MURATA］

プインパクト、母父キングカメハメハの配合が好まれる理由だろう。

また、2頭の種牡馬については、22年のリーディングサイヤーにキングカメハメハ産駒のロードカナロア、2位にも同産駒のドゥラメンテ（すでに死亡）が占めたことから（3位はディープ産駒のキズナ）、今後はディープ系牝馬に配合しやすいキングカメハメハの後継種牡馬が優位に立つのではという見方が強い。

赤文字：本書未掲載の牝馬　70年代以前 80年代 90年代 2000年代 2010年以降：本書収録馬

- ラストタイクーン 1983
  - Marju 1988
    - サトノクラウン 2012
  - Bigstone 1990
    - メイショウドトウ 1996
  - アローキャリー 1999
- Fabulous Dancer 1976
  - ファビラスラフィン 1993
- Danzig 1977 **（ダンチヒ系）**
- Nureyev 1977 **（ヌレイエフ系）**
- Storm Bird 1978 **（ストームバード系）**
- El Gran Senor 1981
  - ロドリゴデトリアーノ Rodrigo de Triano 1989
    - エリモエクセル 1995
  - Toussaud 1989
- Sadler's Wells 1981 **（サドラーズウェルズ系）**
- セクレト Secreto 1981
  - タムロチェリー 1999
- パシフィカス Pacificus 1981
- Fairy King 1982
  - シンコウキング 1991

ニジンスキー系（ノーザンダンサー系）

Nijinsky 1967

- Green Dancer 1972 → Heat Haze 1999
  - ノーアテンション No Attention 1978
    - スーパークリーク 1985
  - エイシンプレストン 1997
- マルゼンスキー 1974
  - ホリスキー 1979
  - サクラチヨノオー 1985
  - レオダーバン 1988
- ヤマニンスキー 1975
  - ヤエノムテキ 1985
- Caerleon 1980
  - シンコウラブリイ 1989
  - エルウェーウィン 1990
  - フサイチコンコルド 1993

ノーザンダンサー系を日本に伝えたノーザンテースト

- ネアルコ系 Nearco 1935
  - ニアークティック系 Nearctic 1954
    - ノーザンダンサー系 Northern Dancer 1961
    - Icecapade 1969
      - Wild Again 1980
        - ワイルドラッシュ Wild Rush 1994
          - パーソナルラッシュ 2001
          - トランセンド 2006
    - ノノアルコ Nonoalco 1971
      - ダイユウサク 1985

※ニアーティックの孫世代に有馬記念馬ダイユウサクがいる。

ノーザンダンサー系（ニアークティック系）

Northern Dancer 1961

- Nijinsky 1967 **（ニジンスキー系）**
- Vice Regent 1967 **（ヴァイスリージェント系）**
- ミンスキー Minsky 1968
- Lyphard 1969 **（リファール系）**
- ナイスダンサー Nice Dancer 1969
  - ナイスネイチャ 1988
- ノーザンテースト Northern Taste 1971 **（ノーザンテースト系）**
- Topsider 1974
  - デュラブ 1982
    - シンコウウインディ 1993
    - トーシンブリザード 1998
  - アサティス Assatis 1985
    - ウイングアロー 1995
- コリムスキー Kolymsky 1975
  - メリーナイス 1984
- トライマイベスト 1975

ノーザンダンサー系と相性がいい日本のロベルト系

ロベルトの直仔で日本で最初に実績を上げたのが、1993年にリーディングサイアーになったリアルシャダイ。

その名の通り社台グループの総帥・吉田善哉氏がキーンランドの1歳馬の競りで36万ドルで落札した。

フランスで3、4歳時に8戦してGIのドーヴィル大賞典を勝っているが、もともと長く走らせることは目的ではなかった。

吉田氏がリアルシャダイを落札したのは、82年から全日本リーディングサイアーを続ける(通算10年)大種牡馬ノーザンテースト産駒の牝馬の交配相手として目をつけたからだった。

ノーザンテーストの父ノーザンダンサー系の牝馬とヘイルトゥリーズン系の種牡馬との相性の良さは知られており、吉田氏はそこに狙いをつけた。

その狙いはズバリ当たり、リアルシャダイは種牡馬初年度から重賞勝ち馬を出すと、2年目にはGI阪神3歳Sを勝ったイブキマイカグラをはじめ活躍馬

- Lyphard 1969
  - リィフォー Lypheor 1975
    - ニッポーテイオー 1983
  - モガミ 1976
    - シリウスシンボリ 1982
    - メジロラモーヌ 1983
    - レガシーワールド 1989
    - ブゼンキャンドル 1996
  - ライラリッジ 1981
    - ツインターボ 1988
  - ダンシングブレーヴ 1983

    （ダンシングブレーヴ系）
    - コマンダーインチーフ 1990
      - アインブライド 1995
      - レギュラーメンバー 1997
    - ホワイトマズル 1990
      - イングランディーレ 1999
      - スマイルトゥモロー 1999
      - シャドウゲイト 2002
      - アサクサキングス 2004
      - ニホンピロアワーズ 2007
    - エリモシック 1993
    - キョウエイマーチ 1994
    - キングヘイロー 1995
      - カワカミプリンセス 2003
      - ローレルゲレイロ 2004
    - テイエムオーシャン 1998
  - スキーパラダイス Ski Paradise 1990

ノーザンテースト系 （ノーザンダンサー系）

- ノーザンテースト Northern Taste 1971
  - アンバーシャダイ 1977
    - メジロライアン 1987
      - メジロブライト 1994
      - メジロドーベル 1994
  - ギャロップダイナ 1980
  - シャダイソフィア 1980
  - ダイナカール 1980

-
  -
    -
      - オースミハルカ 2000
    - ビワハイジ 1993
    - ゼンノエルシド 1997
  - ラシアンルーブル Russian Roubles 1980
    - イソノルーブル 1988
  - ナグルスキー Nagurski 1981
    - ホクトベガ 1990
  - グランドオペラ Grand Opera 1984
    - メイセイオペラ 1994
  - シアトルダンサーⅡ Seattle Dancer 1984
    - タイキフォーチュン 1993
  - ラムタラ Lammtarra 1992

ヴァイスリージェント系
（ノーザンダンサー系）

- Vice Regent 1967
  - Deputy Minister 1979
    - フレンチデピュティ 1992
      - ノボジャック 1997
      - ピンクカメオ 2004
      - レジネッタ 2005
      - クロフネ 1998
        - フサイチリシャール 2003
        - スリープレスナイト 2004
        - ユキチャン 2005
        - カレンチャン 2007
        - ホエールキャプチャ 2008
        - クラリティスカイ 2012
        - アエロリット 2014
        - ソダシ 2018
      - エイシンデピュティ 2002
      - アドマイヤジュピタ 2003
  - パークリージェント 1981
    - リージェントブラフ 1996
  - エイシンテネシー 1989

リファール系 （ノーザンダンサー系）

を輩出した。また、ミホノブルボンのクラシック三冠を阻止して菊花賞を勝ち、メジロマックイーンの天皇賞3連覇も阻止した「黒い刺客」ライスシャワーなど長距離を得意とする産駒が多かった。

93年にはリーディングサイアーにもなり、2000年まで種牡馬生活を続けた。

ノーザンテーストからサンデーサイレンスへのつなぎ役をきっちり務め、社台グループを支えた名種牡馬だった。

また、ロベルトの直仔がサンデーサイレンス、トニービンと並んで3大種牡馬一角を占めたブライアンズタイム。ロベルトの孫にあたりエピファネイア－デアリングタクトとつなげたシンボリクリスエスなども存在感を示している。

牝馬限定GⅠを5勝したメジロドーベル。写真は1997年の秋華賞［©T.MURATA］

赤文字：本書未掲載の牝馬　70年代以前 80年代 90年代 2000年代 2010年以降：本書収録馬

Theatrical 1982
ヒシアマゾン 1991
ザグレブ Zagreb 1993
コスモバルク 2001
コスモサンビーム 2001
フォティテン Fotitieng 1984
ワンダーパヒューム 1992
Zilzal 1986
ブラックホーク 1994

ネイティヴダンサー系から レイズアネイティヴ系へ

エクリプス系 Eclipse 1764
↓
ファラリス系 Phalaris 1913
ファロス Pharos 1920
シックル Sickle 1924
↓
ネイティヴダンサー系 Native Dancer 1950
レイズアネイティヴ系 Raise a Native 1961
ダンシングキャップ Dancing Cap 1968
オグリキャップ 1985

※ネアルコの父ファロスの弟シックルから伝わる米国の主流血統。

レイズアネイティヴ系 （ネイティヴダンサー系）

Raise a Native 1961
Majestic Prince 1966
Majestic Light 1973
ニシノフラワー 1989
Mr. Prospector 1970
（ミスタープロスペクター系）
Alydar 1975

ダイナガリバー 1983
ファイトガリバー 1993
ダイナアクトレス 1983
マチカネタンホイザ 1989
アドラーブル 1989

ダンチヒ系 （ノーザンダンサー系）

Danzig 1977
Chief's Crown 1982
チーフベアハート Chief Bearhart 1993
マイネルレコルト 2002
マイネルキッツ 2003
Green Desert 1983
シンコウフォレスト 1993
メジロダーリング 1996
ポリッシュネイビー Polish Navy 1984
ゴッドスピード 1994
デインヒル Danehill 1986 **（デインヒル系）**
アジュディケーティング Adjudicating 1987
アジュディミツオー 2001
ビコーペガサス 1991
アグネスワールド 1995
ハードスパン Hard Spun 2004
サマリーズ 2010

デインヒル系 （ダンチヒ系）

デインヒル Danehill 1986
Dansili 1996
ファインモーション 1999
ハービンジャー Harbinger 2006
アグニシャイン 2014
ディアドラ 2014
ノームコア 2015

ヌレイエフ系 （ノーザンダンサー系）

Nureyev 1977

サンデーサイレンスが日本に来た訳とは

当初サンデーサイレンスは総額1000万ドルのシンジケートを組み、アメリカで種牡馬生活を送る予定だった。しかし、当時アメリカでのヘイロー産駒の種牡馬成績が目立たなかったことや母系が二流と評価されたことなどでシンジケートは組めなかった。そんな中、サンデーサイレンスの権利の4分の1を持っていた社台グループの吉田善哉氏が購入を決断し、受け入れられたのだ。

サンデーサイレンスの購入のために使った金額は当時の為替レートで約16億5000万円だったという。

ノーザンテーストの成功により社台グループが成長し、使える資金が増えたという。

2014年の秋華賞を勝ったショウナンパンドラ［©T.MURATA］

フォーティナイナー系
（ミスタープロスペクター系）

- フォーティナイナー Forty Niner 1985
  - エンドスウィープ End Sweep 1991
    - サウスヴィグラス 1996
      - サブノジュニア 2014
    - プリサイスエンド Precise End 1997
    - スウェプトオーヴァーボード Swept Overboard 1997
      - レッドファルクス 2011
    - スイープトウショウ 2001
    - ラインクラフト 2002
    - アドマイヤムーン 2003
      - セイウンコウセイ 2013
      - ファインニードル 2013
  - タガノフォーティ 1998
  - ビワシンセイキ 1998
  - Sunday Break 1999
    - Never on Sunday 2005
  - キネティクス 1999
  - クーリンガー 1999
  - マイネルセレクト 1999
  - ユートピア 2000
  - アドマイヤホープ 2001

キングマンボ系（ミスタープロスペクター系）

- Kingmambo 1990
  - エルコンドルパサー 1995
    - ヴァーミリアン 2002
    - ソングオブウインド 2003
    - アロンダイト 2003
  - キングズベスト 1997
    - エイシンフラッシュ 2007
  - スターキングマン 1999
  - キングカメハメハ 2001
    - ルーラーシップ 2007
      - キセキ 2014

ミスタープロスペクター系
（レイズアネイティヴ系）

- Mr.Prospector 1970
  - Fappiano 1977
  - Miswaki 1978
    - マーベラスクラウン 1990
  - Conquistador Cielo 1979
    - ミシエロ Mi Cielo 1990
      - エイシンチャンプ 2000
  - Crafty Prospector 1979
    - アグネスデジタル 1997
  - ダミスター Damister 1982
    - トロットスター 1996
  - Woodman 1983
    - モズスーパーフレア 2015
  - アフリート Afleet 1984
    - プリモディーネ 1996
    - スターリングローズ 1997
    - プリエミネンス 1997
    - ビッグウルフ 2000
    - バンブーエール 2003
  - Bellotto 1984
    - アケボノII 1991
  - Gone West 1984
  - Gulch 1984
    - イーグルカフェ 1997
  - フォーティナイナー 1985（フォーティナイナー系）
    - アドマイヤホープ 2001
  - Seeking the Gold 1985
    - シーキングザパール 1994
    - マイネルラヴ 1995
    - ゴールドティアラ 1996
  - ジェイドロバリー Jade Robbery 1987
    - タイキシャーロック 1992
    - ヤマカツスズラン 1997
  - Kingmambo 1990（キングマンボ系）
  - Our Emblem 1991
    - ウォーエンブレム War Emblem 1999
      - ブラックエンブレム 2005

2018年のヴィクトリアマイルを勝ったリスグラシュー［©T.MURATA］

豆知識

オグリキャップは突然変異？

オグリキャップの父はネイティヴダンサーの直仔ダンシングキャップ。英・仏で走ったが重賞勝ちはなかった。日本に輸入されても産駒はダート馬、マイラーが多く、主に地方競馬で走っていた。大物は出ないものの息が長い産駒が多く、二流といわれつつも一定の人気と評価を得ていたが、オグリキャップの活躍がダンシングキャップ産駒の傾向とはかけ離れていたため、突然変異とも父・ネイティヴダンサーの隔世遺伝ともいわれた。

赤文字：本書未掲載の牝馬　70年代以前 80年代 90年代 2000年代 2010年以降：本書収録馬

エクリプスから連なる別系統①
ハイペリオン系&ブランドフォード系

エクリプス系 Eclipse 1764
↓
ゲインズボロー系 Gainsborough 1915
トウルヌソル Tournesol 1922
ワカタカ 1929
ヒサトモ 1934
クリフジ 1940
Artist's Proof 1926
Fine Art 1939
Fine Top 1949（ファイントップ系）
Hyperion 1930（ハイペリオン系）

ハイペリオン系 Hyperion 1930

ブランドフォード系 Blandford 1919
プリメロ Primero 1931
トビサクラ 1942
ハクチカラ 1953
トサミドリ 1946
ガーネツト 1955

※日本競馬ではタフなスタミナ血統のイメージが強い。

ワカクモ 1963
カシュウチカラ 1973
プリテイキャスト 1975
Rockefella 1941
ライジングライト Rising Light 1942
ハククラマ 1956
Khaled 1943
Swaps 1952
ティットフォアタット Tit for Tat 1959
ファーザーズイメージ Fathers Image 1963

2013年、ジャパンCを連覇したジェンティルドンナ（中央）［©T. MURATA］

メールドグラース 2015
ローズキングダム 2007
アパパネ 2007
ベルシャザール 2008
ロードカナロア 2008
ステルヴィオ 2015
ダノンスマッシュ 2015
アーモンドアイ 2015
サートゥルナーリア 2016
パンサラッサ 2017
ハタノヴァンクール 2009
ホッコータルマエ 2009
ラブリーデイ 2010
ドゥラメンテ 2012
スターズオンアース 2019
リバティアイランド 2020
ミッキーロケット 2013
リオンディーズ 2013
レイデオロ 2014

ファイントップ系（ゲインズボロー系）

Fine Top 1949
Sanctus 1960
ディクタス 1967
イクノディクタス 1987
サンシー 1969
ハギノトップレディ 1977
トピオ 1964
シービークイン 1973

ハイペリオン系（ゲインズボロー系）

Hyperion 1930
Owen Tudor 1938
Alibhai 1938
Cover Up 1944
カバーラップ二世 1952
リュウズキ 1964

豆知識

ノーザンテーストより凄かった幻の大種牡馬

ノーザンテーストの初年度1979年の2歳リーディングは4位だった。では1位はというと、なんと同期のトライバルチーフだった。同じプリンスリーギフト系でノーザンテーストより優秀ということで期待されたのだがこの年の12月に急死してしまう。翌年の2歳リーディングも1位だっただけに惜しまれる。

プリンスビオ系（プリンスローズ系）

- Prince Bio 1941
  - Sicambre 1948
    - シーフユリュー 1957
      - ジョセツ 1967

日本で大成功を収めた始祖バイアリータークの系統

バイアリーターク系 Byerley Turk 1680

↓

ヘロド系 Herod 1758

↓

トウルビヨン系 Tourbillon 1928

↓

Milesian 1953

- パーソロン系 Partholon 1960

※パーソロンはアイルランド馬で競走馬引退後にシンボリ牧場の和田共弘氏とメジロ牧場の北野豊吉氏が共同購入して輸入された。

パーソロン系

- パーソロン 1960
  - メジロアサマ 1966
    - メジロエスパーダ 1976
    - メジロティターン 1978
      - メジロマックイーン 1987
  - ナスノチグサ 1970
  - トウコウエルザ 1971
  - サクラショウリ 1975
    - サクラスターオー 1984
  - シンボリルドルフ 1981
    - トウカイテイオー 1988
      - トウカイポイント 1996
      - ヤマニンシュクル 2001

- ハワイアンイメージ 1977
- Aristophanes 1948
  - Forli 1963
    - ポッセ Posse 1977
      - シェリフズスター Sheriff's Star 1985
        - セイウンスカイ 1995
    - アイノクレスピン 1974
- Hornbeam 1953
  - インターメゾ Intermezzo 1966
    - グリーングラス 1973
      - リワードウイング 1982

エクリプスから連なる別系統②セントサイモン系

エクリプス系 Eclipse 1764

↓

セントサイモン系 St.Simon 1881

↓

プリンスローズ系 Prince Rose 1928

- プリンスビオ系 Prince Bio 1941

セントサイモン系 St.Simon 1881

↓

ボワルセル系 Bois Roussel 1935

※プリンスローズとボワルセルはセントサイモン系の別系統。

ボワルセル系（セントサイモン系）

- Bois Roussel 1935
  - Hindostan 1946
    - シンザン 1961
      - ミホシンザン 1982
    - エイトクラウン 1962
  - ヒカルメイジ 1954

大繁栄、そして衰退したハイペリオン系

1890年代まで大繁栄していたのがハイペリオン系。日本でも1973年のリーディングサイアーのチャイナロックが、稀代の人気を誇ったハイセイコーを出した他、ゲイタイム、セントクレスピン、テューダーペリオッド、シャトーゲイ、インターメゾ等多くの種牡馬が重賞馬を輩出した。菊花賞馬や天皇賞馬を輩出し、特に長距離レースで日本の主流血統だったが、98年の皐月賞・菊花賞馬セイウンスカイを最後にGI級レースでこの系統の種牡馬の名を見ることはほとんど見られなくなった。大繁栄したために近親交配になりすぎない牝馬が少なくなったためともいわれる。

現在では世界的にも衰退している。

その他の本書掲載馬の系統図解説

フェアウエイ系

ネアルコの祖父ファラリスの産駒フェアウエイから続く系統で、日本ではハロウエーが成功

赤文字：本書未掲載の牝馬　70年代以前 80年代 90年代 2000年代 2010年以降：本書収録馬

テディ系（オーム系）

Teddy 1913
- Asterus 1923
  - Jock 1936
    - Sunny Boy III 1944
      - ダラノーア Daranour 1960
        - ニットウチドリ 1970

レリック系（マンノウオー系）

Relic 1945
- ヴェンチア 1957
  - イットー 1971

ファリス系（ファロス系）

Pharis 1936
- Ardan 1941
  - Hard Sauce 1948
    - ミスオンワード 1954
    - ハードリドン 1955
      - リニアクイン 1974

ザテトラーク系（ヘロド系）

The Tetrarch 1911
- Tetratema 1917
  - セフト Theft 1932
    - スウヰイスー 1949

2007年、オークスは熱発委で回避したものの、桜花賞、秋華賞、エリザベス女王杯を勝ち、翌08年の有馬記念を制して引退したダイワスカーレット。写真は有馬記念。［©T.MURATA］

ダイアナソロン 1981
マティリアル 1984

■その他の本書掲載馬の系統図■

フェアウェイ系（ファラリス系）

Fairway 1925
- ハロウェー Harroway 1940
  - スターロッチ 1957

ザボス系（オーム系）

The Boss 1910
- Golden Boss 1920
  - Gold Bridge 1929
    - Golden Cloud 1941
      - マタドア Matador 1953
        - キヨウエイグリーン 1969
        - サクライワイ 1971

し、スターロッチの他、ダービー馬タニノハローモアなどが活躍した。

ザボス系

9世紀末の種牡馬オームからつながる系統の一つでマタドアが日本へ血を伝えた。

テディ系

オームからつながる系統でダラノーアがフランスから輸入された。短距離系種牡馬でGI級産駒はニットウチドリのみ。

レリック系

アメリカの三冠馬マンノウォーからつながる系統。直仔ヴェンチアの産駒にはダービー馬クライムカイザーもいる。

ファリス系

ファリスは、ネアルコと同じくファロスの直仔。ハードリドン産駒には他にダービー馬ロングエースなどがいる。

ザテトラーク系

サラブレッド3大始祖の一つバイアリータークからヘロドを経て、ザテトラークにつながり、日本にはセフトが輸入された。10戦無敗の皐月賞・ダービーの二冠馬トキノミノル、同二冠のボストニアン等活躍馬多数。

PART 2

ヒサトモから
リバティアイランド
までの
「あの瞬間」

伝説の牝馬図鑑

◎ 70 年代以前【ヒサトモ⇒メイワキミコ】
◎ 80 年代【ハギノトップレディ⇒ロジータ】
◎ 90 年代【パッシングショット⇒ファレノプシス】
◎ 2000 年代【テイエムオーシャン⇒ブエナビスタ】
◎ 2010 年以降【アパパネ⇒リバティアイランド】
◎日本馬の「夢」を砕いた海外の名牝たち

１９３７年、牝馬として初めて日本ダービー（東京優駿大競走）を勝ったヒサトモ[©JRA]

調教師：中島時一
→倉持十九二（南関東）
馬主：宮崎信太郎、宮崎正義
生産者：下総御料牧場
獲得賞金：9万8981円
通算成績：31戦16勝（地方含む）
主なGI級勝鞍：東京優駿大競走（日本ダービー）、帝室御賞典（天皇賞）・秋
年間表彰：——

六大競走優勝馬

6代孫のダービー馬トウカイテイオーが よみがえらせた名牝の血

ヒサトモ

父 トウルヌソル
母 星友　**母の父** Sir Martin
生まれ 1934年4月23日　**性別** 牝　**毛色** 鹿毛

牝馬として初めて日本ダービーに優勝。「女傑」と呼ばれる牝馬は多いが、日本競馬史において最初にこの称号にふさわしい活躍を見せた。現在の競馬の常識が通用しない時代とはいえ、2年弱の間に26戦14勝、4着以下に敗れたのは4度だけ。穏やかな繁殖生活を送るはずが、戦時下で競走に復帰し、急死という不幸な形で生涯を終えたが、その血は半世紀を経てよみがえり、トウカイローマン、トウカイテイオーという2頭のGI馬へとつながった。

伝説の瞬間

名牝伝の冒頭を飾るにふさわしい 日本競馬史上初の牝馬のダービー馬

１９３２年に創設された日本ダービーは4月の末に行われていた。ところが創設以来、馬場の悪さに泣かされ続け、初めて快晴、良馬場で行われたのは１９３７年4月29日、第6回のことである。

若駒の一世一代の大舞台で、居並ぶライバル16頭を相手にレコード勝ち（2分33秒3）を収めたのがヒサトモである。もちろん、牝馬としては日本競馬史上、初めての優勝であった。

ヒサトモは4歳（現3歳）3月、関西馬ながら関東でデビューしてここまで4戦2勝、前走の中山１８００m戦2着から中3日という、今では到底考えられないローテーションでダービーに参戦した。

Hisatomo

逃げたのは初代ミスターシービー（後の三冠馬は同馬主所有の2代目）。出走馬17頭中、4番人気に推されていたヒサトモは第2コーナーで並びかけるや、すぐに先頭に踊り出て後続をぐんぐん引き離し、バックストレッチでは後続に5馬身差をつけた。

最後は後方待機の牝馬・サンダーランドに詰め寄られたが、1馬身4分の1という着差以上の強さを見せつける完勝だった。3着は4分の3馬身差でツバクロダケ。圧倒的1番人気のゼネラルは、そこからさらに4馬身差をつけられた4着に終わった。

当時は下総御料牧場が導入したトウルヌソル、小岩井農場が導入したシアンモアが、「種牡馬2強」を形成していたが、トウルヌソル産駒が1・2着を占め、これでダービーは両種牡馬の3勝ずつとなった。なお、日本ダービーにおける牝馬同士のワンツー・フィニッシュという記録はいまだに破られていない。

その後、休養を経て復帰したヒサトモは、呼吸器の疾患もあって7連敗を喫したが、5歳5月以降は6連勝を含む14戦11勝。秋の帝室御賞典（天皇賞の前身・東京３２００ｍ）を大差で圧勝した。

ヒサトモは流星、四白のきれいな馬で、牝馬ながら雄大な馬格の持ち主だった。母・星友はアメリカ産馬で、ヒサトモの半兄・月友（父マンノウォー）は不出走のまま種牡馬となり、１９５５年のダービー馬オートキツらを輩出した。

引退後は北海道浦河の牧場に迎えられ、良血の繁殖牝馬「久友」として生涯を終えるはずだったが、4頭を産んだ後、１９４９年10月に戸塚競馬場（神奈川県）で競走馬として復帰。戦争が終わった後の、地方競馬の馬数の不足を補うためであった。

すでに15歳（現14歳）だったが2週間余りの間に5戦して2勝を上げた。しかし11月17日、浦和競馬場での調教後に急死した。心臓マヒだったとみられている。戦争は競走馬にも理不尽な不幸を強いたのだ。こうして歴史的な偉業を遂げた名牝の名は、いつしか記憶の彼方に消えていった。

♀ 繁殖牝馬としてのヒサトモ

長く忘れられていた「ヒサトモ」の名が再び競馬界を賑わせたのは１９８４年、5代孫にあたるトウカイローマンがオークスに優勝した時である。繁殖牝馬時代に残した最後の産駒・ブリューリボンを経て細々とつないで来た血がようやく日の目を見た。

そしてトウカイローマンの半妹・トウカイナチュラルの産駒・トウカイテイオーは１９９１年、ヒサトモの勝利から54年ぶりにダービーに勝利、１９９３年の有馬記念などＧⅠ４勝を上げた。

1943年の日本ダービーで他馬を大きく離し、背後を振り返りながらゴールする前田長吉騎手とクリフジ[©JRA]

調教師：尾形景造
馬主：栗林友二
生産者：下総御料牧場
獲得賞金：7万3200円
通算成績：11戦11勝
主なGI級勝鞍：東京優駿競走（日本ダービー）、阪神優駿牝馬（オークス）、京都農商省賞典4歳呼馬（菊花賞）
年間表彰：——

六大競走優勝馬

見習騎手を史上最年少の
ダービージョッキーにした

クリフジ

父 トウルヌソル
母 賢藤
母の父 チャペルブラムプトン
生まれ 1940年3月12日
性別 牝
毛色 栗毛

「日本競馬史上最強馬は？」という問いに今も名前が上がる伝説の女傑の誕生は1943年。その3年後、馬券が発売された戦前最後のダービーの主役は走る前からクリフジだった。父トウルヌソル、母の父チャペルプラムトンはリーディングサイアー、母系は日本の基礎牝系として大成するアストニシメント系で、全兄ハッピーマイトは帝室御賞典勝ち馬という良血馬。しかもダービーの1着賞金が1万円の時代に、セリで4万円の値がついたことで注目を集めた。

伝説の瞬間

変則三冠を含む11戦全勝
不滅の大記録を樹立した歴史的名牝

デビュー前から注目されていたものの、脚部不安で仕上がりが遅れ、初出走は4歳（現3歳）5月。それでも16日と30日の2戦を圧勝し、6月6日のダービーでも当然のように1番人気に推された。主戦騎手の八木沢勝美から見習騎手の前田長吉に乗り替わったことも、レース2日前の調教で速い時計が出過ぎたこともおかまいなしに、ファンの期待を一身に集めた。

出走は過去最多の25頭。作家の吉川英治の持ち馬トキノココロが先手を取り、10番枠のクリフジは両側からはさまれ、立ち後れたために後方待機策を取り、多頭数で縦長の展開となった。

3コーナー過ぎから先頭争いが激化し、4コーナーから５、６頭が一団で追い比べを始めた瞬間、流星の栗毛が最内を一気に突き抜けた。並ぶ間もなくゴールを駆け抜けたクリフジは、キングゼヤ以下を６馬身後方に置き去りにした。勝ちタイムは２分31秒４。ミナミホマレが前年に樹立したレコードを１秒６も短縮し、当時20歳の前田騎手はこう語っている。

「他馬の蹄音が聞こえなかったので、何かあったのではないかと気になった」

牝馬の優勝は６年ぶり、ヒサトモに次ぐ２頭目で、次に牝馬が勝つのは64年後、ウオッカまで待たなければならない。トウルヌソル産駒の勝利は６頭目、尾形藤吉調教師はフレーモア、トクマサに続く３度目の勝利となったが、クリフジにとってはほんの序章に過ぎなかった。

同年10月のオークス（当時は阪神優駿牝馬・阪神２４００ｍ）を10馬身差、11月の菊花賞（当時は京都農林賞典四歳呼馬・京都３０００ｍ）を大差勝ちし、ダービー・オークス・菊花賞の三冠を達成、それらの前哨戦を含むすべてのレースに１番人気で出走し、８戦８勝でこの年の競走を終えた。

翌１９４４年の競馬は戦局悪化のために中止となり、主要レースのみが「能力検定競走」として実施された。馬券は発売されなかったが、４歳（現５歳）になったクリフジは横浜特別（後に横浜記念・３２００ｍ）のレコード勝ちを含む３戦３勝。しかし京都競馬場への輸送中に熱発したのを機に競走生活を終えた。

尾形師は「馬の力を信じて乗れ」という言葉を忠実に守り、見習騎手ながらダービージョッキーとなった前田にクリフジの手綱を任せ続けた。前田はクリフジが生まれ故郷の下総御料牧場へ戻って間もなく徴兵され、終戦後、シベリア抑留中に死亡した。

ダービー・オークス・菊花賞の三冠を含む11戦全勝の成績もさることながら、その半数以上が10馬身差以上の圧勝劇だったこともあり、競馬ファンに強烈な印象を残した。

平和な時代に無事に競走生活を続けていたら、いったいどれほど勝ち続けただろうか。

♀ 繁殖牝馬としてのクリフジ

年藤の名で繁殖牝馬となったクリフジは３頭の重賞勝ち馬を輩出、４番仔のヤマイチ（父トシシロ）は桜花賞に勝ち、オークスで史上初の母娘制覇を達成。３番仔のイチジョウ（父セフト）の子孫から、１９９４年のきさらぎ賞に勝ったサムソンビッグ、２０１１年のＮＡＲ最優秀３歳牡馬のオオエライジン・同２歳牝馬のエンジェルツイート兄妹が出ており、細々とではあるが、今もその血を伝えている。

写真は1953年の天皇賞・秋を勝ったレダ[©JRA]

戦後初期（昭和20・30年代）の名牝10頭

クリフジ以降、新しい競馬の時代の礎になったトキツカゼからセルローズまで、旧八大競走※を勝った10頭を紹介。

※八大競走：牡牝混合の皐月賞／日本ダービー／菊花賞／天皇賞・春／天皇賞・秋／有馬記念の6競走と、当時4歳牝馬限定の桜花賞／オークスの2競走をさす。

皐月賞とオークスを制した変則二冠馬 トキツカゼ

日本競馬会が主催する競馬が再開された1946年、トキツカゼは3歳（現2歳）の11月にデビューし2着。その後4連勝で皐月賞を制覇し、ダービーに出走したが、皐月賞で降したマツミドリ（牡馬）のアタマ差2着に惜敗。関東馬でもあり東京競馬場で行われるオークス（10月19日）を目標に鍛えあげられた。

そのオークスは2着ネオンに大差をつけるぶっちぎりで変則二冠を達成した。古馬になって重賞は勝てなかったが、ハンデ戦で63キロを背負ってレコード勝ちするなど、存在感を見せた。

父	：プリメロ
母	：第五マンナ
母の父	：シアンモア
生まれ	：1944年3月10日
♂♀ 性別	：牝
毛色	：鹿毛
調教師	：大久保房松
馬主	：川口鷲太郎
生産者	：益田牧場
獲得賞金	：131万5810円
通算成績	：30戦11勝
八大競走勝鞍	：皐月賞、オークス
年間表彰	：——

六大競走
優勝馬

クリフジ以来の菊花賞牝馬 かつ変則二冠馬

ブラウニー

ブラウニーは4歳（現3歳）3月21日のデビュー戦から2戦2着後2連勝、その後1戦挟んで5月4日の桜花賞に臨んだ。時代が違うとはいえほぼ1か月半で6戦目というハードスケジュールである。

桜花賞は2番人気だったが1番人気のオーマツカゼを抑え1着。さらにダービーに歩を進めるがここは3着（2着トキツカゼ）。そして菊花賞で勝利し、クリフジ以来の菊花賞牝馬となった。ちなみに菊花賞の同日10月19日は東京ではトキツカゼが勝ったオークスが行われている。

父	：トキノチカラ
母	：千鳥甲
母の父	：カブトヤマ
生まれ	：1944年
性別	：牝
毛色	：黒鹿毛
調教師	：武輔彦
馬主	：仙石襄
生産者	：三好牧場
獲得賞金	：41万870円
通算成績	：16戦6勝
八大競走勝鞍	：桜花賞、菊花賞
年間表彰	：——

六大競走 優勝馬

史上最後の皐月賞牝馬で 中山大障害馬の母

ヒデヒカリ

ヒデヒカリは日本競馬史上初の三冠馬となったセントライトの父である大種牡馬ダイオライトと、オークス馬アステリモアとの間の産駒で、1947年10月にデビュー。4歳（現3歳）5月16日の皐月賞の前まで10戦して4勝をあげていた。11戦目の皐月賞では3番人気だったが、2番人気のキヨマサをハナ差退けて勝った（1番人気のミハルオーが3着）。トキツカゼに続く牝馬の皐月賞馬で、同時に最後の皐月賞牝馬でもある。繁殖牝馬としては、1959年の春の中山大障害馬オータジマを生んでいる。

父	：ダイオライト
母	：アステリモア
母の父	：シアンモア
生まれ	：1945年4月14日
性別	：牝
毛色	：鹿毛
調教師	：藤本冨良
馬主	：木村福太郎
生産者	：大平牧場
獲得賞金	：273万6250円
通算成績	：55戦11勝
八大競走勝鞍	：皐月賞
年間表彰	：——

六大競走 優勝馬

6頭立ての桜花賞をレコード勝ち 戦後初の秋の天皇賞馬

ヤシマドオター

ヤシマドオターは1948年9月に札幌競馬場でデビューし、3着。4戦目に初勝利を挙げ、7戦2勝で桜花賞を迎えた。

第9回桜花賞は6頭立てという少頭数だったが、2番人気となり1分40秒3のレコードタイムで勝った。

その後ダービー（6月5日）では2番人気ながら他馬の落馬の影響で競走中止に。

古馬になってからは5歳秋の天皇賞に優勝。1番人気のトサミドリが落馬競走中止となる中、牝馬として戦後初となる秋の天皇賞馬となった。

父	：クモハタ
母	：第二スターリングモア
母の父	：セフト
生まれ	：1946年4月30日
性別	：牝
毛色	：鹿毛
調教師	：大久保房松 →尾形藤吉
馬主	：小林庄平
生産者	：ヤシマ牧場
獲得賞金	：——
通算成績	：28戦12勝
八大競走勝鞍	：桜花賞、天皇賞（秋）
年間表彰	：——

六大競走 優勝馬

唯一の春の天皇賞勝利牝馬 競走中の事故で予後不良
レダ

1951年7月1日、3歳（現2歳）の7月にデビュー勝ちしたレダは、そこからすべて1番人気で7連勝を果たすも、阪神3歳Sで2着になり連勝はストップ。その後桜花賞2着、ダービー10着、菊花賞4着とクラシックには縁がなかった。しかし古馬になった翌53年、天皇賞・春では1番人気に推され、2着クインナルビーに2馬身2分の1差をつけて勝ち、八大競走優勝馬に名を連ねた。天皇賞・春を牝馬が勝ったのはこれが最初で最後。なおレダはこの年の11月に毎日王冠のレース中に転倒し予後不良（殺処分）となった。

父：ステーツマン
母：第弐パラダイスロスト
母の父：ハクリユウ
生まれ：1949年4月19日
性別：牝
毛色：鹿毛
調教師：見上恒芳→武田文吾
馬主：熊谷新太郎
生産者：社台牧場
獲得賞金：663万6900円
通算成績：29戦17勝
八大競走勝鞍：天皇賞（春）
年間表彰 ——

六大競走優勝馬

桜花賞をレコード勝ち 史上初の牝馬クラシック二冠馬
スウヰイスー

女優の高峰三枝子が馬主だったことで知られるスウヰイスーは、1951年、3歳の8月に5万円以下の条件戦でデビューし1着。桜花賞を目標に8戦し4勝。うち2戦がレコード勝ちというを快速馬だった。9戦目の桜花賞も2着レダに1馬身半差のレコード勝ちを果たした。

ダービーは8着に敗れたものの16戦10勝で迎えたオークスを勝利。

史上初の牝馬クラシック二冠馬となった。古馬になってもコンスタントに活躍したが53年に地方競馬（大井）に移籍した。

父：セフト
母：武兆
母の父：月友
生まれ：1949年5月3日
性別：牝
毛色：栗毛
調教師：松山吉三郎→尾形藤吉→勝又衛（大井）
馬主：高峰三枝子→鈴木健之→井門昭二
生産者：荻野守之
獲得賞金 ——
通算成績 35戦18勝（中央のみ）
八大競走勝鞍 桜花賞、オークス
年間表彰 ——

レダ、スウヰイスーと同期が仇 天皇賞・秋でようやく戴冠
クインナルビー

レダ、スウヰイスーと同期のクインナルビーは1951年、3歳（現2歳）8月のデビュー戦は2着。その後4勝（8戦）して桜花賞に臨んだが3着まで（勝ち馬スウヰイスー）。ダービーに挑んで12番人気を見返して健闘するもこれも3着（勝ち馬は牝馬クリノハナ）。秋に行われたオークスは4着（勝ち馬スウヰイスー）、菊花賞は3着（勝ち馬は牡馬セントオー）。古馬になって天皇賞・春に出走するも2着（勝ち馬レダ）。八大競走に届かないかと思われたが、次の天皇賞・秋にレコードタイムで優勝することができた。

父：クモハタ
母：第一シユリリー
母の父：レヴューオーダー
生まれ：1949年4月13日
性別：牝
毛色：栗毛
調教師：石門虎吉
馬主：髙橋虎男
生産者：鎌田三郎
獲得賞金：726万4890円
通算成績：44戦17勝
八大競走勝鞍：天皇賞（秋）
年間表彰：——

六大競走優勝馬

オーストラリアからの輸入牝馬にして地方からの刺客

オパールオーキット

オパールオーキッドは1952年にオーストラリアから輸入された牝馬で当初南関東公営競馬所属となり、大井競馬場でデビュー。地方で58戦19勝という成績をあげると、天皇賞制覇を目指して中央競馬に移籍した。

中央では9戦4勝の成績を残したが、そのうちの1勝が大目標の天皇賞・秋だった。オパールオーキッドは10頭立ての4番人気。当日は良馬場だったが、直線で先頭に立つと2着に2馬身半の差をつけて勝利した。その後南関競馬に戻ったが、8戦して勝利することなく引退した。

父：MacArthur
母：Bronze Orchid
母の父：Hall Mark
生まれ：1950年10月23日
性別：牝
毛色：栗毛
調教師：稲葉幸夫→三坂博（大井）
馬主：都築寿雄→三坂成行
生産者：E・R・バーシュ夫人
獲得賞金：211万7700円（中央のみ）
通算成績 75戦23勝
八大競走勝鞍 天皇賞（秋）
年間表彰 ——

六大競走優勝馬

史上初の無敗の牝馬クラシック二冠馬
連闘でダービーに挑むも……

ミスオンワード

母ホールドタイトはHardsauceの仔を受胎した状態で1954年にイギリスから輸入され、来日後、ミスオンワードを出産した。

ミスオンワードは56年10月のデビュー戦を勝利。その後も連勝を続け無敗で桜花賞に臨むと、2着に1馬身4分の3差の快勝。続くオークスも1馬身4分の1差で楽勝し、無敗の8連勝で牝馬クラシック二冠馬となった。

その強さに連闘で次週のダービー挑戦が決まったが、17着と初の敗北を喫してしまう。それでも、その後も6勝するなど古馬になっても活躍した。

父：Hard Sauce
母：ホールドタイト
母の父：Bobsleigh
生まれ：1954年3月8日
性別：牝
毛色：鹿毛
調教師：武田文吾
馬主：樫山純三
生産者：近藤俊明
獲得賞金：923万1030円
通算成績：28戦14勝
八大競走勝鞍：桜花賞、オークス
年間表彰：最優秀3歳牝馬（56）、最優秀4歳牝馬（57）

キャリア50戦
唯一の重賞勝ちが天皇賞だった

セルローズ

セルローズの1歳上の全姉はオークス馬フェアマンナ。4歳（現3歳）1月デビューで引退するまでの1年半で29戦13勝をあげたが、セルローズはその上をいく。3歳（現2歳）から6歳まで走ること50戦。姉と同様オークスに出走したがミスオンワードの3着に敗れ、クラシックとは無縁、というか重賞勝利もなかった。キャリア46戦目、天皇賞・秋で9頭立て6番人気のセルローズが1番人気のミスオンワードにオークスの雪辱を果たした。全9勝のうち唯一の重賞勝ちが天皇賞だった。

父：マルゼア
母：トキツウミ
母の父：プリメロ
生まれ：1954年6月2日
性別：牝
毛色：栗毛
調教師：柴田恒治郎
馬主：戸谷佐治
生産者：益田牧場
獲得賞金：831万6800円
通算成績：50戦9勝
八大競走勝鞍：天皇賞・秋
年間表彰：最優秀5歳以上牝馬（58）

六大競走優勝馬

1959年、天皇賞・秋を写真判定で勝利したガーネット（奥・先頭）
[©JRA]

六大競走優勝馬

37戦目に重賞初勝利を天皇賞・秋で飾ると
勢いに乗って有馬記念も連勝

ガーネット

父 トサミドリ
母 サンキスト　母の父 ミンドアー
生まれ 1955年3月15日　性別 牝　毛色 鹿毛

調教師：稗田敏男
馬主：畑江五郎
生産者：稗田牧場
獲得賞金：976万6350円
通算成績：38戦14勝
主なGI級勝鞍：天皇賞（秋）、有馬記念
年間表彰：最優秀5歳以上牝馬（59）

デビュー37戦目に牡馬相手に重賞初制覇、さらにGI級レース連覇という離れ業をやってのけた奇跡の牝馬。距離の長短も、馬場の良し悪しも問わず、コツコツと走り続けたガーネットは、ようやく手の合う騎手に巡り会った。それは競馬の神様がくれたご褒美だったのかもしれない。

伝説の瞬間

引退目前に大レースを連覇 テン乗り騎手が素質を引き出す

3歳（現2歳）夏から34戦11勝、重賞タイトルとは無縁のまま5歳（現4歳）秋を迎えたガーネットは、緒戦のオープンを勝ち、目黒記念3着から秋の天皇賞（東京3200m）に挑戦。鞍上は通算8人目、テン乗りの伊藤竹男騎手で、1番人気のオーテモンとの競り合いを制し、写真判定の末にハナ差で勝利を飾った。

この勝利が評価されて有馬記念に出走。苦手とされていた不良馬場となり、12頭中9番人気の低評価だったが、連続騎乗の伊藤は馬場の荒れていない外ラチ沿いに進路を取り、2着ハタノボルに4馬身差をつけた。これが牝馬による有馬記念初制覇となった。

♀ 繁殖牝馬としてのガーネット

直仔に重賞勝ち馬はいないが、小岩井農場が導入した名牝系の一族らしく子孫は繁栄、4代孫に2006年のダービー馬メイショウサムソンがいる。

※産駒は中央重賞未勝利

1960年の有馬懸念、1番人気のオーテモンを振り切ってゴールしたスターロッチ[©JRA]

繁殖牝馬としても
牡馬三冠を完全制覇

六大競走優勝馬

スターロッチ

父 ハロウェー
母 コロナ　母の父 月友
生まれ 1957年4月16　♂♀性別 牝　毛色 黒鹿毛

調教師：松山吉三郎→勝又忠
馬主：藤井金次郎
生産者：藤原諭次郎
獲得賞金：1137万4050円
通算成績：25戦9勝
主なGI級勝鞍：オークス、有馬記念
年間表彰：最優秀4歳牝馬（60）

かつては日本中央競馬会が購入して育成し、馬主に再頒布する抽せん馬（現ＪＲＡ育成馬）制度があった。抽せん馬の評価が低い時代に複数の八大競走（オークス・有馬記念）を制したスターロッチはまさに抽せん馬の「星」。抽せん馬による有馬記念の勝利も初めてだった。

伝説の瞬間

4歳（現3歳）牝馬として初めて有馬記念に勝利した抽せん馬

6戦3勝、5番人気で出走した1960年の桜花賞で猛然と追い込み僅差の3着を確保。9番人気のオークス（優駿牝馬）では大外一気の末脚で、クインオンワードをクビ差とらえて優勝した。

その後の3勝2着1回3着3回の安定した成績が評価され、推薦で有馬記念に出走。9番人気の低評価ながら先行抜け出し、1番人気のオーテモンを振り切った。4歳（現3歳）牝馬による勝利は初で、単勝は1850円。4歳秋の京王杯オータムHに勝利後、毎日王冠で競走中止し引退。競走成績に比して人気になりにくかったのは抽せん馬だったからである。

♀ 繁殖牝馬としてのスターロッチ

子孫のハードバージ、サクラユタカオー、サクラスターオー、ウイニングチケットで牡馬三冠完全制覇を達成し、日本屈指の名牝系を築いた。

※産駒は中央重賞未勝利

1966年、宝塚記念を圧勝したエイトクラウン［©JRA］

産駒ナオキが宝塚記念母仔制覇達成
繁殖牝馬としても優秀だった宝塚記念馬

エイトクラウン

父 ヒンドスタン
母 アルペンローザ　母の父 Chamossaire
生まれ 1962年4月21日　性別 牝　毛色 栗毛

調教師：田中康三
馬主：山口昇
生産者：大塚牧場
獲得賞金：2058万50円
通算成績：27戦10勝
主なGI級勝鞍：——
年間表彰：最優秀3歳牝馬（64）

1964年8月にデビューしたエイトクラウンは、東京オリンピックたけなわの10月から阪神3歳Sのレコード勝ちを含む5連勝で桜花賞に参戦。1番人気に推されたが、3番人気ハツユキの逃げ切りを許して4着。オークス、菊花賞で大敗し、以後は主に中距離路線を歩んだ。

伝説の瞬間

創設7年目の宝塚記念に参戦 牝馬として初勝利を飾る

愛知盃2着で4歳（現3歳）戦を終えたエイトクラウンは、翌1965年5月までに7戦1勝して鳴尾記念（京都2400m）に出走、春の天皇賞で大敗した後のマイル戦4着をはさんで距離を克服、7番人気ながら牡馬相手に2馬身差で勝利を収めた。

そこから中2週で宝塚記念に紅一点で挑戦、鳴尾記念で破ったタニノライジング、ハツライオーとの再戦となったが、1番人気のハツライオーとの差を3馬身半に広げて完勝。宝塚記念の創設7年目、初めての牝馬の勝利であった。次に牝馬が勝つのは39年後、2005年のスウィープトウショウである。

♀ 繁殖牝馬としてのエイトクラウン

生まれ故郷の大塚牧場で繁殖入りし、初仔のナオキは鳴尾記念と宝塚記念で母子制覇を達成した。4番仔のクラウンピラードは春秋の天皇賞で2着がある。

1970年、桜花賞を逃げ切ったタマミ[©Keiba Book]

その愛くるしさでファンを魅了
「美少女」と呼ばれた
タマミ

父 カリム
母 グランドフォード
母の父 トサミドリ
生まれ 1967年5月8日
性別 牝
毛色 鹿毛

調教師：坂本栄三郎
馬主：坂本栄蔵、影山明
生産者：松橋一男
獲得賞金：7758万8500円
通算成績：24戦8勝
主なGI級勝鞍：桜花賞
年間表彰：啓衆社賞最良スプリンター（70）

栃栗毛かと思うほどの明るい鹿毛で、額の大きな流星と愛らしい瞳でファンを魅了した「美少女」。父カリムはスプリンター種牡馬として人気があり、タマミも快足の逃げ馬として活躍した。デビュー戦快勝後は5戦足踏みしたが、3歳（現2歳）暮れから4連勝でクラシックに参戦。

伝説の瞬間

驚きのスタートダッシュで後続を引き離す可憐な逃げ馬

大阪万博開幕から間もない1970年4月15日、桜花賞の1番人気は10戦5勝のタマミ。正攻法の逃げで先行馬を競り落とし、直線を向くと後続を引き離す一方で、4馬身差の完勝を飾った。オークスも1番人気の支持を受けたが、直線でバッタリ止まって14着。秋緒戦のクイーンS（中山2000m）も11着で、距離の壁が立ちはだかった。

次走は1200mのスプリンターズS。不良馬場にもかかわらず、スタート直後の3ハロンで33秒9を記録し、スイノオーザの追撃をハナ差しのいだ。その後は中距離路線を歩み、1971年7月の巴賞（函館1800m）3着を最後に引退した。

♀ 繁殖牝馬としてのタマミ

4頭の産駒を残したが、胃がんのために11歳で早世。目立つ子孫を残すことはできなかった。

1971年、天皇賞・秋の3200mで菊花賞馬アカネテンリュウ等を退けたトウメイ（手前桃帽）［©Keiba Book］

六大競走優勝馬

ダート1000mから芝3200mまで勝利
当時の歴代最高賞金を獲得

トウメイ

父 シプリアニ
母 トシマンナ
母の父 メイヂヒカリ
生まれ 1966年5月17日
性別 牝
毛色 鹿毛

調教師：清水茂次→佐藤勇→坂田正行
馬主：近藤克夫
生産者：谷岡増太郎
獲得賞金：1億5097万100円
通算成績：31戦16勝
主なGI級勝鞍：天皇賞（秋）、有馬記念
年間表彰：年度代表馬（71）、最優秀5歳以上牝馬（71）

父シプリアニ、母の父メイヂヒカリの良いところを受け継ぎ、小柄ながらあか抜けた馬体に生まれたトウメイ。なぜかその後の成長が伴わずに売れ残り、セリでも期待ほどの値はつかず、大井競馬への入厩が決定。ところが調教師が亡くなり、急きょ関西の清水茂次厩舎に引き取られた。

デビュー前は地味で目立たない馬だったが、3歳（現2歳）時に3連勝、シンザン記念2着、京都4歳特別1着を含む8戦5勝でクラシックに参戦、主役の座に躍り出た。

伝説の瞬間

強運を呼び込み 天皇賞・秋と有馬記念を連覇

1969年の桜花賞は、トウメイ、シンザン記念を勝ったファインハッピー、阪神4歳牝馬特別を勝ったヒデコトブキが人気を分け、わずかにトウメイが1番人気。トウメイは好位追走から直線で抜け出したものの、ゴール前でヒデコトブキに差されて2着。

続くオークスでも1番人気となったトウメイは好位を追走したが、内をすくって伸びたシャダイターキン、先に抜け出したライトパレーをとらえきれず、またも3着に惜敗した。

その後は中距離を中心に出走、佐藤勇厩舎を経て坂田正行厩舎に移り、5歳（現4歳）春にマイラーズCに勝った。連戦の疲労から脚部不安を発症したが、馬主の近藤克夫の理解もあって現役続行を選択、およそ8か月の休養を経て1971年1月に復帰し、4月にマイラーズC連覇を達成した。

夏場を休養に充て、2走目の牝馬東京タイムズ杯1着から秋の天皇賞に挑戦。それまでの重賞級勝利がすべてマイル戦だったため、3200mへの距離延長が懸念されたが、ファンはトウメイを3番人気に支持した。1番人気は同世代の菊花賞馬アカネテンリュウ、2番人気は札幌記念勝ちのアポスピード。

大外枠から中団を追走したトウメイは直線で外に持ち出し、先行馬群の外から豪快に末脚を伸ばしてスピーデーワンダーを差し切った。

続く有馬記念は関東で馬インフルエンザが猛威をふるい、上位人気が予想されたアカネテンリュウやメジロアサマ、カミタカの3頭が出走を取り消して6頭立てとなった。外厩に滞在していたために感染を免れたトウメイが1番人気となり、春の天皇賞馬メジロムサシ、高松宮杯勝ちのジョセツ、トウメイと同世代のダービー馬ダイシンボルガードが続いた。

12月19日、濃いモヤに包まれた中で有馬記念のゲートが開いた。レースはサンセイソロンの先行をコンチネンタルが追走する形で進み、終始後方を進んだトウメイは3〜4コーナーで徐々に位置を上げていく。直線では末脚一閃、他馬をゴボウ抜きにし、コンチネンタルに1馬身半差をつけて人気に応えた。

牝馬の秋の天皇賞勝利はクリヒデ以来9年ぶり、有馬記念制覇はスターロツチ以来11年ぶり、天皇賞・秋、有馬記念の連覇はガーネツト以来史上2頭目、12年ぶりの快挙となった。

ダート1000mから芝3200mまでこなし、32戦して連対を外したのはわずか6回、不良馬場も59キロの過酷な斤量も克服し、最後の有馬記念の馬体重は430キロ。165万円で売られた馬が当時、牝馬で歴代最高額となる1億5770万円を獲得した。

坂田師は「トウメイには運もあった」と語ったが、地方競馬に行くはずが中央に転じたことも、馬インフルエンザの感染を免れたことも、トウメイの実力の内。運命の女神に愛された、小柄なオールマイティの女王は、有終の美を飾ってターフを去った。

♀ 繁殖牝馬としてのトウメイ

トウメイは繁殖牝馬として14頭の産駒を残した。2番仔のテンメイ（父ルイスデール）が1978年秋の天皇賞に勝って史上初の母子制覇を達成、その鞍上は母の後半の主戦騎手・清水英次であった。

また8番仔のトウウンの孫から大井の羽田盃を制したニックバニヤンが出ている。

1971年、福島大賞典を勝ったジョセツ［©JRA］

末脚を武器とする
可憐で美しい芦毛姉妹の妹

ジョセツ

父 シーフュリュー
母 セツシユウ　母の父 グレーロード
生まれ 1967年2月28日　♂♀ 性別 牝　毛色 芦毛

調教師：鈴木清
馬主：中村勝五郎
生産者：扶桑牧場
獲得賞金：1奥530万9000円
通算成績：31戦10勝
主なGI級勝鞍：――
年間表彰：最優秀5歳以上牝馬（72）

南関東でデビューして中央競馬に転じた半姉・ハクセツが芦毛の追い込み馬として活躍していた1970年1月にデビュー。主戦騎手は姉のハクセツで重賞初勝利を果たした若き岡部幸雄。母方に入った名馬マームードから芦毛を受け継いだ姉妹は小柄ながら強烈な末脚を武器とした。

伝説の瞬間

白い恋人と呼ばれて愛された芦毛の美貌姉妹の妹

3戦目で初勝利を上げたジョセツ（父シーフリュー）はクラシックには間に合わなかったが、秋のビクトリアCで3着となり、5歳（現4歳）の七夕賞で重賞初制覇。前年の勝ち馬・ハクセツ（父フソウ）のレコードタイムを0秒1更新して姉妹制覇を達成した。鞍上はどちらも岡部幸雄騎手。ともに末脚を武器とする可憐で美しい芦毛姉妹は、追い込み馬ならではの惜敗も多かったが、「白い美少女」「白い恋人」と呼ばれて競馬ファンの心をとらえた。

ジョセツはその勢いで福島大賞典、ダービー卿CTを連勝、6歳（現5歳）時には目黒記念・春（中山2500m）、高松宮杯（中京2000m）で牡馬を相手に勝利している。ハクセツ・ジョセツ姉妹の鹿毛の半妹シュンセツ（父パーソロン）も中山牝馬Sに勝つなど、牝馬の活躍が目立つファミリーである。

※産駒はJRA重賞未勝利

1972年、16戦目というキャリアで桜花賞を完勝したアチーブスター [©Keiba Book]

桜花賞とビクトリアCの
牝馬二冠を達成
アチーブスター

父 シプリアニ
母 フォーテリング
母の父 Premonition
生まれ 1969年4月15日
性別 牝
毛色 黒鹿毛

調教師：田之上勲
馬主：山本信行
生産者：笹地牧場
獲得賞金：5613万8000円
通算成績：32戦4勝
主なGI級勝鞍：桜花賞、ビクトリアC
年間表彰：最優秀4歳牝馬（72）

初勝利はデビュー8戦目のダート戦。競走馬としては凡庸なスタートを切り、その後も足踏み。ところが1972年のクラシックは馬インフルエンザの流行の影響で実施が遅れ、桜花賞はほぼ1か月半遅れの5月21日。そんな競馬番組の乱れを自らの勝利に引き寄せた強運の持ち主。

伝説の瞬間

人気薄も低評価もおかまいなし
名手を背に牝馬二冠を達成

4月30日、14戦2勝という豊富なキャリアで阪神4歳牝馬特別（1400m）に出走したアチーブスターは後方から追い込み、11番人気ながら4着に食い込んで、桜花賞の優先出走権を獲得した。

桜花賞では騎乗馬がいなかった名手・武邦彦へ乗り替わったが、それでも8番人気の低評価だった。キヨウエイグリーンが史上最速のハイペースで逃げる展開を読み切った武騎手は終始経済コースを進み、直線では内ラチ沿いを突き抜け、3馬身差で完勝した。

登録がなかったオークスを見送り、秋は5番人気でビクトリアCに参戦、鞍上の武騎手は春とは一転、2番手から抜け出す正攻法で、2番人気タイラップの追い上げをアタマ差封じた。牝馬の三冠目として創設されたビクトリアCはこの年創設3年目、初めて桜花賞との二冠牝馬が誕生した。

※産駒はJRA重賞未勝利

※グレード制以前はエリザベス女王杯（ビクトリアC）は三冠目に数えられてなかったが、本書では現在に合わせて牝馬三冠レースとして数えている。

1971年の桜花賞を1番人気で完勝したニットウチドリ［©Keiba Book］

アチーブスターに続き
2年連続の牝馬二冠馬

ニットウチドリ

父 ダラノーア
母 テルギク
母の父 ラッシー
生まれ 1970年4月24日
性別 牝
毛色 鹿毛

調教師：八木沢勝美
馬主：鎌田三郎
生産者：日東牧場
獲得賞金：1億813万1000円
通算成績：21戦6勝
主なGI級勝鞍：桜花賞、ビクトリアC
年間表彰：最優秀4歳牝馬（73）

デビュー3戦目で初勝利を挙げ、1973年の桜花賞トライアル（阪神4歳牝馬特別）で圧倒的人気のキシュウローレル（5戦5勝）を破り、8戦4勝で桜花賞に出走。本番では2頭で人気を分け合ったが、トライアルの勝利が評価され、僅差ながら1番人気に支持された。

伝説の瞬間

桜花賞とビクトリアCの二冠を達成 有馬記念で史上初の枠連万馬券を演出

桜花賞は3枠6番から抜群のスタートを切ったニットウチドリと、7枠14番から出たキシュウローレルのマッチレースとなり、最後は3馬身差でニットウチドリが勝利。オークスは桜花賞を回避したナスノチグサの2着に敗れたが、秋のビクトリアCでナスノチグサに雪辱、前年のアチーブスターに続き、桜花賞・ビクトリアCの二冠を達成した。

同世代の皐月賞馬ハイセイコー、秋の天皇賞馬タニノチカラが人気を集めた有馬記念に出走、主戦の横山富雄騎手は7番人気ながら果敢に逃げて2着を確保。10番人気で勝利したストロングエイトとの枠連は、グランプリ史上初の万馬券となった。

♀ 繁殖牝馬としてのニットウチドリ

11頭の直仔に重賞勝ち馬はいないが、孫にダービー卿CT勝ちのアイビートウコウがいる。

1974年のオークスをアタマ差で勝ちきったトウコウエルザ［©Keiba Book］

父パーソロンは4年連続
嶋田功騎手は3年連続のオークス制覇

トウコウエルザ

父　パーソロン
母　ベニサイ
母の父　ゲイタイム
生まれ　1971年5月3日
性別　牝
毛色　鹿毛

調教師：仲住達弥
馬主：渡辺喜八郎
生産者：今泉牧場
獲得賞金：1億3649万6800円
通算成績：30戦5勝
主なGI級勝鞍：オークス、ビクトリアC
年間表彰：最優秀4歳牝馬（74）

初勝利まで5戦を要し、9走目に2勝目を上げて中1週でオークスへ。出走馬26頭の1頭にかろうじて滑り込んだ。この年の主役と目されていたイットー、桜花賞馬タカエノカオリらが戦線離脱し、単勝一ケタ台は1番人気のサクライワイ（9・7倍）のみという大混戦だった。

伝説の瞬間

二冠牝馬の看板に偽りなし　牡馬相手に互角に戦った女傑

トウコウエルザの転機はデビュー8戦目の若葉賞。オークス3連覇に王手をかけながら有力なお手馬がいなかった嶋田功騎手の目にとまり、9番人気でオークスに出走。中団待機策の嶋田騎手は直線で外に持ち出すと、先に抜け出したスピードシンザンをアタマ差で差し切り、前人未到のオークス3連覇を達成。父パーソロンは4年連続のオークス制覇となった。枠連5―5は7850円だったが、9、15、11番人気の決着で、3連単があれば驚きの高配当になっただろう。

秋は1番人気でビクトリアCに勝ち、史上初かつ唯一のオークスとの二冠を達成した。1975年の京王杯AHでは1歳上のオークス馬ナスノチグサとのワンツーで枠連万馬券を演出、秋の天皇賞、宝塚記念、高松宮記念で3着になるなど、牡馬の一線級と長く互角に戦い続けた。

※産駒は中央重賞未勝利

※グレード制以前はエリザベス女王杯（ビクトリアC）は三冠目に数えられてなかったが、本書では現在に合わせて牝馬三冠レースとして数えている。

1974年、安田記念を勝ったキヨウエイグリーン[©Keiba Book]

古馬になって真価発揮
マイル以下重賞を制覇

キヨウエイグリーン

父 マタドア
母 リユウカオル　母の父 ヒンドスタン
生まれ 1969年3月28日　性別 牝　毛色 鹿毛

調教師：境勝太郎
馬主：松岡正雄
生産者：西山牧場
獲得賞金：35戦11勝
通算成績：9085万7200円
主なGI級勝鞍：——
年間表彰：——

クラシックではロングエース、タイテエム、ランドプリンス、イシノヒカル、古馬になってからはタニノチカラ、ストロングエイトらが活躍し、「花の（昭和）47年組」と呼ばれた世代を代表する牝馬の1頭。圧勝の2戦目を含め9戦5勝、3番人気で1972年の桜花賞に臨んだ。

伝説の瞬間

最強世代の牡馬相手に快足馬として長きにわたり活躍

桜花賞ではシンザン記念勝ちのシンモエダケ、朝日杯3歳S（現朝日杯フューチュリティS）など重賞級3勝のトクザクラらを相手に果敢に先行、空前のハイペースを演出した。さすがに直線で脚色が鈍ったが、アチーブスターの5着に粘り、スピード能力を証明した。

オークスはタケフブキの13着に敗れたが、クイーンS（中山2000m）でオークス2着馬タカイホーマの2着となり、古馬も参戦したスプリンターズSで3着。以後は快足を生かすためにマイル以下を主戦場とした。1973年のスプリンターズSを1番人気で、1974年の安田記念を9番人気で制した。

2歳下のサクライワイとともに、マタドア産駒の快足馬として鳴らし、距離体系が整備された今ならさらなる活躍が期待できたはず。さしたる後継馬を出せないまま、用途変更となったことは惜しまれる。

※産駒は中央重賞未勝利

1975年のスワンS［©Keiba Book］

牡馬相手に重賞3勝
華麗なる一族の華麗な牝馬

イットー

父 ヴェンチア
母 ミスマルミチ
母の父 ネヴァービート
生まれ 1971年4月19日
性別 牝
毛色 黒鹿毛

調教師：田中好雄→田中良平
馬主：（有）荻伏牧場
生産者：荻伏牧場
獲得賞金：9809万6000円
通算成績：15戦7勝
主なGI級勝鞍：——
年間表彰：最優秀3歳牝馬（73）、最優秀5歳以上牝馬（75）

阪神3歳Sで後の二冠馬キタノカチドキの2着となり、牝馬クラシックの有力候補となるが、脚部不安で離脱、復帰後に高松宮杯などの重賞級レースを3勝。牡馬相手に堅実に走り続けた競走成績もさることながら、「華麗なる一族」の名を高めた名繁殖牝馬として知られる。

伝説の瞬間

現2歳と4歳で最優秀牝馬に選出「華麗なる一族」の中興の祖

牝祖は1957年に英国から輸入されたマイリー。孫のオークス馬ヤマピットが急死し、急きょ繁殖入りしたミスマルミチの初仔がイットーである。

脚部不安等でクラシックに出走できず、重賞初制覇は5歳（現4歳）秋のスワンS。高松宮杯、サファイヤSにも勝ったが、59キロを背負った京都牝馬特別で競走能力を喪失して引退。半弟に安田記念のニッポーキング、道営記念、朝日杯3歳S2着のサクラアケボノ、シンザン記念のシルクテンザンオーがいて、産駒も活躍したため「華麗なる一族」の象徴的存在となった。

♀ 繁殖牝馬としてのイットー

初仔のハギノトップレディは桜花賞・エリザベス女王杯の二冠馬。セリで1億8500万円の値がついた3番仔のハギノカムイオーは宝塚記念など重賞を6勝し、母とこの姉弟とで高松宮杯母子制覇を達成。

1975年、オークスを8馬身差で圧勝したテスコガビー［©Keiba Book］

調教師：仲住芳雄
馬主：長島忠雄
生産者：福岡巌
獲得賞金：1億3561万6000円
通算成績：10戦7勝
主なGI級勝鞍：桜花賞、オークス
年間表彰：最優秀3歳牝馬（74）、最優秀4歳牝馬（75）

桜花賞をレコードかつ大差で勝利した
男勝りのクラシック二冠馬

テスコガビー

父 テスコボーイ
母 キタノリュウ　母の父 モンタヴァル
生まれ 1972年4月14日　性別 牝　毛色 青毛

1975年、皐月賞・ダービーはカブラヤオー、桜花賞・オークスはテスコガビーが勝利し、それぞれ二冠を達成。桜花賞でクラシック初勝利の栄冠を手にした菅原泰夫騎手はいきなり春のクラシック完全制覇を成し遂げた。

テスコガビーは名種牡馬テスコボーイの4世代目。ランドプリンス、キタノカチドキらが活躍し、血統的にも注目を集める存在だったが、それ以上に牝馬離れした馬っぷりとダイナミックな動きで関係者を魅了した。

伝説の瞬間

史上最強牝馬と呼ばれるも志半ばで散った早世の名牝

テスコガビーは母キタノリュウの気性が荒かったため、乳母に育てられた。放牧地で1頭離れて過ごす姿と雄大な馬格、機敏な動きが評判となったが、牝馬であるため、すぐには売れなかった。管理した仲住芳雄調教師でさえ、初見では牡馬だと思い込んでいた。

その後、生まれ故郷の静内から青森の明神牧場に移動し、育成調教が施された。当時としては異例のことで、期待の証でもあった。

1974年9月、デビュー10年目の菅原泰夫騎手を鞍上に東京芝1200mを7馬身差で圧勝。3戦3勝で最優秀3歳（現2歳）牝馬に選出された。

4歳（現3歳）緒戦の京成杯を牡馬相手に逃げ切り、

Tesco Gaby

東京4歳S（現・共同通信杯）に参戦。牡馬の強豪・カブラヤオーとの対決が実現したのは、関係者によるファンサービスだった。菅原は「他厩舎のテスコガビーが他の騎手に乗り替われば、再び自分の手には戻って来ない」と考え、自厩舎（森末之助）のカブラヤオーの手綱を弟弟子の菅野澄夫騎手に託した。

2強対決ムードで7頭立ての少頭数、予想通り2頭のマッチレースとなったが、直線の坂を駆け上がったところでカブラヤオーが外に大きくよれた。テスコガビーは菅原が追うのをやめるほどの不利を受け、クビ差先着を許し、後続にも詰め寄られた。

痛恨の敗戦となったが、ファンは「敗れてなお強し」と賞賛。桜花賞トライアル（阪神芝１２００ｍ）では単勝1・1倍に応え勝利、4月6日の桜花賞に向かった。22頭立てで単勝支持率は驚異の72・4％。レースは3枠5番から抜群のスタートを切ったテスコガビーの独壇場となり、直線は後続を引き離す一方。実況を担当した杉本清アナウンサーはゴール前で絶叫した。

「赤い帽子（3枠7番）がただひとつ。後ろからは何にも来ない。これは強い。恐れ入りました！」

勝ちタイム1分34秒9は桜花賞レコード。2着馬に1秒7の大差をつける圧勝だった。

続くオークストライアル（東京芝１８００ｍ）で3着に敗れ、5月18日のオークスへ。直前の敗戦や稍重馬場、距離を不安視する声もあったが、20頭立ての1番人気に推されたテスコガビーはスタートから終始一人旅。2着ソシアルトウショウ（トウショウボーイの半姉）に8馬身差をつけて圧勝。牝馬の春二冠達成は１９６４年のカネケヤキ以来、11年ぶり5頭目。菅原騎手は翌週のダービーをカブラヤオーで制して春四冠を手中にした。桜花賞が４８８キロ、オークスが４８６キロでの勝利だった。

夏場を休養に充てたテスコガビーは三冠目のビクトリアCを目指して調教を再開したが、外傷や捻挫のアクシデントに見舞われた。連戦の疲労もあって仕上がりは遅れ、レース復帰は翌１９７６年2月、府中のダート１２００ｍのオープン戦。格下相手で1番人気は当然だったが、一度もハナに立てずに6着惨敗。調教再開後に右後肢に不安を発症した。

血統、馬格の良さから繁殖牝馬として牧場へ戻す話が持ち上がったが、無情にもオーナーの希望で現役続行が決定、デビュー前に過ごした明神牧場で調教が再開された。それから間もない１９７７年1月19日、テスコガビーは調教コースを周回中に心臓マヒを起こして真っ白な雪の中に倒れ、その血を伝えることなく息絶えた。

1974年、スプリンターズS[©JRA]

サクラ軍団初の重賞馬
日本一の快速娘

サクライワイ

父　マタドア
母　グランドフェアー　母の父　ハロウェー
生まれ　1971年5月18日　性別　牝　毛色　栃栗毛

調教師：高木良三
馬主：さくらコマース
生産者：西山牧場
獲得賞金：1億2037万2200円
通算成績：26戦8勝
主なGI級勝鞍：——
年間表彰：——

1950年代前半から走り始め、「桃・白一本輪・桃袖」の桜色の勝負服、境勝太郎調教師・小島太騎手のコンビでサクラユタカオー、サクラバクシンオーなど数多くの活躍馬を輩出した「サクラ軍団」。その最初の重賞勝ち馬が1971年生まれの快足馬サクライワイである。

伝説の瞬間

スプリンターズSを連覇したサクラ軍団の一番槍

1973年8月、小島太騎手を鞍上に、札幌ダート1000mを好タイムで勝ち上がり、3走目には不良馬場の函館3歳（現2歳）Sを快勝。「サクラ軍団」に初めての重賞タイトルをもたらした。

最優秀3歳（現2歳）牝馬の称号はイットーに譲ったが、1974年の桜花賞トライアルで2着、1番人気に推された桜花賞でも一度は先頭に立ちながら、内を突いたタカエノカオリの2着に惜敗した。

タカエノカオリが故障で引退し、オークスでも1番人気に支持されたが、トウコウエルザの16着に惨敗。その後はマイル以下に狙いを定め、10月6日のスプリンターズSでは、キシュウローレルのレコードタイムを1秒以上縮める1分8秒4で完勝。翌年連覇を達成した。この間、安田記念に勝って底力を示した上で、日本一の快足馬であることを証明した。

※産駒はJRA重賞未勝利

1978年、京王杯スプリングHを勝って引退したシービークイン［©Keiba Book］

トウショウボーイ、グリーングラスが
そろった伝説の新馬戦でデビュー

シービークイン

父 トピオ
母 メイドウ
母の父 アドミラルバード
生まれ 1973年2月23日
性別 牝
毛色 黒鹿毛

調教師：松山吉三郎
馬主：千明牧場
生産者：千明牧場
獲得賞金：9710万4700円
通算成績：22戦5勝
主なGI級勝鞍：——
年間表彰：——

シービーは馬主の「千明牧場」のイニシャルにちなむ冠名。父は日本に導入された初めての凱旋門賞馬トピオ。1976年1月、トウショウボーイが勝った新馬戦で5着に敗れ、3走目で勝ち上がると、16頭立て14番人気という低評価だったオークストライアルを快勝して本番へ。

伝説の瞬間

天馬に恋した美貌の逃げ馬 唯一頭の産駒が三冠馬に

1976年のオークスは不良馬場。桜花賞馬テイタニヤが人気を集め、シービークインは4番人気。15番枠から2番手につけ、すぐに先頭に立ったが、ゴール前でテイタニヤ、ニッショウダイヤに交わされて3着。古馬になると、1977年の毎日王冠をレコードタイムで逃げ切り、1978年の京王杯スプリングHに勝って引退、北海道浦河町で繁殖入りした。

♀ 繁殖牝馬としてのシービークイン

母によく似た澄んだ瞳をした初仔・ミスターシービーは1983年に史上3頭目の三冠馬となり、翌秋の天皇賞にも勝利。父は天馬と呼ばれたトウショウボーイ。同じ新馬戦でデビューした馬同士、スピード馬同士の配合だが、息子は稀代の追い込み馬となった。その後は不受胎や流産が続き、産駒が1頭のみだったのは、彼女が天馬に恋をしたからだろうか。

1976年、桜花賞で直線大外から差しきったテイタニヤ［©Keiba Book］

桜花賞を出遅れても差しきり
嶋田功騎手にオークス4勝目を授けた

テイタニヤ

父 アローエクスプレス
母 ダイニトモコ　母の父 シプリアニ
生まれ 1973年4月24日　性別 牝　毛色 鹿毛

調教師：稲葉幸夫
馬主：原八衛
生産者：池田正義
獲得賞金：1億3812万3300円
通算成績：25戦7勝
主なGI級勝鞍：桜花賞、オークス
年間表彰：最優秀3歳牝馬（75）、最優秀4歳牝馬（76）

テイタニヤは牛の生産と競走馬の生産を兼業するようになった牧場で初めて生まれたサラブレッド。母の初仔で人も不慣れだったため、牛乳の匂いがついたタオルで生まれたてのテイタニヤを拭いてしまった。そのせいで母はわが子を認識できず、テイタニヤは哺乳瓶で育てられた。

伝説の瞬間

母の乳をもらえず人に育てられ史上6頭目の二冠奪取で恩返し

人の手で、粉ミルクや牛乳で育てられた牝駒は、シェイクスピアの「真夏の夜の夢」に登場する妖精の女王「タイターニア」にちなむ「テイタニヤ」の馬名を与えられ、美浦の稲葉幸雄厩舎に入厩した。

2戦目をタイレコードで勝利し素質の片鱗を示したテイタニヤはクイーンC勝ちを含む9戦5勝で1976年の桜花賞に参戦。トライアルの勝ち馬スカッシュソロンに次ぐ2番人気に支持されたが、懸念された出遅れ癖が出たため後方待機、徐々に位置取りを上げ、直線大外からクインリマンドを差し切った。

次走のオークスでは逃げるシービークインを交わしたクインリマンドをとらえ、1番人気に応えて二冠馬となり、嶋田功騎手はオークス4勝目を飾った。三冠目のエリザベス女王杯は同厩舎のディアマンテの4着で、オークス以後は勝てないまま引退した。

※産駒は中央重賞未勝利

1977年桜花賞を制したインターグロリア［©Keiba Book］

大物馬主・松岡正雄氏に
初のクラシックをプレゼント

インターグロリア

父 ネヴァービート
母 ヒダカチェリー　母の父 コダマ
生まれ 1974年5月1日　性別 牝　毛色 栗毛

調教師：柳田次男
馬主：松岡正雄
生産者：辻牧場
獲得賞金：2億1870万9900円
通算成績：21戦9勝
主なGI級勝鞍：桜花賞、エリザベス女王杯
年間表彰：最優秀4歳牝馬（77）、最優秀5歳以上牝馬（78）

2戦目の新馬戦を大差のレコード勝ちしてクラシック候補となり、そのまま桜花賞まで3連勝。キャリア4戦目での優勝は1948年のハマカゼの3戦目に次ぐ少なさだ。ハマカゼが8頭立てだったのに対して、インターグロリアは21頭立て。その差を考えれば立派な記録といえる。

伝説の瞬間

デビュー4戦目で桜花賞馬となり エリザベス女王杯で二冠達成

1977年2月のデビューから2か月で桜花賞馬となったインターグロリアの馬主は松岡正雄氏。「キョウエイ」「インター」の冠名で多くの活躍馬を所有してきたが、これがクラシック初制覇となった。

東上して体調を崩したオークスは14着惨敗。エリザベス女王杯（京都2400m）は距離が不安視されて3番人気だったが、桜花賞から手綱を取った福永洋一騎手は内ラチピッタリの最短距離を進み、最後の直線勝負で2番人気のリニアクインを差し切った。

桜花賞との二冠制覇はブラウニー（菊花賞）、アチーブスター、ニットウチドリ（ビクトリアC）に次ぐ快挙で、ビクトリアCに替わってエリザベス女王杯が新設されてからは初めて。その後も阪神牝馬特別、京都牝馬特別（連覇）、マイラーズCなどに勝ち、1978年の有馬記念ではカネミノブの2着となった。

※産駒は中央重賞未勝利

※グレード制以前はエリザベス女王杯（ビクトリアC）は三冠目に数えられてなかったが、本書では現在に合わせて牝馬三冠レースとして数えている。

1977年、オークスでアイノクレスピンに3馬身差をつけ圧勝したリニアクイン[©Keiba Book]

オークスで出したレコードは
ダービーより0秒6も速かった

リニアクイン

父 ハードリドン
母 エンタープライズII　母の父 ゲイタイム
生まれ 1974年4月8日　♂♀性別 牝　毛色 鹿毛

調教師：松田由太郎
馬主：桶谷辰造
生産者：村下牧場
獲得賞金：1億2188万3000円
通算成績：12戦5勝
主なGI級勝鞍：オークス
年間表彰：――

祖母は1960年の桜花賞馬トキノキロク、父ハードリドン（英ダービー馬）の産駒に1975年のダービー馬ロングエース。同馬を管理した松田由太郎厩舎に入厩したリニアクインは1977年1月にデビュー勝ちし、インターグロリアと同じくキャリア4戦目で桜花賞に挑戦した。

伝説の瞬間

オークスをレコード勝ちし幻のダービー馬と呼ばれる

8番人気だった桜花賞では直線での不利もあり、インターグロリアの3着に終わった。その後は4歳中距離S（東京芝2000m）に出走、7馬身差の圧勝が評価され、オークストライアルで9着となったインターグロリアに代わり、5月22日のオークスでは1番人気に支持された。

レースでは中団から徐々に位置を上げ、単独先頭で直線を向くと2着アイノクレスピンに3馬身差、2分28秒1のオークスレコードで優勝。これは翌週、ラッキールーラが勝ったダービーより0秒6も速く、勝ちっぷりの鮮やかさから「幻のダービー馬」と呼ばれた。

秋は神戸新聞杯でアイノクレスピンの2着、エリザベス女王杯でインターグロリアの2着となり、年明けの京都金杯で5勝目を挙げた。その後、繋靭帯炎を発症したため、現役復帰を断念して引退した。

※産駒は中央重賞未勝利

1977年神戸新聞杯で牡馬を一蹴したアイノクレスピン［©Keiba Book］

インターグロリア、リニアクインと
並ぶ「牝馬3強」の一頭

アイノクレスピン

父 セントクレスピン
母 キヌコ
母の父 ケリー
生まれ 1974年4月15日
性別 牝
毛色 鹿毛

調教師：土門健司
馬主：田中幸
生産者：稲原牧場
獲得賞金：1億5655万6800円
通算成績：30戦7勝
主なGI級勝鞍：——
年間表彰：——

ハードバージが皐月賞、ラッキールーラがダービー、菊花賞をプレストウコウが制した1974年生まれの世代において、インターグロリア、リニアクイン、アイノクレスピンの関西馬3頭は「牝馬3強」と呼ばれた。3強の中で最も早くデビューしたのがアイノクレスピンである。

伝説の瞬間

同期の牝馬クラシック馬らと牝馬3強として牡馬を一蹴

アイノクレスピンの父は凱旋門賞馬セントクレスピン。1973年春の天皇賞を持込馬のタイテエムが、1976年の春の天皇賞をエリモジョージが制し、スピードも成長力もある血統と評価されていた。

1976年11月の新馬戦を5馬身差で圧勝したアイノクレスピンだが、桜花賞はインターグロリアの5着、オークスはリニアクインの2着に終わった。

10月の神戸新聞杯（阪神芝2000m）ではリニアクインを半馬身差退け、菊花賞を目指す牡馬勢を一蹴。続くオープン戦（京都芝1600m）を1分33秒5の日本レコードで走り5馬身差の圧勝。春の雪辱を期し、1番人気でエリザベス女王杯に臨んだが、前走からの距離延長が裏目に出て折り合いを欠き、4着に沈んだ。その後も重賞で好走を続けたが、1979年秋、30走目を節目として競走生活を終えた。

※産駒は中央重賞未勝利

1977年古馬を相手にスプリンターズSで重賞初勝利を果たしたメイワキミコ（手前黒帽）［©TPC］

クラシック惨敗で路線変更
スプリンターズS2連覇

メイワキミコ

父 Gallant Man
母 ハワイアンドーン　母の父 カウアイキング
生まれ 1974年3月3日　性別 牝　毛色 黒鹿毛

調教師：鈴木勝太郎
馬主：鬼嶋力也
生産者：明和牧場
獲得賞金：1億546万6200円
通算成績：19戦7勝
主なGI級勝鞍：——
年間表彰：——

メイワキミコが生まれたのは北海道新冠町にあった明和牧場（現在はビッグレッドファーム明和）。母のハワイアンドーンが米国の種牡馬ギャラントマンを受胎して来日、持込馬として生まれたのがメイワキミコである。アイドルホース・ハイセイコーが引退し、明和牧場に繋養される前年のことだ。メイワキミコは、関西の「牝馬3強」が活躍した1974年生まれ世代におけるスプリント部門代表へと成長していく。

伝説の瞬間

距離適性を見極め才能を開花させたスプリント女王

メイワキミコはハイセイコーを管理した鈴木勝太郎厩舎に入り、ハイセイコーと同じく増沢末夫騎手が主戦となった。ただし、デビューは1977年3月まで遅れ、権利取りを狙ったオークストライアルでは同じ明和牧場出身のメイワロックの4着。それでも出走馬26頭の1枠1番に滑り込んだ。

5月22日のオークスでは枠順の利と持ち前のスピードを生かそうと果敢に逃げ、リニアクインの23着に惨敗。距離適性がはっきりしたため、以後はマイル以下に照準を合わせ、中山ダート1200m、中山芝1600m、新潟芝1200mで3連勝し、10月9日のスプリンターズSでは圧倒的な人気に推された。

Meiwa Kimiko

5頭立てではあったが、セーヌスポートとボールドシンボリの先行争いの直後に位置取り、直線でボールドシンボリをとらえて重賞初勝利を飾った。

続くＣＢＣ賞でリキタイコーから半馬身差の2着となって4歳（現3歳）戦を終了。翌年の前半戦もマイル以下のレースを選んで5戦1勝2着2回3着2回と安定した成績を残した。夏場を休養し、秋緒戦は東京芝１６００ｍで4着。これをステップに大目標のスプリンターズＳへ。

レースでは出遅れたモデルスポートが強引に競りかけてきてもメイワキミコは先頭を譲らず、直線に入ると差は開く一方。マイエルフの追い込みを4分の3馬身差抑えてスプリンターズＳの連覇を達成した。

続く牝馬東京タイムズ杯ではトップハンデの56キロ。相手は52キロのモデルスポート、53キロのマイエルフで、3着に敗れはしたが、ハンデ差とスプリント能力の高さを考えれば好走といえるだろう。

スプリンターズＳの連覇は１９７４年・１９７５年のサクライワイに続く2頭目。4歳（現3歳）牝馬の勝利はタマミ、サクライワイに続く3頭目。なお、その後の同レースの連覇は、サクラバクシンオー、ロードカナロア、レッドファルクスのみである。

スプリント女王となったメイワキミコだが、ほどなくスピード馬の宿命でもある脚部不安を発症、現役続行を決断して長期休養に入った。そして3連覇がかかる１９７９年のスプリンターズＳで戦列に復帰すると、ファンは4番人気に支持した。

2番人気のサニーフラワーと伏兵のダービーヒーローが不良馬場をハイペースで逃げ、久々でもあるメイワキミコは後方からの競馬となった。第4コーナーで先頭に立ったサニーフラワーがそのまま逃げ切り、1番人気に推された桜花賞2着馬シーバードパークが2着に粘った。

メイワキミコは大外から猛然と追い込んだが、マイエルフをとらえきれずに4着に終わった。復帰戦としては上々と思われたがレース後に骨折が判明、早々に引退が発表された。

♀ 繁殖牝馬としてのメイワキミコ

骨折は生命に関わるほどの重症で、繁殖生活にも影響がなかったとはいえない。直仔に重賞勝ち馬はいないが、2番仔のメインディッシュ（父サンシー）がカーネーションＣに優勝。その孫から中山大障害のキングジョイ、すばるＳのメイショウサライ、ＵＨＢ賞のシナモンスティックが出た。また、メイワキミコの半弟ハワイアンイメージ（父ファーザーズイメージ）は１９８０年の皐月賞馬となった。

1980年、桜花賞を逃げ切りで制したハギノトップレディ［©Keiba Book］

華麗なる一族初の桜花賞
エリザベス女王杯でオークスの雪辱

ハギノトップレディ

父　サンシー
母　イットー
母の父　ヴェンチア
生まれ　1977年4月4日
性別　牝
毛色　黒鹿毛

調教師：伊藤修司
馬主：日隈広吉
生産者：荻伏牧場
獲得賞金：1億7983万2700円
通算成績：11戦7勝
主なGI級勝鞍：桜花賞、エリザベス女王杯
年間表彰：最優秀4歳牝馬（80）

輸入牝馬マイリーから始まった荻伏牧場の牝系は二世代目に阪神牝馬特別勝ち馬のキューピット、三世代目にオークス馬ヤマピットと活躍馬を出した。ヤマピットが急逝したため現役生活を打ち切って繁殖入りした半妹ミスマルミチは初年度に、高松宮杯などを勝つイットーを産み、当時ドラマ化もされた人気小説のタイトルをもじって「華麗なる一族」と呼ばれた。そのイットーにサンシーを配合して誕生したのがハギノトップレディである。

伝説の瞬間

名牝の仔に生まれ、自らも名牝となり、そして名牝を産んだ「華麗なる一族」

「華麗なる一族」の期待を背負ってデビューしたハギノトップレディは、3歳（現2歳）夏の新馬戦で当時の1000m日本レコードを更新する驚愕のレースで期待以上の素質を見せつけたが、脚を痛めて半年以上の休養を余儀なくされる。明けて1980年3月の桜花賞指定オープンで復帰すると、休み明けや不良馬場などの悪条件が重なるレースを3着に逃げ粘り、出走権を確保する。そして迎えた桜花賞ではハイペースで逃げ、直線で捕まりそうになったところで二の足を使って伸びると、先頭のままゴールを駆け抜けた。「華麗なる一族」にとって、これが初の桜花賞制覇だった。

続くオークスでは不良馬場となり、2400mという距離を逃げ続けることができず17着と大敗してしまう。この敗戦によりスピードタイプのハギノトップレディには距離の壁がある、と評価された。

秋に入りマイル戦を2連勝したハギノトップレディは、オークスと同じく２４００ｍのエリザベス女王杯に駒を進める。ファンは同馬の強さを信じつつも距離に不安を抱いていたのか、3番人気という評価だった。このレースでもいつも通りハギノトップレディはスタートしてすぐに先頭を奪うが、この日はいつものようなハイペースではなく、ゆったりとした逃げを選択する。直線に向くと後続に詰め寄られ、距離の壁かと思われたが、ハギノトップレディはそこで二の足を使い、２４００ｍを逃げ切って勝利した。八大競走ではないものの牝馬三冠のひとつと見なされる同レースの勝利によって、ハギノトップレディの評価は母イットー以上と言われるようになり、「華麗なる一族」を代表する名牝として讃えられた。

5歳になったハギノトップレディに海外挑戦のプランが持ち上がったが、前哨戦として出走した宝塚記念を4着に敗退したため、プランは白紙となった。

次戦は母イットーも勝った高松宮杯で、ここを6馬身差で逃げ切り勝ちし、母娘二代制覇を達成している。

8月の巴賞では、同年の桜花賞を逃げ切り勝利したブロケードも参戦し、新旧桜花賞馬対決と話題になった。レースが始まると先頭に立ったのはハギノトップレディで、ブロケードは2番手につけた。向こう正面では5馬身ほどの差が開いたが、3コーナーあたりでブロケードが仕掛けると差はみるみる縮まり、4コーナー手前では先頭に立った。これまで全レースで逃げてきたハギノトップレディが、直線に入る前に先頭を奪われたのはこの一度きりだった。しかしハギノトップレディも再び加速して並びかけると、直線に入っても競り合い続け、ゴール前で頭ひとつぶん抜け出してブロケードとの死闘を制した。スタートからゴールまでこの2頭の戦いとなったレースは、テンポイントとトウショウボーイが火花を散らした１９７７年有馬記念に並ぶマッチレースとして語り草となった。

次戦の毎日王冠ではハイペースの逃げで自滅した格好になり8着と大敗し、引退することとなった。

♀ 繁殖牝馬としてのハギノトップレディ

初年度は渡英して英ダービー馬グランディを配合し、持ち込み馬として日本で出産したがデビュー前に死亡している。トウショウボーイ産駒の5番仔ダイイチルビーは安田記念、スプリンターズSを勝利して「華麗なる一族」の名を継いでいる。合計10頭の産駒がいるが、重賞を勝ったのはダイイチルビー1頭のみ。

1980年、天皇賞・秋を大逃げで制したプリテイキャスト［©Keiba Book］

六大競走優勝馬

長距離戦に活路を見いだし
9年ぶりに牝馬の天皇賞馬に

プリテイキャスト

父 カバーラップ二世
母 タイプキャスト
母の父 プリンスジョン
生まれ 1975年3月20日
性別 牝
毛色 鹿毛

調教師：石栗龍雄
馬主：高田久成
生産者：吉田牧場
獲得賞金：41戦8勝
通算成績：1億7333万6000円
主なGI級勝鞍：天皇賞（秋）
年間表彰：最優秀5歳以上牝馬（80）

テンポイントを生産した名門・吉田牧場が当時世界最高額の72万5千ドルで導入した繁殖牝馬がタイプキャストである。そして、これも吉田牧場が導入し、テンポイントの母ワカクモなど成功を収めた種牡馬カバーラップⅡ世を配合し、牝馬が誕生した。その特徴にちなんでプリテイキャスト（可憐な視線）と名付けられた牝馬は細く小柄で、管理を請け負った石栗調教師が「何か病気をしているのではないか」と危惧したほどだったという。

伝説の瞬間

天皇賞で観衆騒然の大逃げ好走と大敗を繰り返したおてんば娘

3歳（現2歳）11月に初出走の新馬戦で、スタートしてすぐに両隣の馬にはさまれたプリテイキャストは6着に敗れ、しかも以後は他馬を怖がるようになってしまった。折り返しの新馬戦で2着になり勝ち上がりも間近と思われたが、以後の未勝利戦を5連敗してしまう。石栗師が「あのアクシデントがなければ、桜花賞も狙えた」と述懐するほど、致命的な出来事だったのだ。

オークス前日の5月20日、新潟の未勝利戦に出走したプリテイキャストはこの日初めてブリンカーを装着し、これが奏功して待望の初勝利を挙げる。昇級初戦は4着に敗れたが、続く条件戦を3戦2勝2着1回と持ち前の能力を発揮できるようになり、格上挑戦でエリザベス女王杯に出走。しかしこの大事なレースでプリテイキャストの悪い癖が出てしまう。スタートで出遅れ、直線で追い込んだが4着に敗退した。自己条件に戻った次戦では勝利してオープン入りを果たし、明け5歳の古馬となって1979年を迎える。

当時の中央競馬はグレード制もなく、適性ごとの路線も確立していたとは言い難い。牝馬重賞は数が少ないため、陣営は古馬王道路線を進むことにした。短距離適性のないプリテイキャストにとってはほかの選択肢がないに等しく、それは苦渋の決断だった。

年明けから5戦すべて着外に敗れ、プリテイキャストは降級後2戦目で勝利したが、その後は敗戦続きで、結局この年は1勝のみで終わってしまった。

母のタイプキャストが6歳でアメリカ最優秀牝馬となっていたため、本馬も晩成型と陣営は考え、プリテイキャストは現役を続行することになった。1980年、3戦目の条件戦で勝利後、3200mの重賞ダイヤモンドSを2着に1秒2差で勝利し、プリテイキャストは7歳にして待望の重賞初制覇を飾ったのだ。しかし次走の天皇賞（春）では失速し15着と大敗する。

その後も好走と大敗を繰り返し、陣営も一喜一憂しながらプリテイキャストを天皇賞（秋）に出走させる。当時「天皇賞は9年おきに牝馬が勝つ」というジンクスがあった。しかしそれはプリテイキャストではなく、もう1頭の牝馬、シルクスキーと考えられていた。

ゲートが開くと、鞍上の柴田政人騎手が手綱をしごいて出遅れ癖のあるプリテイキャストに好スタートを切らせるが、馬が行きたがってしまう。柴田騎手はそこで抑えずにぐんぐん他馬を引き離し、向こう正面では50m以上の差をつけての大逃げとなった。ほかの陣営は有力馬マークで動くに動けず、プリテイキャストは最後の直線に向くと、セーフティリードを保ったまま他馬に影も踏ませずトップでゴールした。9年おきのジンクスは守られたが、それを成し遂げたのは人気のない（8番人気）プリテイキャストのほうだったのだ。

能力は高いが気性難があるプリテイキャストは、スタミナ切れで失速して大敗することも多かった。それでも陣営はこの馬の力を信じ続け、偉業へとつなげたのだ。大器晩成は馬そのものだけでなく、陣営の粘り強く馬を育て続けた姿勢にも当てはまるだろう。

♀ 繁殖牝馬としてのプリテイキャスト

8頭の産駒でJRAに出走したのは3頭のみだが、7番仔スティールキャストは1994年菊花賞で母を彷彿とさせる大逃げを打ち、ナリタブライアンの怪物的な三冠達成を演出した。また父マグニテュードはミホノブルボンと同じで、夢の逃げ馬配合でもある。

1983年、5着まで同タイムの接戦をアタマ差抜け出したダイナカール（中央黒帽）［©Keiba Book］

同馬主の使い分けで オークスに向かい勝ちきった

ダイナカール

父 ノーザンテースト
母 シャダイフェザー　母の父 ガーサント
生まれ 1980年5月10日　性別 牝　毛色 鹿毛

調教師：野平好男→高橋英夫
馬主：（有）社台レースホース
生産者：社台ファーム
獲得賞金：1億8909万6500円
通算成績：18戦5勝
主なGI級勝鞍：オークス
年間表彰：最優秀3歳牝馬（82）、最優秀4歳牝馬（83）

優秀な種牡馬と繁殖牝馬を多数所有する日本最大のサラブレッド生産牧場、社台グループ。だが創設当初は日本を代表する名馬を輩出するほどではなかった。転機が訪れたのは1976年、11年連続でリーディングサイアーとなった大種牡馬ノーザンテーストの登場である。そして1980年、社台グループが日本ダイナースと提携して創設した一口馬主クラブ、社台レースホースがスタート。その同じ年に誕生したのがダイナカールである。

伝説の瞬間

大激戦のオークスを僅差で制した クラブ馬隆盛時代の先駆け的存在

ノーザンテースト以前に社台グループが導入し、唯一成功したといえる種牡馬ガーサントを父に持つ繁殖牝馬シャダイフェザーに、ノーザンテーストを配合して生まれたダイナカールは、創設して3年目となる社台レースホース所属馬としてデビューした。

3歳（現2歳）10月、ダート1200mの新馬戦を岡部幸雄騎手で勝利すると、白菊賞、3歳牝馬Sを勝利して最優秀3歳牝馬に選出された。当時はまだ牡牝混合戦で関西の3歳馬王者決定戦だった阪神3歳Sには、社台グループ総帥、吉田善哉氏の個人名義所有馬シャダイソフィアが出走して、6着に敗退している。

1983年、明けて4歳になったダイナカールはクイーンCに出走したが5着、桜花賞トライアルの4歳牝馬特別では2着に終わる。どちらも勝ったのはダスゲニーだったが、本番の桜花賞ではダイナカールが1番人気、ダスゲニーは2番人気となった。しかし桜花賞を勝ったのはそのどちらでもなく、3番人気のシャダイソフィアだった。スタート前にメジロハイネが枠内駐立したため発走が遅れ、単枠指定で最後にゲート入りするダイナカールは苛立って枠入りを嫌ってしまうが、シャダイソフィアはゲート内で落ち着き払っていた。スタートするとシャダイソフィアが好位につけ、ダイナカールは出遅れてしまう。直線に向いてシャダイソフィアが抜け出すと、ダイナカールも追い上げるが及ばず3着に終わった。ただこの結果には吉田氏も満足し、口取り式にはダイナカールも参列させている。

すでにリーディングブリーダーとして不動の地位を得ている社台ファームだがダービーには縁がなく、ダイナカールかシャダイソフィアのどちらかをダービーに出走させることになったが、クラブ馬のダイナカールは勝算の大きいオークスへ回されることになった。そしてオークス当日。桜花賞大敗のあとトライアルを勝ったダスゲニーが1番人気で、ダイナカールは2番人気に支持された。スタートして最初のコーナーへ向けて、当時のフルゲート28頭が殺到する中、ダイナカールはうまく好位につける。直線でメジロハイネが先頭に立つと、ダイナカールもそのすぐ後ろから抜け出す。さらにジョーキジルクム、タイアオバ、レインボーピットが追い上げ、メジロハイネを加えた5頭が激しく競り合ったままゴール板を駆け抜けた。長い長い写真判定の末、ハナ差だけ先着していたダイナカールの1着が確定した。それぞれの着差はハナ、アタマ、ハナ、アタマで5頭が同タイムという大激戦だった。

秋はエリザベス女王杯を回避して有馬記念に出走し4着と好走。この年も最優秀4歳牝馬に選出された。

社台グループはその後、サンデーサイレンスの導入で勢いをさらに加速させ、一口馬主クラブも複数運営して毎年のようにGI馬を輩出しているが、社台レースホース所有馬として初めて八大競走勝利馬となったのがダイナカールだった。そういった意味でも、本馬はクラブ馬隆盛時代の先駆者といえるだろう。

♀ 繁殖牝馬としてのダイナカール

初仔は1勝、2番仔は未勝利と出だしは不調だったが、新鋭種牡馬トニービンを配合した4番仔エアグルーヴがオークスで母娘2代制覇を達成、牝馬として17年ぶりに天皇賞馬となって年度代表馬に選出された。最後の産駒となった9番仔モノポライザーはデビューから3連勝し、クラシック戦線を賑わせた。

1981年、不良馬場の桜花賞を無傷の4連勝で制したブロケード
[©Keiba Book]

傑出したスピードゆえに
古馬になって伸び悩む

ブロケード

父 イエローゴッド
母 マリンエクスプレス　母の父 スパニッシュイクスプレス
生まれ 1978年3月16日　性別 牝　毛色 栗毛

調教師：高松邦男
馬主：伊達秀和
生産者：三澤牧場
獲得賞金：2億3997万6200円
通算成績：24戦6勝
主なGI級勝鞍：桜花賞
年間表彰：――

ブロケードは1978年に静内の三澤牧場で誕生した。父イエローゴッドはブロケードと同じ年に皐月賞とダービー二冠馬のカツトップエースを輩出。3歳（現2歳）8月に函館でブロケードは1000mの新馬戦で7馬身差もの差をつけて勝利し、傑出したスピードを示した。

伝説の瞬間

酷な条件ほど金襴緞子は輝きを増し 泥濘を蹴散らして突き進む弾丸娘

明け4歳（現3歳）2月のカトレア賞で逃げ切り勝ち、桜花賞トライアルの4歳牝馬特別では重馬場を苦にせず2着馬に6馬身差で圧勝し、無傷の3連勝となった。そして迎えた桜花賞は折から降り続く雨の影響で泥々の不良馬場となったが、それをものともせず3馬身半差で優勝、無傷の4連勝で桜花賞馬となった。実況の杉本清アナが、ブロケードの馬名にちなみ「金襴緞子が泥にまみれてゴールイン」との名実況を残している。

完全なスピードタイプのブロケードは果敢にオークスへ挑戦したが13着、秋のエリザベス女王杯も同じく13着と大敗。以後は短距離路線に進んだが、当時はハンデ戦が多くブロケードは57、58キロと酷量を背負わされることが多かった。それでも堅実に走り、1982年のスプリンターズSを勝利している。

※産駒は中央重賞未勝利

1986年、GⅠマイルチャンピオンシップで大本命ニッポーテイオーを破って勝利（手前青帽）［©Keiba Book］

牡牝混合GⅠ優勝馬

グレード制導入以来
牡牝混合GⅠで牝馬初の勝利

タカラスチール

父　スティールハート
母　ルードーメン　　母の父　シャトーゲイ
生まれ　1982年4月16日　性別　牝　毛色　黒鹿毛

調教師：坂本栄三郎
馬主：村山義男、村山輝雄
生産者：鈴木実
獲得賞金：2億4601万8200円
通算成績：32戦8勝
主なGⅠ級勝鞍：マイルチャンピオンシップ
年間表彰：最優秀5歳以上牝馬（86）

タカラスチールはミスターシービーに勝ったこともあるウメノシンオーの半妹で、1984年夏の札幌ダート1000mで新馬勝ち。しかし夏の総決算となる函館3歳Sでエルプスの後塵を拝した。年末の3歳牝馬Sでまたもやエルプスに敗れ、3歳（現2歳）シーズンを終えた。

伝説の瞬間

故障もなく休まず走り続けて牡牝混合GⅠを初めて勝利した働き者

明けた1983年も正月から始動し、新春4歳牝馬Sとクイーン Cを連勝すると、桜花賞トライアルの4歳牝馬特別へ出走するが、ここでもエルプスに敗れてしまう（3着）。雪辱を期して桜花賞に臨むが、エルプスが逃げ切って勝利する一方でタカラスチールは不利の影響もあって15着と惨敗。陣営は距離適性を考慮してオークスを諦め短距離路線に進む。4戦3勝の好成績で迎えた京王杯オータムHで、エルプスと5度目の対決を迎えた。しかしここでも敗れ、これがエルプスとの最後の対決となったため、とうとう一矢報いることは叶わなかった。その後も長期の休養を取ることなく走り続けたタカラスチールは、1986年のマイルCSでニッポーテイオーを破り、グレード制導入後初となる牝馬による牡牝混合GⅠ勝利を果たした。

※産駒は中央未勝利

1986年、エリザベス女王杯を勝ち、牝馬三冠を制したメジロラモーヌ［©Keiba Book］

トライアルと本番すべてに勝利
七分の出来で三冠目を制す

メジロラモーヌ

父 モガミ
母 メジロヒリュウ　母の父 ネヴァービート
生まれ 1983年4月9日　性別 牝　毛色 青鹿毛

調教師：奥平真治
馬主：（有）メジロ牧場
生産者：メジロ牧場
獲得賞金：3億1192万100円
通算成績：12戦9勝
主なGI級勝鞍：桜花賞、オークス、エリザベス女王杯
年間表彰：最優秀3歳牝馬（85）、最優秀4歳牝馬（86）

名門オーナーブリーダー、メジロ牧場の北野豊吉が、シンボリ牧場の和田共弘と共同で導入した種牡馬モガミを、重賞馬を出したメジロヒリュウに配合し誕生したのが幼名「俊飛」、のちのメジロラモーヌだった。

俊飛は脚元に難があり、性格もおとなしいということで陣営の期待感は上がらず、受け入れ先の厩舎すらなかなか決まらなかった。しかし成長するにつれ不安は解消されていき、美浦の奥平真治厩舎への入厩が決まる。

伝説の瞬間

完全牝馬三冠と重賞6連勝を達成 名門メジロ牧場が送り出した才媛

入厩当初こそ目立つ存在ではなかったが、調教を重ねてメジロラモーヌの能力は開花した。新馬戦で2着馬を3秒以上も突き放す大差勝ちを収め、期待以上の強さを見せつけたメジロラモーヌは、2戦目の京成杯3歳Sに向かう。ダイナアクトレスとの初対決が注目されたが故障により回避したため、ラモーヌ一強と目された。しかしスタート直後に他馬と接触しかかってしまう。最後まで鞍上と折り合いがつかず、5頭立ての4着に終わった。レース後には疝痛やソエも発症したが、すぐに回復して条件戦、テレビ東京賞3歳牝馬Sも連勝して3歳（現2歳）シーズンを終えた。

明けて4歳の1986年、初戦のクイーンCに出走

Mejiro Ramonu

したメジロラモーヌだったが、この日はなぜか激しくイレ込んでしまい、レースが始まっても本来の能力を発揮することなく直線で失速、4着に敗れた。桜花賞に向けて関西入りしたメジロラモーヌは、当たりが柔らかく牝馬の扱いに定評のある河内洋騎手を鞍上に迎え、以後引退までコンビを組むことになる。トライアルの報知杯4歳牝馬特別（関西）では馬混みに包まれ最後方から驚異的な末脚を繰り出して差し切り勝ち。本番の桜花賞では、レース前にイレ込む場面もあったがスタートすると河内騎手と折り合い、直線で早めに抜け出して勝利。牝馬クラシックの一冠を獲得した。

通常ならオークス直行だが、過去の2敗が東京競馬場だったため、試走の意味も込めてトライアルのサンスポ杯4歳牝馬特別（関東）に駒を進めた。このレースを勝利すると、続くオークスでも優勝。テイタニヤ以来10年ぶりの牝馬二冠、トライアル勝利馬はオークスに勝てないというジンクスをはねのけての勝利だった。

秋は夏負けの影響で当初予定していたクイーンSを回避、トライアルのローズSから始動したメジロラモーヌは苦しい展開をしのいで辛勝し、本番を迎える。エリザベス女王杯当日は奥平師によると「70％の状態」だったといい、万全ではなかった。レースが始まると3番手を進み、京都競馬場名物3コーナーの坂を下りたところから仕掛け、先頭に並びかける。実況の杉本清アナが「これでいいのか」と言ってしまう早いスパートだったが追い込み勢をしのぎ切って先頭でゴール、牝馬三冠を達成した。重賞6連勝の新記録とともに、三冠レースをトライアル含めて全勝という偉業も成し遂げ「パーフェクト三冠馬」と讃えられた。

牧場から繁殖としての期待を集めていたメジロラモーヌは、この年の有馬記念が引退レースと定められており、陣営はこれまでで最高の状態にメジロラモーヌを仕上げて臨んだ。しかしレースでは狭いところに数頭が突っ込んで体勢が崩れ、立て直せないまま9着と大敗。この敗戦でメジロラモーヌは牝馬相手には強いが牡馬には及ばないとする声も上がったが、一方で多くの競馬関係者が同馬の強さを擁護してもいる。

♀ 繁殖牝馬としてのメジロラモーヌ

大きな期待を背負って繁殖入りしたメジロラモーヌは初年度のメジロティターン産駒を流産し、2年目に同じ配合で出産した後、3年目にシンボリルドルフを交配された。誕生したメジロリベーラは父母が獲得したGI合計数にちなんで「十冠ベビー」と世間から騒がれた。しかし脚元が弱く1戦しただけで骨折し引退。合計12頭の産駒を出したがメジロラモーヌの能力を引き継ぐ産駒は登場せず中央重賞未勝利に終わっている。

1987年、2着馬に1秒3差をつけ桜花賞を圧勝したマックスビューティ［©Keiba Book］

クラシック二冠を制すも
エリザベス女王杯で、まさかの惜敗

マックスビューティ

父 ブレイヴェストローマン
母 フジタカレディ　母の父 バーバー
生まれ 1984年5月3日　♂♀性別 牝　毛色 鹿毛

調教師：伊藤雄二
馬主：田所祐
生産者：酒井牧場
獲得賞金：3億4150万4300円
通算成績：19戦10勝
主なGI級勝鞍：桜花賞、オークス
JRA賞：最優秀4歳牝馬(87)

母フジタカレディは現役時未勝利だったが、その母系をさかのぼるとトキノミノルやグリーングラスなどもいる名牝系につながる。1983年はマルゼンスキーと交配する予定だったが発情が早まり、急きょブレイヴェストローマンをつけて誕生したのがマックスビューティだった。幼駒の頃から均整の取れた美しい馬体、バネのある柔らかな筋肉を備えていたため、誕生1週間後に牧場を訪れた伊藤雄二調教師が、その場で手がけることを決めたほどだった。

伝説の瞬間

常に期待を背負って結果を出し続け 人々に夢を抱かせた理想的な名馬

1996年6月に入厩したマックスビューティは、デビュー予定の新馬戦直前に左前脚蹄球炎で取り消すアクシデントがあったものの、すぐに良化して8月の函館で無事デビューを迎える。ここを4馬身差で勝利し、函館3歳Sに出走するが不良馬場に手こずり4着。いったん休養をはさんで年末のラジオたんぱ杯3歳牝馬Sに出走し2着に入り、3歳シーズンを終えた。

年明け早々の紅梅賞では出遅れながらも強烈な末脚で追い込んで勝利すると、バイオレットS、チューリップ賞と連勝して桜花賞に向かう。マックスビューティは疲れがたまりやすい体質で、これまで強く追われるレースをしてこなかったが、本番の桜花賞では最後まで追うレースを陣営は選択した。結果、前年の最優秀３歳牝馬コーセイに１秒３差をつけて圧勝した。そのレースぶりから前年に牝馬三冠を達成したメジロラモーヌ以上と評価する声も上がった。ここで陣営はオークスへ直行せず、トライアルの４歳牝馬特別を使うことにしたが、これは東京競馬場を経験させること、１６００ｍの桜花賞から急に２４００ｍのオークスを使うのではなく、２０００ｍを経験させるなど、様々な要素が考慮されての選択だった。

トライアルを勝利して臨んだオークスは重馬場となった上、序盤のハイペースから中盤ではスローペースになるという難しい流れを、鞍上の田原成貴騎手がうまく乗って勝利。前年のメジロラモーヌに続き、史上８頭目の牝馬クラシック二冠馬となった。

世間の評価に後押しされるように、陣営の怪気炎も上がる。田原騎手は「ほかの馬とはエンジンが違う。ほかが１５００ｃｃならこの馬は３０００ｃｃ」と評した。伊藤師は牝馬三冠への展望を聞かれて「二つ取って三つ取れなければ笑われる」とコメントし、田原騎手も「目標というより使命」と決意のほどをうかがわせている。陣営にそれだけのことを言わせるほど、この時点のマックスビューティは完璧な存在だった。

秋初戦に選んだ牡牝混合の神戸新聞杯を難なく勝利、続くローズＳも勝利してエリザベス女王杯を迎える。２年連続の三冠牝馬誕生はもはや確定的とさえ思われた。しかしエリザベス女王杯では、マックスビューティはかかって折り合いを欠いてしまう。やむなく早めのスパートをかけると、直線に入って伸びを見せたもののタレンティドガールがそれよりも鋭い末脚を使い、２馬身先にゴールしていた。その瞬間、２年連続の牝馬三冠達成という快挙は夢と消えた。

このときすでにマックスビューティから闘志が失われていたと伊藤師は後に述懐し、田原騎手も夏を越してからレースでかかるようになったと振り返っている。

常に周囲から期待され、それに応え続けてきたマックスビューティだったが、それが重荷となって燃え尽き症候群に陥ってしまっていたのかもしれない。

♀ 繁殖牝馬としてのマックスビューティ

リアルシャダイ産駒の初仔マックスジョリーは重賞勝ちこそなかったが桜花賞、オークスを３着と健闘。ダンシングブレーヴ産駒の４番仔チョウカイライジンはオープン入りを果たしている。一流の種牡馬と交配し牝系をつなぐという目的で１９９４年からは海外へ渡り、カーリアンやサドラーズウェルズなどと交配しているが、前者はオープン馬、後者は未勝利馬に終わった。合計８頭を出産し、重賞は未勝利。

1988年、スプリンターズS（当時GⅡ）を勝った際のダイナアクトレス［©Keiba Book］

調教師：矢野進
馬主：（有）社台レースホース
生産者：社台ファーム
獲得賞金：3億1550万8700円
通算成績：19戦7勝
主なGI級勝鞍：スプリンターズS（GII　88）
JRA賞：最優秀5歳以上牝馬（87、88）

GIはとれなかったがジャパンC、安田記念で健闘した記憶に残る名牝

ダイナアクトレス

父　ノーザンテースト
母　モデルスポート
母の父　モデルフール
生まれ　1983年5月4日
性別　牝
毛色　鹿毛

ダイナアクトレスは1983年、最優秀5歳以上牝馬を獲得した名牝モデルスポートにリーディングサイアーのノーザンテーストを配合して誕生した。牧場にとっても期待の存在だった。生まれた仔馬はとても気性が荒く、当時社台ファームで馴致を担当した人間がロデオに乗っているようだと述懐するほどだった。しかしそれは同時に、バネのある優れた馬体と、レースに際しての勝負根性という素質を秘めていることもうかがわせた。

伝説の瞬間

キャリアのほとんどが牡牝混合戦　一歩も引かずに渡り合った「女傑」

3歳（現2歳）夏の函館でデビューしたダイナアクトレスは、その傑出したスピードを発揮し5馬身差で初陣を飾ると、すずらん賞と函館3歳Sも圧勝し、同世代で頭ひとつ抜きん出た存在となった。しかしレース後、脚部不安を抱えてしまい、以降の3歳シーズンは不出走。その間に台頭してきたメジロラモーヌの活躍により、最優秀3歳牝馬のタイトルを逃してしまう。

明けて4歳、陣営は牡馬クラシック路線へ進むことも検討したが、メジロラモーヌとの対決を選択し、牝馬クラシックに向けてローテーションが組まれた。しかし前哨戦のすみれ賞で気性の荒さが悪いほうへ出てしまい、枠入りを極端に嫌がりゲート内で暴れ、馬体検査を受けることになった。異常なしでレースには出たものの大差の最下位に終わり、1か月の出走停止と調教再審査によって桜花賞への出走は不可能となった。

オークス前哨戦の4歳牝馬特別を2着、オークスでは3着と善戦したが、どちらもメジロラモーヌの後塵を拝した。秋には牝馬三冠最後のエリザベス女王杯に向けて調教が積まれたが、トライアルのローズS直前に股関節痛で戦線離脱し、3歳シーズンを終える。ライバルのメジロラモーヌは牝馬三冠を達成し、有馬記念を最後に年内で引退したため、ダイナアクトレスは雪辱の機会を失ってしまった。

5歳春、戦線復帰したダイナアクトレスは京王杯スプリングC2着、安田記念5着と好走し、健在ぶりを示した。しかし次戦の阪急杯では気性難が出てしまい、騎手と折り合えないまま14着と大敗してしまう。

秋からは名手岡部幸雄騎手とのコンビとなり、京王杯オータムHを世界レコードで優勝。さらには毎日王冠も勝利したが、秋の天皇賞では苦手の重馬場というのもあり、8着に敗れた。それでも陣営は揺るがず、古馬王道路線へ向かう。ジャパンCでは当時まだレベルの差があった外国馬相手に一歩も譲らぬレースぶりで日本馬最先着の3着と好走し、有馬記念でも7着だが勝ち馬に0秒4差の健闘ぶりを見せ、最優秀5歳以上牝馬のタイトルを手にした。

翌年も現役続行したダイナアクトレスは、スプリンターズSと京王杯スプリングCを勝利、安田記念を2着と好走し、そのスピード能力に衰えがないことを見せつけた。秋も毎日王冠5着、天皇賞4着と善戦するも脚部不安を発症し、そのまま引退となったが最優秀5歳以上牝馬のタイトルを2年連続で獲得している。

ダイナアクトレスが現役時に出走した牝馬限定戦は3歳春の2戦のみで、あとはすべて牡牝混合のレースだった。牡馬たちを相手取って一歩も引かず勝ち負けを繰り返したその姿から、いつしかダイナアクトレスは「女傑」と呼ばれ、讃えられるようになっていた。

♀ 繁殖牝馬としてのダイナアクトレス

初仔のステージチャンプは、優れた素質を持ちながらも勝ち切れない善戦マンとして人気となり、最終的にGⅡを2勝した長距離の晩成タイプ。2番仔のプライムステージは2歳重賞を2勝したがその後未勝利の早熟タイプだった。以降は目立った活躍馬を出せなかったが、3番仔のランニングヒロインはグラスワンダーを交配され、ジャパンCを制しモーリスの父となったスクリーンヒーローを出している。第4仔のトレアンサンブルもグラスワンダーを交配して障害GⅠ2勝のマルカラスカルを出し、牝系を引き継いでいる。

1989年ジャパンCに出走したロジータ[©Keiba Book]

牝馬初の南関東三冠馬
ジャパンCにも挑戦した人気者

ロジータ

父 ミルジョージ
母 メロウマダング
母の父 マダング
生まれ 1986年5月26日
♂♀ 性別 牝
毛色 鹿毛

調教師：福島幸三郎
馬主：加藤富保
生産者：高瀬牧場
獲得賞金：2億1420万円（地方＋中央）
通算成績：15戦10勝
主なGI級勝鞍：——
JRA賞：——

1903年に輸入されたチップトップにさかのぼるファミリーは、主に南関東の地方競馬で活躍。近親に浦和桜花賞のダイサンキヨサチ、川崎記念のアポスピード、帝王賞のローズジャックなど。父ミルジョージは大井競馬所属ながらジャパンCでシンボリルドルフの2着となったロッキータイガーを輩出。

1988年、ロジータ（谷間の百合）と名付けられた牝馬は川崎競馬の福島幸三郎厩舎に入厩し、競走生活をスタートさせた。

伝説の瞬間

牡馬を圧倒して南関三冠を達成 地方競馬に咲いた可憐な百合

10月に川崎競馬場でデビューしたロジータは東京3歳（現2歳）優駿牝馬Sで3着となり、2歳戦を4戦2勝で終えた。そして翌1989年はニューイヤーC、京浜盃、桜花賞まで3連勝、しかも強い勝ち方をしたため、陣営は牝馬三冠路線への挑戦を決断した。

南関東の三冠は1996年から2023年まで春季に集中させる米国スタイルで実施されてきたが、当時は5月の羽田盃（2000m）、6月の東京ダービー（2400m）、11月の東京王冠賞（2600m）という日程だった（すべて大井競馬場）。

5月10日の羽田盃に参戦したロジータは12頭の牡馬を押しのけ、1番人気に支持された。ここを楽勝すると6月8日の東京ダービーに向かい、あっさり二冠を達成。同じミルジョージ産駒で大井競馬から中央に移籍したイナリワンが春の天皇賞に勝ち、さらに宝塚記念を勝つ3日前のことだった。

古馬との初対戦となった報知オールスターCで2着した後、陣営は芝の適性を見るため、オールカマー（中央・地方交流競走）を選択した。9月17日、休み明けのロジータは折り合いを欠く場面がありながらも終始3番手を進み、断然人気のオグリキャップから0秒7差の5着に健闘。当時の規定によってジャパンCの優先出走権を獲得した。

次走は11月3日、南関東三冠目の東京王冠賞に出走、断然の1番人気に堂々と応え勝利、ファンを歓喜させた。南関三冠達成はヒカルタカイ、ゴールデンリボー、ハツシバオー、サンオーイ、ハナキオーに続く6頭目。牝馬としてはもちろん初めての快挙である。レース体系が変更された後の達成馬も、トーシンブリザードとミックファイアの2頭しかいない。

11月26日、ジャパンCは秋の天皇賞馬スーパークリーク、マイルチャンピオンシップから連闘で参戦したオグリキャップが人気を分け合い、外国馬イブンベイが逃げる展開となった。

ゴール前は芦毛2頭が激しく競り合い、ホーリックスがアタマ差オグリキャップに先着。2分22秒2というレコードタイムでの決着となり、ロジータは見せ場のないまま最下位15着に沈んだ。

その敗戦のショックは皆無で、ロジータは年末のビッグレース・東京大賞典に元気な姿を見せた。

1番人気こそ同世代の「岩手の怪物」スイフトセイダイに譲ったものの、4コーナーで先行するそのスイフトセイダイに馬なりで並びかけ、あっという間に2馬身差をつけた。

１９９０年の川崎記念では圧倒的1番人気に応え、8馬身差で圧勝、引退の花道を飾った。ちなみにロジータとイナリワンが活躍した１９８９年、父ミルジョージは中央・地方総合種牡馬リーディングでサンデーサイレンスを抑えて首位となった。また川崎競馬場にはロジータの偉業を讃え、3歳牝馬限定のロジータ記念が創設された。

♀ 繁殖牝馬としてのロジータ

ロジータの産駒は15頭。ＪＲＡ重賞を勝ったのはイブキガバメント（朝日CC・鳴尾記念）だけだが、カネツフルーヴが帝王賞など地方ＧＩ2勝。孫のレギュラーメンバーもダービーグランプリ、ＪＢＣクラシックなど地方ＧＩ3勝。なお、この3世代の3頭はそろって川崎記念にも勝っている。

1990年、マイルチャンピオンシップを勝ったパッシングショット
[©Keiba Book]

1
牡牝混合GI優勝馬

調教師：橋田満
馬主：森本忠治
生産者：浦河小林牧場
獲得賞金：2億7345万9400円
通算成績：27戦5勝
主なGI級勝鞍：マイルチャンピオンシップ
JRA賞：最優秀5歳以上牝馬（90）

6歳にして初重賞、初GI制覇
遅咲きながら記憶に残る名牝

パッシングショット

父 トウショウボーイ
母 タカヨシピット
母の父 ネヴァービート
生まれ 1985年4月26日
性別 牝
毛色 鹿毛

トウショウボーイを父に持ち、早くからその素質を評価されていたパッシングショットはダートの新馬戦を2着、折り返しの芝新馬戦で初勝利を飾る。しかしその後は惜敗続きで、2勝目を挙げたのは4歳（現3歳）秋だった。陣営は連闘で翌週のエリザベス女王杯に挑むが9着に敗れた。

伝説の瞬間

初めての交配を果たせず早世した大器晩成型の純真な乙女

自己条件に戻って3勝目を挙げたパッシングショットは明けて5歳（現4歳）、短距離重賞戦線に活路を求めた。京都牝馬特別とマイラーズＣを2着、京王杯スプリングＣを3着と好走して安田記念に挑んだが6着に敗れ、陣営にとってももどかしいレースが続く。

翌年、6歳になったパッシングショットは6月のＣＢＣ賞で待望の初重賞制覇。２０００ｍの高松宮杯は惨敗してしまうが、秋には短距離路線に戻ってスワンＳ2着と好走。次走のマイルＣＳで出遅れながらも鋭い末脚で勝利し、念願のＧＩタイトルを手にした。

♀ 繁殖牝馬としてのパッシングショット

繁殖入りして初めての種付けを行うことになったパッシングショットは、配合相手のニッポーテイオーが準備を整えて近づくと、驚いてパニック状態になってしまい転倒。頭蓋骨骨折で死亡してしまった。

1990年、不利をはねのけて桜花賞を制したアグネスフローラ [©Keiba Book]

親子三代クラシック制覇
母の血を子につないだ名馬で名繁殖

アグネスフローラ

父 ロイヤルスキー
母 アグネスレディー　母の父 リマンド
生まれ 1987年6月18日　♂♀ 性別 牝　毛色 鹿毛

調教師：長浜博之
馬主：渡辺孝男
生産者：折手正義
獲得賞金：1億6048万4000円
通算成績：6戦5勝
主なGI級勝鞍：桜花賞
JRA賞：JRA賞最優秀4歳牝馬(90)

オークス馬アグネスレディーの6番仔アグネスフローラは、最初から桜花賞を意識した陣営によりロイヤルスキーを配合されて誕生した。果たして思惑通り好馬体で動きもよく、調教に跨った河内洋騎手はこの馬で9馬身以上離して勝つと意気込み、新馬戦を実際に10馬身差で勝利した。

伝説の瞬間

自身もクラシックホースを生み出したオークス馬から誕生した桜花賞馬

明けて1990年、条件戦を皮切りに3連勝したアグネスフローラは、桜花賞の最有力候補として単枠指定され当日を迎える。重馬場ながら激しい先行争いのハイペースとなり、河内騎手はアグネスフローラを中団につけるが他馬の故障や落馬などのアクシデントが発生し、アグネスフローラも外に振られる不利を被ってしまう。しかしアグネスフローラは体勢を立て直し、先頭でゴール板を駆け抜けていた。母娘二代牝馬クラシック制覇という陣営の夢がここに結実したのである。

♀ 繁殖牝馬としてのアグネスフローラ

4番仔アグネスフライトがダービーを制し親子三代クラシック制覇の偉業を達成した。5番仔アグネスタキオンも皐月賞を制し、親子三代で春クラシック全制覇も達成。さらにアグネスタキオンは種牡馬としてダイワスカーレットやディープスカイを出している。

1991年、安田記念を制したダイイチルビー［©T.MURATA］

牡牝混合GI優勝馬

古馬になってからGI2勝を挙げた
華麗なる一族の傑作

ダイイチルビー

調教師：伊藤雄二
馬主：辻本春雄
生産者：荻伏牧場
獲得賞金：4億3171万1600円
通算成績：18戦6勝
主なGI級勝鞍：安田記念、スプリンターズS
JRA賞：最優秀5歳以上牝馬（91）最優秀スプリンター（91）

父 トウショウボーイ
母 ハギノトップレディ　母の父 サンシー
生まれ 1987年4月15日　♂♀性別 牝　毛色 黒鹿毛

「華麗なる一族」と讃えられた名牝ハギノトップレディの5番仔は、「天馬」トウショウボーイとの「夢の配合」によって誕生した。生まれたばかりの牝馬は前脚蹄が左右不揃いで、伊藤雄二調教師は当初、預かるのをためらったという。しかし動きのよさに驚き、一転して引き受けた。

伝説の瞬間

「華麗なる一族」と「天馬」の「夢の配合」短距離路線で牡馬と渡り合った快速娘

4歳（現3歳）2月の新馬戦を楽に勝利すると、桜花賞トライアルに登録したが抽選漏れで出走が叶わず、自己条件で2勝目を挙げる。桜花賞に登録するが再び抽選漏れ、トライアル2着で挑戦したオークスは5着。秋のローズSは5着で牝馬クラシックを終えると、翌年から目標を古馬短距離路線に切り替える。京王杯スプリングC、安田記念を連勝してイットーから母娘三代連続のGI馬となり、「華麗なる一族」の面目躍如となった。秋もダイタクヘリオスをはじめとする古馬の一線級と何度も好勝負を演じ、年末のスプリンターズSを勝利。グレード制導入後初の牡牝混合GI複数勝利馬となった。

♀ 繁殖牝馬としてのダイイチルビー

初年度産駒のダイイチシガーは2歳戦で2勝を挙げ、4歳牝馬特別2着、オークス3着で注目を集めた。

1992年、桜花賞を2着に0・6秒差をつけ圧勝したニシノフラワー［©T.MURATA］

調教師：松田正弘
馬主：西山正行
生産者：西山牧場
獲得賞金：4億6970万6600円
通算成績：16戦7勝
主なGI級勝鞍：阪神3歳牝馬S、桜花賞、スプリンターズS
JRA賞：最優秀3歳牝馬（91）、最優秀スプリンター（92）、最優秀4歳牝馬（92）

1
牡牝混合GI優勝馬

短距離路線で牡馬と
互角以上に戦った名スプリンター

ニシノフラワー

父 マジェスティックライト
母 デュプリシト　母の父 ダンチヒ
生まれ 1989年4月19日　性別 牝　毛色 黒鹿毛

オーナーブリーダーとして多くの競走馬を抱えていた西山牧場が、長らく大物が現れず低迷していたさなか、牧場改革の一策として導入した受胎済み輸入牝馬から誕生したのがニシノフラワーである。小柄で細身の仔馬は誰が見ても立派とはいえず、受け入れ先もなかなか決まらなかった。

伝説の瞬間

牝馬の「最強世代」で存在感を放ち世代チャンピオンに二度輝いた優等生

入厩後もソエ発症など万全ではない状態で、恐る恐る出走したダート１０００ｍの新馬戦を４馬身差で勝利すると、その後はソエも解消して阪神３歳牝馬Ｓまで重賞を３連勝した。４歳（現３歳）初戦のチューリップ賞は佐藤正雄騎手自身も認める騎乗ミスで２着に敗れたが、桜花賞は河内洋騎手騎乗で勝利した。オークスは７着、エリザベス女王杯は３着と敗れ、陣営は敗因を距離と考え路線変更し、スプリンターズＳにニシノフラワーを送り込んだ。初挑戦の牡牝混合古馬ＧＩで、ニシノフラワーはペースについていけず後方策となり、届かないかと思われたが驚異的な末脚を繰り出して逆転勝利した。

この世代は牡牝混合重賞を勝った牝馬が多く「最強世代」と呼ぶ声もあるが、ニシノフラワーはその中で２年連続ＪＲＡ賞を受賞している。

※産駒はJRA重賞未勝利

1993年、最後の勝鞍となったテレビ愛知オープンのイクノディクタス[©T.MURATA]

4年間51戦一度の故障もなく走り続け
ファンに愛された「鉄の女」

イクノディクタス

父 ディクタス
母 ダイナランディング
母の父 ノーザンテースト
生まれ 1987年4月16日
性別 牝
毛色 栗毛

調教師：福島信晴
馬主：勝野憲明
生産者：高田栄治
獲得賞金：5億3112万4000円
通算成績：51戦9勝
主なGI級勝鞍：——
JRA賞：最優秀5歳以上牝馬（92）

デビュー前の2歳時に屈腱炎を発症し、一時は競走馬になれないまま処分される可能性もあったが、装蹄師の福永守氏のもとで完治したいきさつがある。7月に小倉の新馬戦、フェニックス賞を連勝したイクノディクタスは、小倉3歳Sで1番人気に推されるが9着と大敗し、低迷期に入る。

伝説の瞬間

怪我もなくひたすら走り続けた結果 賞金女王の座を手に入れた「鉄の女」

明けて1990年、桜花賞11着、オークス9着といいところがなかったが、夏を越して復調の気配を見せ、ローズSで2着に入りエリザベス女王杯の出走権を獲得。本番でも4着と健闘したが、結局この年は未勝利に終わった。翌1991年3月のコーラルSで1年半、15戦ぶりの勝利を挙げ、2戦後の京阪杯で重賞初勝利を挙げた。翌1992年には16ものレースに出走している。4勝して賞金を積み、GIにもコンスタントに出走可能となり1993年は古馬王道路線に参戦。安田記念と宝塚記念で連続2着し、当時の歴代賞金女王という偉業を達成した。

その後もGIでの勝利はなかったが、現役時代には一度の故障もなくひたすら走り続けたその姿から「鉄の女」と呼ばれ、また夏場のレースに強いことから「夏女」とも呼ばれた。

※産駒はJRA未勝利

1993年、マイルチャンピオンシップでゴールを駆け抜けるシンコウラブリイ[©T.MURATA]

牡牝混合GI優勝馬

調教師：藤沢和雄
馬主：安田修
生産者：B. R. and Mrs Firestone
獲得賞金：5億3787万5400円
通算成績：15戦10勝
主なGI級勝鞍：マイルCS
JRA賞：最優秀5歳以上牝馬(93)

クラシックに出走できない外国産馬
藤沢和雄師が初のGIゲット

シンコウラブリイ

父 Caerleon
母 ハッピートレイルズ　母の父 ポッセ
生まれ 1989年2月2日　♂♀性別 牝　毛色 鹿毛

シンコウラブリイは1984年アイルランドで生まれた外国産馬で、開業間もない藤沢和雄厩舎が預かることになった。現地にある大樹ファームの牧場で育成されていたシンコウラブリイは、歩様がギクシャクしていて背中の硬い馬と評された反面、重厚感のあるパワフルな馬でもあった。

伝説の瞬間

泥んこ馬場でも全力で走る孝行娘 リーディング厩舎に初GIをもたらす

3歳（現2歳）11月にデビューし2連勝、阪神3歳牝馬Sでは不利を受けながらもニシノフラワーの3着と、能力の高い面を見せるが、外国産馬でクラシックに出走できないため翌春は5月に始動し、NZT4歳Sから重賞を3連勝。秋のマイルCSでも2着と、古馬や牡馬相手にも引けをとらなかった。5歳秋に毎日王冠を勝利、続くスワンSも重馬場を苦にせず優勝しマイルCSへと向かう。レース直前に大雨の影響で不良となった馬場で、同期のニシノフラワーはじめ有力馬が苦戦する中、先行抜け出しの危なげないレースぶりで完勝。藤沢和師に初めてのGIをプレゼントした。

♀ 繁殖牝馬としてのシンコウラブリイ

初仔のロードクロノスが6歳で中京記念を制し重賞勝ち馬となった。ほかに11頭の産駒がいるが条件馬どまりが多く、重賞勝ちまでは至らなかった。

1993年、オークスでクラシック二冠達成したベガ。1、2、3着は桜花賞と同じ結果だった（中央橙帽）［©T.MURATA］

左前脚が内向だったが武豊騎手を背に
桜花賞・オークスを制覇

ベガ

父 トニービン
母 アンティックヴァリュー　母の父 Northern Dancer
生まれ 1990年3月8日　性別 牝　毛色 鹿毛

調教師：松田博資
馬主：吉田和子
生産者：社台ファーム
獲得賞金：3億77万1000円
通算成績：9戦4勝
主なGI級勝鞍：桜花賞、オークス
JRA賞：最優秀4歳牝馬（93）

社台ファームがノーザンダンサーの血を求めて購入した牝馬アンティックヴァリューに、鳴り物入りで導入された新種牡馬トニービンを配合し、牧場関係者の大きな期待を背負って誕生したのがベガである。しかしベガは、生まれつき左前脚が内側に曲がっている、いわゆる内向だったため、育成も満足にできないほどだった。クラブ馬として出資を募る予定だったが変更され、吉田善哉氏夫人の吉田和子氏が個人所有して走らせることになった。

瞬間の伝説

脚部不安と戦いながら偉業達成 母としてもGI馬を2頭輩出した名牝

坂路調教ならば前脚への負担が少ないことがわかり、育成が進んだベガは3歳（現2歳）9月に松田博資厩舎へ入厩した。トレセンでも主に坂路を使い、脚元と相談しながら慎重に調教が進められていくうち、ベガは身体の柔らかさや頭の良さを随所に見せるようになり、陣営の期待感は高まっていく。ゲート試験も一度でパスし、調子を見極めてデビューするだけとなった。

明けて1993年1月の新馬戦に出走したベガは2着だったが、陣営としては無事デビューできたこと、動き自体はよかったことで自信を深め、折り返しで2週間後の新馬戦にベガを出走させる。このレースから鞍上に武豊騎手を迎え、以後は全レースでコンビを組むことになる。ここを快勝するが内向のある左前脚に不安が出て、陣営は様子を見つつ桜花賞指定オープンのチューリップ賞を次戦に選ぶ。1勝馬ながら1番人気に推されたベガは、第4コーナーを過ぎて直線に向いたあたりで先頭に立ち、後続を3馬身離して完勝した。そして迎えた桜花賞も、ベガはいつも通り先行集団からの直線抜け出し、ユキノビジンとマックスジョリーの追撃をしのぎきって先頭でゴールした。このレース後、陣営はオークス勝利を前提とした海外遠征、フランスのヴェルメイユ賞挑戦を表明した。

そしてオークスでは先行集団でレースを進め、残り1ハロンあたりから先頭に立つと押し切ってゴール。2着ユキノビジン、3着マックスジョリーで桜花賞と同じ着順になった。しかしレース後に歩様が乱れ、そのまま放牧へ。しかも牧場で筋肉痛の症状もあらわれたため、ヴェルメイユ賞挑戦は白紙撤回された。

目標を秋のエリザベス女王杯に切り替えると、ベガは社台ファーム早来で休養に入る。しかし削蹄の際にアクシデントが発生し、前哨戦のローズSには間に合わなくなった。試行錯誤の末、出走にこぎつけたが休み明けのぶっつけ本番となった。ゲートが開くとベガは200mくらいの地点で他馬と接触して体勢を崩し、武騎手はいつもより後ろの10番手につける。直線でスパートをかけるが、前を行くホクトベガとノースフライトをとらえられず3着に終わり「ベガはベガでもホクトベガ」の名実況が生まれた。このときの上位2頭は当時まだ伏兵扱いだったが、古馬になって頭角を現したことから能力があるのは間違いなく、アクシデントによる休み明け、レース中もトラブルがあった中で大崩れせずに3着したベガも健闘したといえるだろう。

しかしレース後、ベガの姿勢はデビュー前のような状態に戻ってしまい、その能力を発揮するのが難しくなってしまう。年末の有馬記念では9着、翌年の産経大阪杯と宝塚記念も大敗し、そのまま引退が決まった。

内向という厳しいハンデを抱えるベガだったが、バネのある馬体や落ち着いた気性といった素質をもっていた。そして陣営はベガの能力を信じ、諦めずに試行錯誤しながら仕上げていった。そんな努力の結果が、牝馬二冠という偉業につながったのだろう。

♀ 繁殖牝馬としてのベガ

初年度産駒のアドマイヤベガがダービーを勝利し、翌年のアドマイヤボスもGⅡを制覇。3番仔のアドマイヤドンはダート路線で交流GⅠを6勝している。合計6頭出産して4頭がオープン入りし、最後の産駒となった牝馬ヒストリックスターは未出走ながら繁殖として桜花賞馬ハープスターを出している。

1993年、エリザベス女王杯を9番人気で快勝したホクトベガ［©T. MURATA］

エリザベス女王杯を勝ちながらダート路線に転向
地方交流で無類の強さを発揮

ホクトベガ

父　ナグルスキー
母　タケノフアルコン
母の父　フィリップオブスペイン
生まれ　1990年3月26日生　性別　牝　毛色　鹿毛

調教師：中野隆良
馬主：金森森商事(株)
生産者：酒井牧場
獲得賞金：8億8812万6000円
通算成績：42戦16勝
主なGI級勝鞍：エリザベス女王杯
JRA賞：最優秀ダートホース(96)

父ナグルスキーに母タケノファルコンというダート血統の配合で生まれたホクトサンバーストは、若駒コンテストで最優秀賞を受賞するほど好馬体の持ち主だった。その再来を狙い、同配合で誕生した全妹がホクトベガである。しかし兄とは似ても似つかない馬体に、牧場主は落胆したという。育成開始しても当初は体力不足が目についてしまい、競走馬になれるかも怪しいと思わせた。しかし調教を積むごとにホクトベガは変わり身を見せる。

伝説の瞬間

芝GI馬が授かった「砂の女王」の名
迷走の果てに見つけた一等星の軌跡

1993年1月、ダート1200mの新馬戦を1秒5差で逃げ切り勝ちしたホクトベガは、4戦目で初めて芝のレース、フラワーCに挑戦。先行抜け出しで勝利し、クラシック有力候補の1頭に数えられる。馬名が似ていることから「西のベガ、東のホクトベガ」と比較されることもあった。しかし桜花賞は5着、オークスは6着と、二冠に輝いたベガとは明暗が分かれてしまい、秋には伏兵扱いとなっていた。トライアルを2着、3着と善戦しても本番のエリザベス女王杯では9番人気と軽視された。レースでは1番枠からスタートして中団の内側をじっくり進み、直線で前を行くベガとノースフライトを交わして先頭に立つと、そのま

Hokuto Vega

ま抜かせずゴール。この結果は、実況の馬場鉄志アナが「ベガはベガでもホクトベガ！」と叫んだように、ホクトベガの勝利は番狂わせという見方が大半だった。陣営自身もそう考えていたのかGⅠ馬ホクトベガの次走は重賞ではなく、オープン特別のターコイズSだった。しかも3着に敗れたため、ますますエリザベス女王杯の勝利はまぐれだったのだろうと印象付けた。

　１９９４年、古馬最初のレースはダートの平安Sだった。新馬戦圧勝の実績もあって2番人気に推されたが、10着と大敗してしまう。7月にGⅢ札幌記念で待望の重賞3勝目を挙げるが後が続かず惜敗が続くと、陣営は本気で障害転向を検討し始める。最後にもう一度だけ、と芝GⅡのアメリカJCCに出走したホクトベガは2着と好走し、障害入りは白紙撤回されたのだが、もし実現していたとしたらどんな結果を残しただろうか。

　とはいえその後もなかなか結果は出ず、安田記念まで重賞4戦して未勝利に終わる。陣営が次に選んだのは、6月の牝馬限定地方交流重賞エンプレス杯だった。

　初めて走る川崎競馬場で、その日は降雨により水たまりができるほどの不良馬場の中、レースはスタートした。好位につけたホクトベガは馬なりで3コーナーあたりから独走し、直線に向いても差を広げ続け、3秒6差の圧勝劇を演じてみせた。その後、陣営は再び中央競馬の芝重賞戦線にホクトベガを送り込むが、5戦未勝利に終わったため、翌１９９６年からは本格的にダート路線へと進むことを決断したのだった。

　1月に開催された川崎記念は、第1回ドバイワールドCの開催を控え、日本から招待されたライブリマウントが参戦していた。ホクトベガは2番人気だったが、3コーナー過ぎから先頭に立つと、他馬を寄せつけず2着馬に1秒差で完勝する。このレースを皮切りに、ホクトベガはダート交流重賞を7連勝という離れ業をやってのけ、一躍「砂の女王」と讃えられることになった。途中にエリザベス女王杯や有馬記念にも出走してしまったため黒星がついたが、ダートだけなら9連勝、最初のエンプレス杯も含めれば10連勝である。

　芝GⅠ馬でありながら障害入りを検討され、ダートに行っては戻りを繰り返し、活躍の場を探し続けてきたホクトベガは、たどり着いた地方交流ダート路線で、ついに一等星の輝きを放ったのである。

　翌年、第2回ドバイワールドCから招待を受け出走したホクトベガだったが、ナド・アルシバ競馬場の最終コーナーで激しく転倒し、ゴールしないまま世を去ってしまう。検疫上の理由から亡骸の帰国も叶わず、ホクトベガは今もドバイの地で眠り続けている。

1994年、エリザベス女王杯でオークス馬チョウカイキャロルを下したヒシアマゾン（手前赤帽）［©T.MURATA］

外国産馬ゆえに「これしかないレース」で
世代最強牝馬であることを証明

ヒシアマゾン

父 Theatrical
母 Katies
母の父 ノノアルコ
生まれ 1991年3月26日
性別 牝
毛色 黒鹿毛

調教師：中野隆良
馬主：阿部雅一郎
生産者：Masaichiro Abe
獲得賞金：6億9894万8000円
通算成績：20戦10勝
主なGI級勝鞍：阪神3歳牝馬S、エリザベス女王杯
JRA賞：最優秀3歳牝馬（93）、最優秀4歳牝馬（94）、最優秀5歳以上牝馬（95）

馬主の阿部雅一郎氏がアメリカで生産したヒシアマゾンは、外国産馬として日本へとやってきた。3歳（現2歳）9月の新馬戦でデビュー勝ちを収め、条件戦、重賞を連続2着。牡馬と差のない競馬を評価され2番人気で迎えた阪神3歳牝馬Sでは、2着馬に5馬身差をつける圧勝劇を演じる。

伝説の瞬間

牡馬たちと対等以上に渡り合い「怪物」にも食らいついた「女戦士」

当時、外国産馬にクラシック出走権がなかったため、ヒシアマゾンは牡馬と交じって戦った。クリスタルC、NZT4歳Sでその牡馬たちを蹴散らしたヒシアマゾンは、「女戦士」のイメージそのものだった。秋にはエリザベス女王杯でオークス馬チョウカイキャロルに勝利し、世代最強牝馬の座に就いた。女戦士が次に挑んだのは有馬記念。怪物と呼ばれた同期の三冠馬ナリタブライアンである。2馬身半差の2着に敗れたが、怪物に最後まで食らいついた勇戦ぶりはむしろヒシアマゾンに対する高評価につながったのだった。

♀ 繁殖牝馬としてのヒシアマゾン

初仔ヒシアンデスは同じ馬主の外国産馬ヒシマサルとの配合で話題となるも未勝利。その後アメリカに渡って当地の人気種牡馬との交配も試されたが結果は芳しくなかった。合計10頭の産駒は重賞未勝利。

1994年、安田記念で強豪外国馬を抑え、5番人気で快勝したノースフライト（中央赤帽）［©T.MURATA］

牡牝混合GI優勝馬

調教師：加藤敬二
馬主：大北牧場
生産者：大北牧場
獲得賞金：4億5809万4000円
通算成績：11戦8勝
主なGI級勝鞍：安田記念、マイルCS
JRA賞：最優秀5歳以上牝馬（94）

大種牡馬トニービンの初年度の傑作
春・秋マイルGIをともに制覇

ノースフライト

父 トニービン
母 シャダイフライト　母の父 ヒッティングアウェー
生まれ 1990年4月12日生　♂♀性別 牝　毛色 鹿毛

母シャダイフライトは種牡馬初年度のトニービンを受胎した状態でセリに出され、大北牧場が落札した。初年度のトニービン産駒には華奢な体つきの仔馬が多かったため、本馬は父トニービンというだけで買い手がつかなかった。やむをえず牧場所有馬としてデビューすることになった。

伝説の瞬間

マイル戦なら全勝の「マイルの女王」遅れてやってきた快速娘

4歳（現3歳）5月、マイルの新馬戦と1700mの2戦目を1秒以上の差で大勝。しかし3戦目の2000m条件戦は5着に敗れる。マイル戦の府中牝馬Sは快勝し、エリザベス女王杯に挑んだ。距離不安で5番人気と伏兵扱いだったがホクトベガの2着に粘り、二冠牝馬ベガに先着した。以後はマイル路線に進み、5歳春の安田記念では一流外国馬5頭が顔をそろえた豪華メンバーの中、出遅れながらも追い込んで勝利し、GI馬に。秋は1400mのスワンSでサクラバクシンオーに敗れたが、マイルCSではサクラバクシンオーを2着に負かしている。マイル戦に限れば5戦5勝で「マイルの女王」と讃えられた。

♀ 繁殖牝馬としてのノースフライト

産駒は全10頭でJRA重賞勝ちはないが、3番仔ミスキャストがプリンシパルSを勝利している。

1996年、古馬も出走可能な牝馬限定GⅠとなったエリザベス女王杯を快勝したダンスパートナー（中央桃帽）［©T.MURATA］

古馬として初代のエリザベス女王杯勝ち馬
大種牡馬サンデーサイレンスの初年度産駒

ダンスパートナー

父　サンデーサイレンス
母　ダンシングキイ
母の父　Nijinsky
生まれ　1992年5月25日生
♂♀性別　牝
毛色　鹿毛

調教師：白井寿昭
馬主：吉田勝己
生産者：社台ファーム
獲得賞金：6億378万1000円
通算成績：25戦4勝
主なGI級勝鞍：オークス、エリザベス女王杯
JRA賞：最優秀4歳牝馬（95）、最優秀5歳以上牝馬（96）

前年にトニービン産駒のエアダブリンを産んだ繁殖牝馬ダンシングキイに、供用初年度のサンデーサイレンスを配合して誕生したのがダンスパートナー。当然ながら期待されたが、父の影響で気性が荒くゲート試験に時間がかかり、デビューは4歳（現3歳）1月までずれ込んだ。

伝説の瞬間

大種牡馬の初年度産駒は出遅れ癖アリ 牝馬変則二冠は1年遅らせて達成

ゲート難からの出遅れ癖により、新馬戦後は桜花賞まで3戦してすべて2着と惜敗した。続くオークスでも、スタートはあまりよくなかったがすぐに盛り返し、4コーナーでまくり気味に上がっていくと、ここで気性の強い面がいい方に出る。直線ではユウキビバーチェとの叩き合いを制し、待望の2勝目をクラシックで掴み取った。翌年から古馬に開放されるエリザベス女王杯は後回しとばかりに、夏のフランス遠征後は菊花賞を選択。1番人気に推されたが5着に敗れた。

そして翌年、満を持して出走したエリザベス女王杯で、ヒシアマゾンなどの強豪を抑えて優勝。1年遅らせたため正式ではないが、牝馬変則二冠馬となった。

♀ 繁殖牝馬としてのダンスパートナー

計11頭誕生し、条件クラスの産駒がほとんどだが、6番仔フェデラリストが重賞を2勝している。

1995年、阪神3歳牝馬Sで後のオークス馬エアグルーヴを下して優勝したビワハイジ（奥緑帽）［©T.MURATA］

桜花賞・日本ダービー惨敗も
繁殖牝馬として大成功

ビワハイジ

父 Caerleon
母 アグサン　母の父 Lord Gayle
生まれ 1993年3月7日生　♂♀性別 牝　毛色 青鹿毛

調教師：浜田光正
馬主：有限会社ビワ
生産者：早田牧場新冠支場
獲得賞金：1億5328万円
通算成績：10戦4勝
主なGI級勝鞍：阪神3歳牝馬S
JRA賞：最優秀3歳牝馬（95）

ビワハイジは早田牧場で誕生し、有限会社ビワが馬主となり、浜田光正厩舎でデビューすることになった。これは1994年に屈腱炎で引退したビワハヤヒデと同じ組み合わせである。1995年最初の新馬戦でデビュー勝ちし、2か月後の3歳（現2歳）重賞、札幌3歳Sを勝利した。

伝説の瞬間

世代最初に新馬勝ち、最初にGI勝利 重賞勝利馬最多輩出の名牝中の名牝

札幌3歳S勝利後は休養に入り、ぶっつけで阪神牝馬3歳Sに出走すると、4番人気ながら果敢な逃げでエアグルーヴの猛追をしのぎきり優勝。世代初のGI馬となった。明けて3歳の桜花賞では15着と大敗、馬主の熱望により挑戦したダービーも13着に終わる。

じつは大敗した桜花賞のとき、ビワハイジは発情していたという。競馬においては不利な要素だが、繁殖牝馬としては必要不可欠な要素でもあった。

♀ 繁殖牝馬としてのビワハイジ

誕生した産駒12頭のうち不出走1頭、未勝利1頭で、それ以外の10頭はすべて勝ち上がった。またJRA重賞を勝利した産駒が7頭いて、これは2023年時点での最多記録となっている。中でも6番仔のブエナビスタは牝馬二冠に加えて天皇賞（秋）やジャパンCなどGI6勝し、最強牝馬との呼び声も高い。

1995年、スプリンターズSでエイシンワシントンと叩き合うフラワーパーク（手前桃帽）［©T.MURATA］

牡牝混合GI優勝馬

調教師：松元省一
馬主：吉田勝己
生産者：高橋啓
獲得賞金：3億6393万9000円
通算成績：18戦7勝
主なGI級勝鞍：高松宮杯、スプリンターズS
JRA賞：最優秀スプリンター（96）、最優秀父内国産馬（96）

伝説の1センチ差
春・秋のスプリントGIを制す

フラワーパーク

父 ニホンピロウイナー
母 ノーザンフラワー
母の父 ノーザンテースト
生まれ 1992年5月8日
性別 牝
毛色 鹿毛

ニホンピロウイナー産駒のフラワーパークは、調教で二度も骨折してデビューが1年以上も遅れた。牝馬三冠の最終戦である1995年エリザベス女王杯の翌週、1600mの4歳（現3歳）未勝利戦で初勝利を挙げたフラワーパークは、短距離の条件戦を連勝して3歳シーズンを終えた。

伝説の瞬間

確定まで13分かかったスプリント戦 ハナ差で制した快速根性娘

1996年春、1200mのGⅢシルクロードSで初重賞制覇したフラワーパークは、この年に2000mのGⅡから1200mのGⅠに変更された高松宮杯へと駒を進めた。このレースは1994年の三冠馬ナリタブライアンの出走で話題が持ちきりだった。しかしレースではフラワーパークの瞬発力が発揮され、短い直線で抜け出して勝利した。同年秋のスプリンターズSでは、逃げるエイシンワシントンを2番手からしぶとく追い詰め、写真判定に持ち込んだ。決勝タイム1分9秒弱のレースだったが確定には10倍以上、じつに13分を要する長い判定での勝利だった。わずか1センチだけ、フラワーパークの根性が優ったのだ。

♀ 繁殖牝馬としてのフラワーパーク

9頭の産駒は母同様クラシックとは無縁だった。7番仔ヴァンセンヌが東京新聞杯で重賞制覇している。

1996年、第1回秋華賞を完勝したファビラスラフイン［©T.MURATA］

遅れてきた天才美少女
負けるときは大負けの気まぐれ

ファビラスラフイン

父 Fabulous Dancer
母 Mercalle　母の父 Kaldoun
生まれ 1993年4月13日　♂♀ 性別 牝　毛色 芦毛

調教師：長浜博之
馬主：吉田和子
生産者：Mr.Raymond Le Poder
獲得賞金：2億2610万円
通算成績：7戦4勝
主なGI級勝鞍：秋華賞
JRA賞：最優秀4歳牝馬（96）

社台グループの吉田照哉氏がフランスで購入した外国産馬はファビラスラフインと名付けられ、日本へやってきた。1996年、明けて4歳（現3歳）歳2月の新馬戦に出走。ダート1200mのレースで2着に1秒2差で圧勝して注目を集めると、NZT4歳Sまで無傷の3連勝を飾った。

伝説の瞬間　初めてのNHKマイルCに敗れた馬は初めての秋華賞勝ち馬となった

彗星のように現れた快速牝馬は、この年新設されたNHKマイルCで1番人気に支持されたが、ハイペースの展開を暴走気味に先行し、ゴールまでもたず14着と大敗してしまう。そのまま休養に入ると、秋はまたこの年新設された秋華賞へ直行した。前走の結果やローテーションに対する不安から5番人気となったファビラスラフインは、松永幹夫騎手のエスコートで折り合いをつけて先行し、直線で後続を引き離して先頭でゴールした。続くジャパンCでもシングスピールとハナ差の激戦を演じ、敗れはしたが前走がフロックでないことを証明した。しかし有馬記念はいいところなく10着と、負けるときは大敗するタイプでもあった。

♀ 繁殖牝馬としてのファビラスラフイン

12頭いる産駒のほとんどは条件馬までだが、9番仔ギュスターヴクライが阪神大賞典を勝利した。

1998年、エリザベス女王杯を連覇したメジロドーベル（中央黄帽）
[©T.MURATA]

調教師：大久保洋吉
馬主：メジロ商事(株)
生産者：メジロ牧場
獲得賞金：7億3342万2000円
通算成績：21戦10勝
主なGI級勝鞍：阪神3歳牝馬S、オークス、秋華賞、エリザベス女王杯(97・98)
JRA賞：最優秀3歳牝馬（96)、最優秀4歳牝馬(97)、最優秀父内国産馬（97)、最優秀5歳以上牝馬(98・99)

牝馬限定のGIを5勝
筋金入りのメジロ配合

メジロドーベル

父 メジロライアン
母 メジロビューティー　母の父 パーソロン
生まれ 1994年5月6日生　性別 牝　毛色 鹿毛

自家生産馬の血統を脈々とつなげる競走馬づくりで知られるメジロ牧場。中でもメジロドーベルの血統は筋金入りのメジロ配合であった。母メジロビューティーは3代さかのぼるメジロ血統で、祖母に朝日盃3歳Sを勝ったメジロボサツがいる。父のメジロライアンはクラシック有力候補と呼ばれ、1991年宝塚記念を勝利して種牡馬となったが、その母と母父にメジロ生産馬を見ることができる。本馬はそんな両親の血を受け継いで誕生した。

伝説の瞬間

4年連続JRA賞を獲得した名門牧場メジロ血統の集大成

1996年夏の新馬戦で、メジロドーベルは先行抜け出しの危なげないレースぶりでデビュー勝ちを飾る。2戦目の新潟3歳Sは不利もあって5着に終わるが、条件戦を勝利、出世レースと呼ばれるいちょうSも完勝して阪神牝馬3歳Sに駒を進めた。このレースでは前走でメジロブライトを破ったシーキングザパールが1番人気に推されたが、最後の直線で鋭く伸びたメジロドーベルに軍配が上がった。この勝利で同年の最優秀3歳牝馬のタイトルを獲得したメジロドーベルは、同期では牡馬を含めても最強との声も聞かれた。

明けて4歳（現3歳）のクラシック戦線ではトライアル3着、桜花賞ではキョウエイマーチの2着に敗れて

Mejiro Dober

しまう。まるで父親のメジロライアンを彷彿とさせる結果に不安視する声もあったが、オークスでは直線で力強い伸びを見せて優勝。同じ大久保洋吉厩舎所属の曾祖母メジロボサツが2着に惜敗したレースを勝ったことで、関係者の喜びもひとしおだった。秋はトライアルではなく間隔を空けられるオールカマーから始動、この年初めての牡牝混合、しかも古馬との対戦となったが、メジロドーベルは好スタートから先頭に立つと逃げ切って勝利した。この年の牝馬戦線は桜花賞馬キョウエイマーチ、ＮＨＫマイルC勝ち馬シーキングザパール、そしてメジロドーベルが三強と目されていたが、シーキングザパールは疾病により秋華賞を回避し、二強対決となった。オークスより４００ｍ短いレースで両者ともに力を出し切った結果、優勝して二冠牝馬に輝いたのはメジロドーベルのほうだった。

勢いに乗ったメジロドーベルをファンも後押しし、有馬記念の人気投票では3位となる。レースでも３番人気に推されたが、初めて掲示板を外して8着に終わってしまう。それでも牝馬二冠が評価され、最優秀４歳牝馬と最優秀父内国産馬をダブル受賞した。

明けて5歳、牡馬相手に重賞戦線を戦うことになるが、もともと同期の牡馬より評価が高かったメジロドーベルなら、互角以上に戦えるものと予想されていた。しかし実際に走ってみると馬券圏外に沈むことが多かった。連対した産経大阪杯は、牝馬であるエアグルーヴが勝ち馬だった。同年秋には府中牝馬Sを勝ち、エリザベス女王杯ではエアグルーヴを破って優勝、実力にかげりがないことを証明した。しかしそのレースぶりから、メジロドーベルは牡馬を嫌っているのでは、と噂する声も出るほどで、それを意識して思い返してみると、いちょうSはまだ幼さが抜けきれない２歳馬の戦いだったし、オールカマーは逃げ戦法で牡馬を前に見ることなくレースを進めていた。もちろん単なる偶然と言えなくもないが、牡牝混合戦は10戦２勝、牝馬限定戦は11戦8勝と極端である。対戦相手を見てもエアグルーヴやシーキングザパールなど、牡馬相手にＧⅠ勝利した牝馬にも勝っていることから、本馬が牡馬相手に力不足だったとは考えにくい。

メジロドーベルは5歳、6歳とエリザベス女王杯を連覇し、どちらの年も最優秀5歳以上牝馬のタイトルを獲得した。これによりＪＲＡ史上初の4年連続タイトル受賞という偉業を達成したメジロドーベルは、名門メジロ牧場の血の集大成といえるだろう。

♀ 繁殖牝馬としてのメジロドーベル

メジロ牧場随一の名牝として期待されたが、10頭の産駒でＪＲＡ勝利馬が6頭、重賞未勝利に終わった。

1997年、天皇賞・秋で1番人気の牡馬バブルガムフェローをクビ差交わしたエアグルーヴ(手前緑帽)[©T.MURATA]

牡牝混合GI優勝馬

調教師：伊藤雄二
馬主：吉原貞敏→吉原敏→ラッキーフィールド
生産者：社台ファーム
獲得賞金：8億2196万6000円
通算成績：19戦9勝
主なGI級勝鞍：オークス、天皇賞(秋)
JRA賞：年度代表馬(97)、最優秀5歳以上牝馬(97)

母娘二代のオークス制覇
ダイナカール一族の一番娘

エアグルーヴ

父 トニービン
母 ダイナカール
母の父 ノーザンテースト
生まれ 1993年4月6日
性別 牝
毛色 鹿毛

オークス馬ダイナカールに凱旋門賞馬トニービンを配合し誕生したエアグルーヴは、幼駒の頃から目を引く牡馬顔負けの立派な馬体を誇り、視察に訪れた伊藤雄二調教師が1時間以上も眺め続け「男馬だったらダービー馬やな」と、当時社台ファーム場長だった吉田勝己氏に話したという逸話も残されている。このエピソードには、牝馬に生まれたことを惜しむ風潮もあったのだろうと推察できるが、当時はまだそういう価値観の時代だったのだ。

伝説の瞬間

「男馬ならダービー馬」の牝馬が「天皇賞でも勝てる」女傑へと昇華

1995年、札幌の新馬戦でデビューしたエアグルーヴはクビ差の2着に敗れてしまう。しかし陣営はまったく悲観していなかった。なぜなら、エアグルーヴが完成するのは古馬になってからだから、そこまでは目いっぱいの仕上げはしないという伊藤師の見立てにより、厩舎の方針としてエアグルーヴに強い調教をしていなかったためである。さらに新馬戦では「競馬は苦しくないものだ」ということを馬に教える必要があったとしている。そして折り返しの新馬戦では、スタートから先頭に立つと、のちの重賞5勝馬ダイワテキサスに0秒8差をつけて初勝利を飾った。

そして次走のいちょうSで、エアグルーヴは最後の

Air Groove

直線で他馬に進路を遮られる形になり、鞍上の武豊騎手が立ち上がるほどの大きな不利を受けてしまう。しかしエアグルーヴはそこから体勢を立て直し、強烈な末脚を繰り出して差し切り勝ちを収めた。このレースぶりには陣営も驚きを隠せず、伊藤師はエアグルーヴを「男馬にも勝てる牝馬だと、このときに確信した」と述懐している。

それでも「大成するのは古馬になってから」という方針を崩すことなく、陣営は牝馬クラシック戦線に駒を進めた。年末の阪神3歳牝馬Sは作戦ミスもあって2着に敗れるが、年明け初戦のチューリップ賞を勝ち、桜花賞に向けて視界は良好に見えた。しかしエアグルーヴは熱発してしまい、陣営は大事をとって回避、オークスに直行する。そこで熱発明けとは思えない強いレースぶりを見せ勝利したエアグルーヴは、42年ぶり史上二度目となる母娘2代オークス制覇を達成した。

牝馬三冠最後の秋華賞は、仕上げすぎた影響でイレコミが激しく、まともなレースができないまま10着に敗退、しかも骨折が判明し長期休養となった。

陣営が「大成」すると見込んだ5歳（現4歳）、牝馬限定重賞のマーメイドSで復帰戦を飾ったエアグルーヴは、この年からGⅡに昇格して豪華メンバーがそろった札幌記念に出走。伊藤師は皐月賞馬ジェニュインを物差しに、エアグルーヴがどれだけ走れるかを見極める心算だった。結果、エアグルーヴが勝利し、伊藤師は「本番の天皇賞でも勝てる」と確信したという。

仔馬の頃に「男馬ならダービー馬」と惜しまれたエアグルーヴは、いちょうSで「男馬にも勝てる牝馬」となり、札幌記念で「天皇賞でも勝てる馬」となった。そして１９９７年10月、天皇賞の日を迎える。

陣営の作戦通り、過去一番の好仕上げでピークの状態となったエアグルーヴは、直線で先に抜け出した１番人気バブルガムフェローを猛追し馬体を併せると、２００ｍ以上の叩き合いを制してクビ差先着した。プリテイキャスト以来17年ぶり、２０００ｍに短縮されてからは初となる牝馬の天皇賞（秋）制覇だった。

その後もサイレンススズカやエルコンドルパサー、グラスワンダーといった当時の名馬たちと対等に渡り合ったエアグルーヴは、「女傑」と呼ばれ讃えられた。

♀ 繁殖牝馬としてのエアグルーヴ

繁殖入り初年度にサンデーサイレンスを配合し誕生した第1仔アドマイヤグルーヴはクラシックを賑わし、エリザベス女王杯2連覇を達成。8番仔のルーラーシップもGI戦線で活躍、イギリスのGIクイーンエリザベスCを勝利し種牡馬入りした。ほかにもフォゲッタブル、グルヴェイグがJRAの重賞を勝利している。

1998年、フランス遠征中のシーキングザパール[©T.MURATA]

調教師：佐々木晶三→森秀行
馬主：植中倫子→植中昌子
生産者：レイジー・レーン・ステーブルズ
獲得賞金：4億7414万4000円
通算成績：21戦8勝
主なGI級勝鞍：NHKマイルC、モーリス・ド・ゲスト賞
JRA賞：——

1
牡牝混合GI優勝馬

荒れた馬場は嫌いなアメリカ娘
日本競馬史上初の海外GI制覇

シーキングザパール

父 Seeking the Gold
母 ページプルーフ　母の父 Seattle Slew
生まれ 1994年4月16日生　性別 牝　毛色 鹿毛

シーキングザパールは手のかからない賢い馬と評判で、調教も順調だった。1996年7月の新馬戦と3戦目のデイリー杯3歳Sを勝利。しかし2戦目の新潟3歳Sではレース中に逸走し、4戦目の阪神3歳牝馬Sでは荒れた馬場を嫌うなど、単なる従順な馬ではないところも見せている。

伝説の瞬間

人懐っこくて賢いが気性難と呼ばれレース適性に注文の多かったお嬢様

明けて4歳（現3歳）ではクラシック出走権利のない外国産馬の例に漏れず重賞戦線に登場。途中で佐々木晶三厩舎から森秀行厩舎への電撃移籍という出来事もあったがシーキングザパール自身はいたって順調で、シンザン記念、フラワーC、NZT4歳S、そして外国産馬の最大目標NHKマイルCを制覇した。

しかし以後は故障や、条件や馬場状態が合わないと走らないという難しい面が浮き彫りとなった。世界中から適鞍を探して森師が選択したのがフランスのモーリス・ド・ゲスト賞だった。当日はシーキングザパールにうってつけの好天候で硬い馬場状態となり勝利。日本馬初の海外GI制覇という偉業を達成した。

♀ 繁殖牝馬としてのシーキングザパール

引退後はアメリカで繁殖入りし、初年度産駒のシーキングザダイヤがNZTの母子制覇を達成。

1998年、桜花賞を3番人気で制したファレノプシス（中央黄帽）
[©T.MURATA]

馬名の意味は胡蝶蘭
桜花賞と秋華賞の牝馬二冠馬

ファレノプシス

父 ブライアンズタイム
母 キャットクイル　母の父 Storm Cat
生まれ 1995年4月4日　性別 牝　毛色 黒鹿毛

調教師：浜田光正
馬主：ノースヒルズマネジメント
生産者：マエコウファーム
獲得賞金：4億6651万8000円
通算成績：16戦7勝
主なGI級勝鞍：桜花賞、秋華賞、エリザベス女王杯
JRA賞：最優秀4歳牝馬（98）、最優秀5歳以上牝馬(00)

母キャットクイルは名牝パシフィカスの妹で、オーナー前田幸治氏は配合相手と管理を浜田光正調教師に依頼した。浜田師はナリタブライアンの父ブライアンズタイムを提案。ビワハヤヒデの父シャルードにしなかったのは、体質の弱かった同馬を管理する苦労が脳裏をよぎったからだろうか。

伝説の瞬間

虚弱体質を克服して花開いた胡蝶蘭 怪物と呼ばれた最強馬の可憐な従妹

当初は虚弱体質だったが改善され、デビューにこぎつけたファレノプシスは、厩舎所属の石山繁騎手を背に無傷の3連勝、クラシック有力候補と呼ばれるまでになった。しかしチューリップ賞では出遅れ、馬群に包まれるなど相次ぐ不利で4着に敗れてしまう。この敗戦で石山騎手は騎乗ミスが明確と判断され、ファレノプシスは武豊騎手を鞍上に迎えることとなった。

迎えた桜花賞では、直線抜け出したロンドンブリッジをゴール前でとらえ優勝。しかし陣営は距離延長を不安視しており、オークスでは終始抑えめのレース運びで3着惜敗。武豊騎手は自身の判断ミスと述懐している。夏を越してトライアルのローズSを勝利後、勢いに乗って秋華賞を勝利し、牝馬二冠を達成した。

古馬になってからも現役を続行し、引退レースのエリザベス女王杯に勝利して有終の美を飾った。

※産駒は中央重賞未勝利

2001年、秋華賞を制したテイエムオーシャン[©T.MURATA]

調教師：西浦勝一
馬主：竹園正繼
生産者：川越敏樹
獲得賞金：4億7225万7000円
通算成績：18戦7勝
主なGI級勝鞍：阪神3歳牝馬S、桜花賞、秋華賞
JRA賞：最優秀3歳牝馬（00）、最優秀3歳牝馬（01）

馬主に見いだされた小柄な仔馬が
桜花賞と秋華賞の牝馬二冠馬に

テイエムオーシャン

父 ダンシングブレーヴ
母 リヴァーガール　**母の父** リヴリア
生まれ 1998年4月9日生　**♂♀性別** 牝　**毛色** 鹿毛

テイエムオペラオーの馬主で知られる竹園正繼氏が牧場で見つけた、桜花賞馬エルプスの孫にあたる牝馬が、後のテイエムオーシャンである。小柄な仔馬で、同行した調教師たちは反対したというが竹園氏が直感で購入。デビューすると新馬戦と条件戦を連勝し、その能力を見せつけた。

伝説の瞬間

小柄な馬体に大海のスケール感 2年連続最優秀「3歳」タイトル獲得

札幌3歳Sはジャングルポケットの3着に敗れるが、休養を挟みぶっつけで出走した阪神3歳牝馬Sを先行押し切りの強いレースで完勝し、最優秀3歳牝馬のタイトルを獲得した。翌年の2001年からJRAの馬齢表記が変更され、明けてまた「3歳」となったテイエムオーシャンはチューリップ賞を0秒7差、桜花賞を0秒5差で勝利し、祖母エルプスに並んだ。オークスでも1番人気に支持されたが、レディパステルとローズバドに差され3着。休養を挟んで直行で挑んだ秋華賞では、先行抜け出しで前回負けた2頭を封じて雪辱を果たし、二冠牝馬となった。エリザベス女王杯では先の2頭にも先着を許して5着に敗退したが、二冠が評価され最優秀3歳牝馬を受賞し、1頭の馬が2年連続で同名のタイトルを獲得するというレアケースが起きた。

※産駒はJRA重賞未勝利

2002年、エリザベス女王杯を1番人気で勝ったファインモーション［©T.MURATA］

デビュー 6連勝で古馬GIを制した
牝馬GI2勝馬

ファインモーション

父 Danehill
母 Cocotte
母の父 Troy
生まれ 1999年1月27日
性別 牝
毛色 鹿毛

調教師：伊藤雄二
馬主：伏木田達男
生産者：Barronstown Stud and Orpendale
獲得賞金：4億9451万8000円
通算成績：15戦8勝
主なGI級勝鞍：秋華賞、エリザベス女王杯
JRA賞：最優秀3歳牝馬（02）

伊藤雄二調教師がアイルランドでピルサドスキーの半妹になる牝馬を見いだし、将来を担う繁殖牝馬を探していた伏木田牧場が購入した。育成時代から非常に見栄えがよく、調教では「牝馬とは思えない」と言わしめる能力を見せつけると、ファインモーションと名付けられデビューした。

伝説の瞬間

「牝馬とは思えない」強さで快進撃 遺伝子を継承できなかった悲運の名馬

2001年12月、2歳新馬戦に出走したファインモーションは好スタートから先頭に立つと最速の上がりタイムで楽勝。クラシックに出走できない外国産馬のため伊藤師は本馬を休ませ、夏の北海道開催から再始動させた。どのレースも強い内容で3連勝し迎えた秋華賞で、後続を突き放して優勝したファインモーションは、続くエリザベス女王杯も完勝した。デビュー6連勝での古馬GI制覇はJRA史上初の快挙だった。

有馬記念はシンボリクリスエスとの同期対決で話題となったが、ファインモーションはかかってしまい5着に敗れる。元来の先行力が成長につれて悪いほうに出るようになり、古馬になってからは成績を落とした。

繁殖入りしたが不受胎が続き、染色体の異常で受胎能力がないことが判明。繁殖馬として子供を産むことはなかった。

2001年、エリザベス女王杯で悲願のGⅠ制覇（手前橙帽）[©T.MURATA]

ドバイWCでも史上初の牝馬連対
GI善戦娘が7戦目の挑戦で戴冠

トゥザヴィクトリー

父 サンデーサイレンス
母 フェアリードール　母の父 Nureyev
生まれ 1996年2月22日　♂♀性別 牝　毛色 鹿毛

調教師：池江泰郎
馬主：金子真人
生産者：ノーザンファーム
獲得賞金：4億7762万5000円
通算成績：21戦6勝
主なGI級勝鞍：エリザベス女王杯
JRA賞：最優秀4歳以上牝馬(01)

フェアリードールはアメリカ生まれのヌレイエフ産駒で、競走馬としてはイギリスで1戦未勝利だったが、血統がサンデーサイレンスとの相性を期待され日本で繁殖牝馬となった。その初年度産駒がトゥザヴィクトリーである。牝馬とは思えないような筋肉質の雄大な馬格で、当歳時から目立つ存在だった。大きな期待を受け、池江泰郎厩舎に入厩したトゥザヴィクトリーは1998年12月、2歳新馬戦でデビューし1番人気に応えて快勝する。

伝説の瞬間

パワフルな先行策で善戦した注目馬は一世一代の差しで栄冠を手に入れた

1999年1月の福寿草特別は、のちに菊花賞馬となるナリタトップロードや、古馬GⅢを3勝するミッキーダンスなどが出走していた。トゥザヴィクトリーは2番人気で、スリリングサンデーの2着だったが前述の2頭に先着。さらに抽選で出走した桜花賞は先行策から直線先頭に立つが、プリモディーネに差されて3着となった。オークスでは道中4番手から直線では抜け出したが、ウメノファイバーの直線一気の強襲に遭ってハナ差の2着に敗れ、涙を呑んでいる。

牝馬三冠レースの最後の一冠、秋華賞でも1番人気に推されたがハイペースの逃げについていってしまい、直線で後続に飲み込まれて13着と惨敗してしまう。

To the Victory

翌2000年の初夏に復帰したトゥザヴィクトリーは、頭の高い走行フォーム改善を目的としたシャドーロールを装着し、休み明け3戦目のクイーンSで念願の重賞初制覇。4戦目の府中牝馬Sを勝ってついに本格化か、という声も聞こえ始めると、2番人気で出走したエリザベス女王杯でも先頭を切って直線に向くが失速し、ファレノプシスの4着に敗れた。

2001年、陣営はトゥザヴィクトリーをダートGIフェブラリーSに出走させる。牝馬ながら500キロ近い筋肉質の馬体を誇るトゥザヴィクトリーは、初めてのダート戦、しかもGIでも持ち前の先行力でいったんは先頭に立ち、3着と善戦。そして次走はドバイワールドC。レースの当日、同厩の先輩であるステイゴールドがドバイシーマCでファンタスティックライトを破るという快挙を達成し、日本の競馬ファンが歓喜に沸き立っていた。余韻の中で迎えたメインレース、ドバイワールドCにトゥザヴィクトリーが登場する。このレースでもトゥザヴィクトリーは難なく先行して4コーナーを抜群の手応えで回り先頭でゴールへと向かうが、キャプテンスティーヴに差されて2着。それでもドバイワールドCでは日本馬史上初の連対、牝馬の世界歴代最高着順という快挙だった。

帰国後、約8か月の休養をはさんでエリザベス女王杯に出走する。このレースではそれまでの先行策から一転、中団につける戦法をとる。レースはハイペースで進み、先行勢がいっぱいになったところで有力馬たちが進出していくとトゥザヴィクトリーの鞍上、武豊騎手も仕掛ける。ゴール前の大混戦をハナ差だけ制したのは、トゥザヴィクトリーだった。この一戦だけを見て、トゥザヴィクトリーには中団差しのほうが合っていたのかというと、次走のジャパンCで中団から引っかかって暴走し14着に大敗しており、必ずしもそうとはいえない部分もある。有馬記念ではまたいつもの先行策に戻って3着と健闘し、この年の最優秀5歳以上牝馬のタイトルを獲得したのだった。

♀ 繁殖牝馬としてのトゥザヴィクトリー

キングカメハメハ産駒の3番仔がセレクトセールで6億円という、牝馬としては世界最高額で落札され話題となった。本馬はディナシーの名で不出走のまま繁殖入りしたが2023年時点で産駒に重賞勝ち馬はいない。4番仔トゥザグローリーは古馬重賞を5勝し種牡馬入りし、8番仔トゥザワールドは弥生賞を勝って皐月賞2着になるなど存在感を見せてこちらも種牡馬入り。9番仔トーセンビクトリーは中山牝馬Sを勝って繁殖入りした。11番仔トゥザフロンティア以後は流産や不受胎が続き、2017年に繁殖を引退している。

2002年、スプリンターズSで勝ち、サンデーサイレンス産駒初のスプリントGI制覇[©T.MURATA]

牡牝混合GI優勝馬

調教師：松元茂樹
馬主：前田幸治
生産者：上水牧場
獲得賞金：4億6031万3000円
通算成績：28戦10勝
主なGI級勝鞍：スプリンターズS、高松宮記念
JRA賞：最優秀4歳以上牝馬(03)

ふたつの短距離GIレースを制し
父サンデーサイレンスの万能性を証明

ビリーヴ

父 サンデーサイレンス
母 グレートクリスティーヌ　母の父 Danzig
生まれ 1998年4月26日　性別 牝　毛色 鹿毛

サンデーサイレンスのシンジケート会員で、毎年種付け権利を所有している上水牧場が、大種牡馬にふさわしい繁殖牝馬を求めて購入したのがダンチヒを父に持ち短距離戦で活躍したグレートクリスティーヌだった。そして日本で最初に生まれたのがビリーヴである。母系の豊かなスピードを受け継ぎ、2歳11月の芝1200m新馬戦を快勝する。しかし陣営ではビリーヴのさらなる可能性を探っており、マイル戦やダート戦にも出走させたが結果は出なかった。

伝説の瞬間

積み上げた勝利はすべて1200m 初制覇の快挙を重ねた韋駄天娘

5戦目で格上挑戦した重賞、フラワーCで大敗してクラシック路線は断念。自己条件のマイル戦を惜敗した後、ビリーヴは芝1200mの条件戦で2勝目を挙げた。そこで陣営は1200m重賞のファルコンSに挑戦したが9番人気で9着と、この時点ではまだ課題が山積みだった。この後もビリーヴはマイル以下の条件戦を中心に出走し、1200mのレースばかり4勝してオープン入りした。そして2002年9月のセントウルSで待望の重賞初制覇を飾る。

中2週で初めて挑んだGIはスプリンターズSだった。この年は東京競馬場改修の影響で、本来中山競馬場で開催されるはずの当レースは新潟競馬場に振替開催となっていた。武豊騎手が騎乗することになったこのレースでは、３番手を進んで直線に向くと、前を行くショウナンカンプとアドマイヤコジーンにはさまれて窮屈な体勢になるが、一瞬の隙をついて飛び出し、0秒1差で優勝した。ビリーヴの初ＧＩ制覇であるとともに、管理する松元茂樹調教師にとってもＧＩ初制覇となった。また、この年の8月に惜しまれつつこの世を去ったサンデーサイレンス産駒としても、初のスプリンターズS勝ち馬となった。大種牡馬のサンデーサイレンスだったが、基本的にはクラシックディスタンスを得意としていたため、ビリーヴのような短距離に偏った産駒は異色だったわけだが、翌年には1歳下のデュランダルが同レースを勝利し、短距離戦でも通用する種牡馬だったことを証明している。

余勢を駆って１０００ｍの国際ＧＩレース、香港スプリントに出走したビリーヴだったが、このときは調整がうまくいかず、馬体重を20キロも減らしてしまい14頭立ての12着に敗れている。

明けて5歳となった２００３年、初戦の阪急杯でも調子はいまひとつだったビリーヴは9着に敗れてしまうが、武豊騎手によれば「叩いてよくなるタイプ」とのことで、陣営に悲観はなかった。

そしてその言葉通り、４週間後のＧＩ高松宮記念では、復調していたビリーヴがＪＲＡに移籍したばかりの安藤勝己騎手と新コンビを組んで登場。最内枠からスタートするとすぐ好位につけ、最後の直線では1番人気ショウナンカンプとの叩き合いを制し、追い込んできたサニングデールを振り切って1着でゴールイン。このレースもサンデーサイレンス産駒として初制覇となった。また、安藤勝己騎手にとっても中央移籍後初となるＪＲＡのＧＩ制覇でもあった。

１２００ｍの女王となったビリーヴだが、次走の京王杯スプリングC、安田記念と続けて大敗し、少しでも距離が伸びると良くないという極端な面を見せてしまう。通算10勝2着3回のレースはすべて芝１２００ｍという、超がつくほどのスペシャリストだった。

♀ 繁殖牝馬としてのビリーヴ

引退後は渡米し、現地の一流種牡馬と交配し、産駒の多くは外国産馬として日本に逆輸入されている。初仔のキングマンボ産駒ファリダットはオープン特別のマーガレットSを勝つなど3歳春に存在感を見せたが重賞勝利はならなかった。7番仔で２０２３年時点での最後の産駒ジャンダルムは、2歳新馬とデイリー杯2歳Sを連勝し、クラシックにも出走。距離適性で大敗したが２０２２年、スプリンターズSを勝利して母子二世代制覇を達成した。

2003年、秋華賞で牝馬三冠を達成したスティルインラブ（中央桃帽）
[©T.MURATA]

牝馬三冠すべて2番人気で
結果は1着

スティルインラブ

父 サンデーサイレンス
母 ブラダマンテ　母の父 Roberto
生まれ 2000年5月2日　性別 牝　毛色 栗毛

調教師：松元省一
馬主：ノースヒルズマネジメント
生産者：下河辺牧場
獲得賞金：4億3777万8000円
通算成績：16戦5勝
主なGI級勝鞍：桜花賞、オークス、秋華賞
JRA賞：最優秀3歳牝馬（03）

父はサンデーサイレンス、半兄にラジオたんぱ賞（現・ラジオNIKKEI賞）の勝ち馬ビッグバイアモンがいるスティルインラブは、デビュー前から評判が高く、2002年11月の牝馬限定の新馬戦では単勝1・7倍の断然1番人気。

期待通り、3馬身半差の完勝を収めると、年明けの3歳オープン・紅梅Sで連勝を飾った。続くチューリップ賞でも新馬戦と同じ単勝1・7倍に支持されたが、2着に敗退。そして、牝馬三冠の第1弾に向かうことになる。

伝説の瞬間

名コンビ・幸騎手と掴んだ牝馬三冠 17年ぶり史上2頭目の快挙達成

桜花賞当日、スティルインラブは単勝オッズ3・5倍の2番人気に推された。1番人気は、同じオッズながら支持率の差で上回ったアドマイヤグルーヴ。父がサンデーサイレンス、母はエアグルーヴ、鞍上には母の主戦も務めた武豊騎手を迎え、デビューから3連勝をマークしていた。常にこの超良血のライバルがいたこともあり、スティルインラブは牝馬三冠の全レースで2番人気に甘んじている。

しかし、牝馬一冠目を手にしたのはスティルインラブだった。終始好位につけて先行し、直線半ばあたりでゴーサインを出すと、2着馬シーイズトウショウを1馬身半突き放して勝利。一方、ほぼ最後方でレース

Still in Love

を進めたアドマイヤグルーヴは、猛然と追い込んだものの、1着から2馬身差の3着に終わった。

この結果、スティルインラブはもちろん、デビューから手綱を取る幸英明騎手もまた、騎手生活10年目、27歳にして初めてGⅠタイトルを獲得した。過去に騎乗した桜花賞では、１９９９年にトゥザヴィクトリーで3着、２０００年にマヤノメイビーで2着に敗れていただけに、その雪辱を果たすことなった。

だが、人馬の活躍はこれだけにとどまらなかった。続くオークスでは、テン3ハロン36秒0、前半5ハロン61秒2というスローペースの中、スティルインラブは中団の9番手をキープ。4コーナーを回ると同時に幸騎手が右鞭を叩き始めると、上がり3ハロン出走馬中最速の33秒5という末脚を繰り出し、2着馬チューニーに1馬身4分の1差をつけて完勝している。

秋初戦のローズSで5着に敗れ、勝者アドマイヤグルーヴに対して初黒星を喫したため、牝馬三冠の第3弾も2番人気という評価だったが、レースでも2頭の戦いが繰り広げられることとなった。

当時のレース実況によると、秋華賞を前にして幸騎手が「馬は強い。自信を持って乗るだけ」と話せば、「最後の一冠だけは渡せない」と話したのが武豊騎手。その言葉を表すかのように、道中、やや後方に位置していたスティルインラブをアドマイヤグルーヴが徹底マーク。しかし、2頭がそろって外から追い込み、内にいる馬たちを強襲してもなお、スティルインラブは4分の3馬身差をキープして1着でゴールした。

牝馬三冠達成は１９８６年のメジロラモーヌ以来17年ぶり史上2頭目。さらに、１９９６年にエリザベス女王杯が古馬にも開放され、牝馬三冠の三冠目が秋華賞に位置づけされてからは初の快挙となった。

次走のエリザベス女王杯は、アドマイヤグルーヴと直線で叩き合った末、ハナ差の2着。GⅠの舞台で初めてライバルに敗れたが、２００３年のＪＲＡ賞最優秀3歳牝馬のタイトルを譲ることはなかった。

4歳以降は不本意な成績が続き、5歳秋に引退。２００６年1月7日、史上2頭目の三冠牝馬に輝いた地、京都競馬場で引退式が行われた。

「初めてGⅠを勝たせてくれた馬でした。牝馬三冠の勲章までプレゼントしてくれて大変嬉しかったです」

このようにスピーチした幸騎手は、その後、騎乗数を着実に増やし、GⅠ戦線でも活躍。２０２３年5月には史上最速および最年少でＪＲＡ通算２万３千回騎乗を記録し、〝鉄人〟と呼ばれるほどの騎手にまで飛躍した。三冠牝馬の歴史を語るとき、この名コンビの存在を欠かすことはできないだろう。

※産駒はＪＲＡ未勝利

2004年、エリザベス女王杯を勝ちGI馬になったアドマイヤグルーヴ(中央緑帽)[©T.MURATA]

女傑エアグルーヴ×大種牡馬サンデーサイレンス
牝馬三冠すべて1番人気だったが……

アドマイヤグルーヴ

父 サンデーサイレンス
母 エアグルーヴ　母の父 トニービン
生まれ 2000年4月30日　性別 牝　毛色 鹿毛

調教師：橋田満
馬主：近藤利一
生産者：ノーザンファーム
獲得賞金：5億5133万5000円
通算成績：21戦8勝
主なGI級勝鞍：エリザベス女王杯(03・04)
JRA賞：最優秀4歳以上牝馬(04)

牝馬としては17年ぶりに天皇賞を制覇して、年度代表馬にも輝いた女傑エアグルーヴの初年度産駒は、セレクトセールで当時最高価格となる2億3000万円で近藤利一氏に落札され、一般公募によりアドマイヤグルーヴと名付けられた。父は当時飛ぶ鳥を落とす勢いで日本競馬界を席巻していた大種牡馬サンデーサイレンスである。生まれたときから牧場のみならず厩舎関係者、馬主、そしてファン、誰しもが注目せずにいられない存在だった。

伝説の瞬間

生まれた時から大きな期待を背負い健気に走り続けた「女傑」の娘

大きな期待と注目を集めたアドマイヤグルーヴは橋田満厩舎に預けられ、2002年11月に武豊騎手騎乗でデビューする。新馬戦を1番人気に応えて勝利すると、12月のエリカ賞、休養をはさんで翌年3月の若葉Sも牡馬相手に勝利する。無敗のまま桜花賞に駒を進めたアドマイヤグルーヴは、期待を込めて1番人気に支持されたが、ゲートが開くと出遅れてしまい、馬群の外を追走する苦しい展開となってしまう。最後の直線で追い込むが、スティルインラブの3着に敗れた。

雪辱を期して挑んだオークスも、スティルインラブと同じ単勝オッズながら支持率の差で1番人気となる。しかしこのレースでアドマイヤグルーヴは激しいイレコミ具合で競馬にならず、７着に敗れてしまった。レースはスティルインラブが桜花賞に続いて制覇し、ベガ以来10年ぶりとなる牝馬二冠を達成した。

秋はローズSから始動すると、ここで早くもライバルのスティルインラブと対戦。１番人気は二冠牝馬に譲ったものの、レースではアドマイヤグルーヴの完勝でスティルインラブが5着に沈む結果となった。このレースで力関係が逆転したと考えられ、本番の秋華賞で再びアドマイヤグルーヴが1番人気に支持されたが、今度はスティルインラブが先に抜け出して１９８６年メジロラモーヌ以来の牝馬三冠を達成、アドマイヤグルーヴは追撃及ばずの2着に惜敗した。

しかしライバル対決はまだ終わらない。古馬も交えての牝馬GIエリザベス女王杯で両馬は相対する。牝馬三冠を達成したばかりのスティルインラブが1番人気となり、アドマイヤグルーヴが2番人気と、有力な古馬牝馬を抑えて3歳馬が人気を分け合った。

ゲートが開くとまずメイショウバトラーが飛び出すが、すぐに前年のオークス馬スマイルトゥモローが先頭に立ち、後続を離して飛ばしていく。スティルインラブは一昨年のオークス馬レディパステルと並んで離れた5、6番手を進み、アドマイヤグルーヴはさらに後方でじっくりと進んでいく。３コーナーの坂でメイショウバトラーが再び先頭に並びかけるが両馬とも失速し、最後の直線に向いて後続馬が一斉に仕掛けていく。直線半ばで、外からアドマイヤグルーヴとスティルインラブが馬体を合わせて同時に先頭へ躍り出ると、激しい叩き合いの末にハナ差でアドマイヤグルーヴが制し、悲願のGIタイトルを獲得した。

牝馬三冠レースにおいて、アドマイヤグルーヴはいずれも1番人気に支持されていたが、勝ったのはすべて2番人気だったスティルインラブだった。逆に2番人気だったローズSとエリザベス女王杯では、アドマイヤグルーヴが勝利した。翌年のエリザベス女王杯でもアドマイヤグルーヴは2番人気で勝利し、連覇を果たしている。単なる偶然とは思うが、大レースで大きな期待を背負わされた異様な空気を、アドマイヤグルーヴは敏感に読み取っていたのかもしれない。

♀ 繁殖牝馬としてのアドマイヤグルーヴ

初仔のアドマイヤテンバはＪＲＡ４勝で、その後5番仔までは特筆すべき成績には至らなかった。２０１２年に急死する前に出産した最後の産駒ドゥラメンテが皐月賞とダービーの二冠馬となり、種牡馬入りしてから古馬GI2勝のタイトルホルダーを出したほか、スターズオンアース、リバティアイランドと2年連続で桜花賞とオークスの二冠牝馬を輩出した。

2005年、宝塚記念でハーツクライ、ゼンノロブロイら強豪牡馬を破って勝利したスイープトウショウ（中央緑帽）［©T.MURATA］

調教師：渡辺栄→鶴留明雄
馬主：トウショウ産業株式会社
生産者：トウショウ産業株式会社トウショウ牧場
獲得賞金：7億4482万4000円
通算成績：24戦8勝
主なGI級勝鞍：秋華賞、宝塚記念、エリザベス女王杯
JRA賞：最優秀4歳以上牝馬（05）

牡牝混合GI優勝馬

天馬トウショウボーイを生んだ
トウショウ牧場の名血牝馬

スイープトウショウ

父 エンドスウィープ
母 タバサトウショウ　**母の父** ダンシングブレーヴ
生まれ 2001年5月9日生　**性別** 牝　**毛色** 鹿毛

天馬と讃えられたトウショウボーイで知られるトウショウ牧場は、その母系であるソシアルバターフライ系の繁殖牝馬を多数そろえていたが、それとは別牝系のチャイナトウショウからオープン馬マーブルトウショウが出る。引退後繁殖牝馬となったマーブルトウショウに、トウショウボーイを交配させ誕生したサマンサトウショウが重賞を制覇。さらに牝系を繋いでチャイナトウショウから四代後に誕生したエンドスウィープ産駒がスイープトウショウである。

伝説の瞬間

再三の出遅れと枠入り不良の気性難も豪快な勝利を積み重ねた頑固娘

スイープトウショウは育成時代から気難しい馬だった。暴れたりこそしないが気に入らない場所へ行くのを徹底的に拒む性格で、馬場入り前に立ち止まってしまうと人間がどれだけ急かしても動かなかったという。

2003年、定年間近の渡辺栄厩舎に入厩し10月の新馬戦でデビュー。出遅れて後方からの競馬となったが、馬なりのまま先頭に立ち、最後の直線で他馬を突き放して勝利した。次戦のファンタジーSでも出遅れ、折り合いを欠いたまま直線で差し切って勝利する。誰が見ても気性難、しかし誰が見てもこの馬は強いと思わせるレースぶりだった。12月の阪神ジュベナイルFでは出遅れなかったがスローペースの後方追走、進路

Sweep Tosho

をふさがれる不利もあって、5着に敗れた。

明けて3歳、鶴留昭雄厩舎に移籍したスイープトウショウはチューリップ賞に出走。ゲート入りを嫌がり、発走時刻が遅れる事態となった。スタートも出遅れ、勝利したものの後日ゲート試験が行われた。桜花賞では普通にスタートしたがスローペースの展開を後方から追走、直線で詰め寄るもダンスインザムードをはじめとする先行勢に届かず、5着に敗れた。続くオークスではいつもより若干前の中団後方からレースを進め、直線で追い上げたがダイワエルシエーロを4分の3馬身とらえきれず2着に終わった。

秋に入ってもスイープトウショウの気性難に改善は見られずローズSは出遅れて3着。秋華賞では枠入りを嫌がり、目隠しをされてのゲートインとなった。スタートも出遅れたが、4コーナーから追い上げて勝利し、ついにGⅠタイトルを手に入れた。次戦のエリザベス女王杯でも枠入り不良からの出遅れ、スローペースの後方追走という流れで、アドマイヤグルーヴの5着に終わった。秋華賞後にもゲート試験を受けているが、このレースで3回めの枠入り不良ということで30日出走停止、その後ゲート試験という裁決を受けた。

明けて4歳、休み明けを叩いての安田記念は出遅れながらも2着と善戦し、牡馬相手でも戦える目処が立った。そして宝塚記念を迎える。

この日のスイープトウショウはスムーズに枠入りし、出遅れもなく、いつもより前の中団でレースを進めた。直線に向いて仕掛けると、一流牡馬たちを次々と交わしていき、最後に追い込んできたハーツクライをクビ差しのいで先頭でゴール。牝馬として史上2頭目、39年ぶりの宝塚記念優勝馬となった。秋にはエリザベス女王杯も勝利し、GⅠタイトルをひとつ増やしている。

その後もスイープトウショウは現役を続け、大舞台で牡馬たちと戦ったが、気性難は治らなかった。人間の言うことを聞かないスイープトウショウに、陣営は辛抱強く相対した。調教の馬場入り前で動かなくなっても、ひたすら待ち続けた。スイープトウショウは初めての場所だと比較的スムーズに行く傾向があったため、コースを変更してやる気を出させたりもした。

強いのは間違いない。けれど気難しい性格によって凡走することも多かったスイープトウショウだが、反面それが強烈な個性として魅力を放つ馬でもあった。

♀ 繁殖牝馬としてのスイープトウショウ

産駒は総じて未勝利から条件馬クラスの成績に終わったが、七冠馬ディープインパクトのラストクロップでもある最後の産駒、10番仔スイープアワーズが2023年7月に初勝利を挙げた。

2005年、天皇賞・秋を14番人気で勝ったヘヴンリーロマンス（中央白帽）［©T.MURATA］

牡牝混合GI優勝馬

遅咲きの名血馬
5歳秋に花開く

ヘヴンリーロマンス

父 サンデーサイレンス
母 ファーストアクト
母の父 Sadler's Wells
生まれ 2000年3月5日
性別 牝
毛色 鹿毛

調教師：山本正司
馬主：ノースヒルズマネジメント
生産者：ノースヒルズマネジメント
獲得賞金：3億9123万9000円
通算成績：33戦8勝
主なGI級勝鞍：天皇賞（秋）
JRA賞：——

2002年11月、のちに史上2頭目となる牝馬三冠馬のスティルインラブが勝利した新馬戦で、6着だったのがヘヴンリーロマンスである。初勝利は3歳1月だが、オープン入りは4歳暮れのことだった。5歳夏に札幌記念を牡馬相手に勝ち、戦後初の天皇賞馬となった秋の天皇賞に挑戦する。

伝説の瞬間

普段の気性難を封印し淑女の振る舞い 天覧競馬で見事に映えたじゃじゃ馬娘

レース当日の昼、各騎手へ通達があった。勝利後はスタンド前で馬を止め、馬上で最敬礼をするようにという指示で、それを聞き松永幹夫騎手は心配になった。彼が騎乗するヘヴンリーロマンスは非常に気性が荒く、まともに歩かせるのも大変なじゃじゃ馬だったという。だが人気薄の牝馬なので不要な心配だと思い直し、レースに臨んだところヘヴンリーロマンスは最内をするすると抜け出し、並み居る牡馬たちを交わして優勝してしまう。そしてレース後、ヘヴンリーロマンスはいつもの気性難が嘘のように、松永騎手が敬礼する間じっと佇んで、感動的なシーンを演出したのだった。

♀ 繁殖牝馬としてのヘヴンリーロマンス

4番仔アウォーディーがＪＢＣクラシック、5番仔アムールブリエがエンプレス杯、6番仔ラニはＵＡＥダービーと、地方や海外の重賞での活躍馬を輩出した。

2005年、シーザリオを制して桜花賞を勝ったラインクラフト（手前桃帽）［©T.MURATA］

牡牝混合GI優勝馬

堅実なレースぶりで好走も
調教中に疾病発症し4歳で急死

ラインクラフト

父 エンドスウィープ
母 マストビーラヴド
母の父 サンデーサイレンス
生まれ 2002年4月4日
性別 牝
毛色 鹿毛

調教師：瀬戸口勉
馬主：大澤繁昌
生産者：ノーザンファーム
獲得賞金：5億563万円
通算成績：13戦6勝
主なGI級勝鞍：桜花賞、NHKマイルC
JRA賞：――

母マストビーラヴドは未勝利馬だったが、3頭出産後にエンドスウィープを配合し、ラインクラフトが誕生した。幼駒の頃から気性が素直で騎乗者の指示によく従い、関係者の評判は上々。その反面、脚元への不安もあったため慎重な育成が施された。2004年10月にデビューを迎える。

伝説の瞬間

マイルGIを2連勝で変則二冠達成 現役中の急死が惜しまれる快速牝馬

追い切りの動きは悪かったがレースになると他馬を0秒8引き離して完勝。2戦目のファンタジーSも完勝し阪神ジュベナイルFに1番人気で登場。しかし脚が伸ばせず3着に敗れた。休養明けに桜花賞トライアルを勝利し、桜花賞では1番人気シーザリオの追い込みをアタマ差しのいで優勝した。次は距離適性を考慮してオークスではなくNHKマイルCへと駒を進める。このレースにはラインクラフトと桜花賞3着のデアリングハート、コスモフォーチュンと牝馬が3頭だけ出走していたが、勝ったのはラインクラフト、2着にデアリングハートと、牝馬がワンツーフィニッシュを飾った。桜花賞、NHKマイルCの変則二冠を達成したのは2023年秋時点では本馬のみである。以降も活躍したが4歳夏、急性心不全で惜しくも急死してしまった。

2005年、オークスで断然の1番人気に応えて勝ったシーザリオ（手前黒帽）[(©T.MURATA]

唯一の日米オークス馬が
その血を脈々と伝えていく

シーザリオ

父 スペシャルウィーク
母 キロフプリミエール　母の父 Sadler's Wells
生まれ 2002年3月31日　性別 牝　毛色 青毛

調教師：角居勝彦
馬主：（有）キャロットファーム
生産者：ノーザンファーム
獲得賞金：2億2829万6000円
通算成績：6戦5勝
主なGI級勝鞍：オークス、アメリカンオークス
JRA賞：最優秀3歳牝馬（05）、最優秀父内国産馬（05）

2004年12月の2歳新馬戦から3連勝し、3戦目のフラワーCで早くも重賞制覇。続く桜花賞で1番人気に推されたものの、2番人気ラインクラフトの2着に惜敗した。しかし、オークスでは後方から差し切り勝ちを収め、単勝オッズ1・5倍という圧倒的1番人気に応えている。

伝説の瞬間

唯一無二の日米オークス馬 産駒のGI馬3頭が種牡馬入り

牝馬三冠の一冠を手にしたシーザリオ陣営が次走に選んだのは、三冠目の秋華賞でも、そのステップレースでもなかった。それは、7月にハリウッドパーク競馬場で行われるアメリカンオークスだった。

日本馬として初めての参戦だったが、4馬身差の完勝。唯一無二の日米オークス馬の称号を得るだけではなく、日本馬によるアメリカGI初制覇、父内国産馬による海外GI初制覇という偉業を成し遂げた。

のちに故障し、これが引退レースになったが、シーザリオの活躍は繁殖入りしてからも続いている。

♀ 繁殖牝馬としてのシーザリオ

エピファネイア（菊花賞、ジャパンC）、リオンディーズ（朝日杯FS）、サートゥルナーリア（皐月賞、ホープフルS）というGI馬3頭を輩出。そのすべてが種牡馬入りしたのは史上初となる。

2006年、オークスを3番人気で勝ったカワカミプリンセス（中央黄帽）[©T.MURATA]

調教師：西浦勝一
馬主：三石川上牧場
生産者：三石川上牧場
獲得賞金：3億5089万2000円
通算成績：17戦5勝
主なGI級勝鞍：オークス、秋華賞
JRA賞：最優秀3歳牝馬（06）、最優秀父内国産馬（06）

キングヘイロー産駒ながら
長めの距離もおかまいなし

カワカミプリンセス

父 キングヘイロー
母 タカノセクレタリー　母の父 Seattle Slew
生まれ 2003年6月5日　性別 牝　毛色 鹿毛

3歳の2006年2月に新馬戦を9番人気で、翌3月の君子蘭賞を6番人気で連勝。デビュー当時は決して評価が高いわけではなかったカワカミプリンセスだが、初めて1番人気に推されたオークストライアル・スイートピーSも完勝。続く本番では3番人気で迎えることになった。

伝説の瞬間

デビューから5連勝で牝馬二冠獲得 無敗で二冠目と三冠目制覇は史上初

西浦勝一調教師、本田優騎手というタッグでオークスに挑むのは、3着に敗れたテイエムオーシャン以来5年ぶり。レース後に本田騎手が「借りというかね、勝つ勝つと言って負けちゃったんで」と語ったように、カワカミプリンセスはその気持ちに応え、4分の3馬身差の勝利を収めた。さらに、直行して臨んだ秋華賞で無傷の5連勝を達成。無敗で牝馬三冠の二冠目と三冠目を制したのは、史上初めての快挙だった。

続くエリザベス女王杯でも先頭で入線し、古馬を相手に強さを見せつけたかと思われたが、最後の直線で内側に斜行してヤマニンシュクルの走行を妨害したため12着に降着。ついに連勝が途切れることとなった。

その後、勝ち星に恵まれず、2009年のエリザベス女王杯9着を最後に引退。生まれ故郷である新ひだか町の三石川上牧場に帰り、繁殖入りした。

※産駒はJRA重賞未勝利

2007年、不良馬場のスプリンターズSを逃げ切ったアストンマーチャン[©T.MURATA]

牡牝混合GI優勝馬

3歳にして短距離界の主役も
4歳で急逝

アストンマーチャン

父 アドマイヤコジーン
母 ラスリングカプス　母の父 Woodman
生まれ 2004年3月5日生　♂♀性別 牝　毛色 鹿毛

調教師：石坂正
馬主：戸佐眞弓
生産者：社台ファーム
獲得賞金：2億4899万7000円
通算成績：11戦5勝
主なGI級勝鞍：スプリンターズS
JRA賞：——

2006年の2歳時は5戦3勝2着2回。重賞2勝（小倉2歳S、ファンタジーS）、阪神ジュベナイルF2着という優れた成績を残している。明け3歳の春も、単勝オッズ1・1倍の1番人気に支持されたフィリーズレビューを圧勝。桜花賞の主役候補の1頭として名乗りを上げた。

伝説の瞬間

ニシノフラワー以来、史上2頭目 3歳牝馬によるスプリンターズS制覇

桜花賞の1番人気は阪神ジュベナイルF覇者ウオッカ。リベンジに燃えるアストンマーチャンは2番人気だった。しかし、1着の3番人気ダイワスカーレット、2着ウオッカから1秒以上離された7着。この結果を受け、陣営は短距離路線転向を決断し、最大目標を9月のスプリンターズSに定めた。レース当日の中山競馬場は不良馬場だったが、初騎乗のベテラン中舘英二騎手を背にしたアストンマーチャンは、ゲートを出ると、持ち前のスピードを生かして一気に先頭へ。馬場をものともせずそのまま逃げ切り、GI初勝利を飾った。3歳牝馬のスプリンターズS制覇は、1992年のニシノフラワー以来、史上2頭目となった。

一躍、短距離路線の主役として注目を浴びたアストンマーチャンだったが、翌2008年4月、残念ながら病気により、4歳で短い生涯を終えている。

2007年、ブービー人気で臨んだNHKマイルCで牡馬を尻目に勝利したピンクカメオ[©Keiba Book]

調教師：国枝栄
馬主：金子真人ホールディングス
生産者：パカパカファーム
獲得賞金：1億8019万9000円
通算成績：21戦4勝
主なGI級勝鞍：NHKマイルC
JRA賞：——

牡牝混合GI優勝馬

マイルに活路を求め
桜花賞からNHKマイルCへ

ピンクカメオ

父 フレンチデピュティ
母 シルバーレーン
母の父 Silver Hawk
生まれ 2004年4月24日
性別 牝
毛色 鹿毛

2歳時に2勝を挙げ、阪神ジュベナイルFにも出走して8着。2007年1月の菜の花賞でオープン勝ちを収めると、桜花賞に駒を進め、8番人気で14着。厩舎サイドは次走の候補としてスイートピーSやオークスを視野に入れていたが、実際に選んだのはNHKマイルCだった。

伝説の瞬間

ブービー人気でNHKマイルC勝利 三連単973万馬券の大波乱を演出

参戦は金子真人オーナーのたっての希望。所有馬2頭（クロフネ、キングカメハメハ）が制したゲンのいいレースであり、ピンクカメオの半兄ブラックホークは同コースで行われる安田記念の覇者でもある。

しかし、当日のピンクカメオは単勝オッズ76・0倍の17番人気。レースでも、稍重馬場の中、4コーナーでは最後方に位置し、もはや絶望的かと思われた。ところが、最後の直線で大外に持ち出すと豪脚全開。1番人気ローレルゲレイロをゴール前でとらえて勝利。3着には18番人気ムラマサノヨートーが入り、三連単973万馬券の大波乱を演出することとなった。

♀ 繁殖牝馬としてのピンクカメオ

繁殖入り後に9頭出産し、フライングレディ（父ディープインパクト）が3勝、ピノクル（父キングカメハメハ）が2勝をマークしている。

2008年マイルチャンピオンシップを勝ったブルーメンブラット
[©T.MURATA]

牡牝混合GI優勝馬

5歳で本格化
引退の花道を飾る初GI制覇

ブルーメンブラット

父 アドマイヤベガ
母 マイワイルドフラワー　母の父 Topsider
生まれ 2003年2月20日　性別 牝　毛色 黒鹿毛

調教師：石坂正
馬主：キャロットファーム
生産者：ノーザンファーム
獲得賞金：3億4953万6000円
通算成績：24戦8勝
主なGI級勝鞍：マイルチャンピオンシップ
JRA賞：——

2006年のオークス、秋華賞という牝馬二冠には出走できたものの、ようやくオープン入りを果たしたのは翌年2月。11月のオーロCでオープン特別初勝利を飾ると、12月の阪神Cでも、高松宮記念覇者スズカフェニックスの3着に入り、充実の5歳を迎えることになる。

伝説の瞬間

マイル重賞路線の牡馬の強豪を撃破 牝馬によるマイルCS制覇は5頭目

京都牝馬S4着、阪神牝馬S2着、前年8着に敗れたヴィクトリアマイルで3着。勝ち切れないレースが続きながらも、ブルーメンブラットはマイル前後の距離なら十分通用する力を見せつけるようになった。

そして、府中牝馬S1着から臨んだマイルCS。出走馬18頭のうち牡馬・セン馬15頭という組み合わせの中、ブルーメンブラットは4番人気に支持された。結果は、1番人気スーパーホーネットに4分の3馬身差をつけて勝利。マイル重賞路線の強豪牡馬勢を撃破し、1994年のノースフライト以来14年ぶり、史上5頭目となる牝馬によるマイルCS制覇を果たした。

♀ 繁殖牝馬としてのブルーメンブラット

GI初勝利直後に引退して繁殖入りし、これまで5勝馬1頭（地方競馬3勝含む）、3勝馬2頭、2勝馬3頭を輩出している。

2008年、スプリンターズSを先頭で駆け抜けるスリープレスナイト[©Keiba Book]

1
牡牝混合GI優勝馬

芝短距離ならお任せ
苦労人騎手に初GIをプレゼント

スリープレスナイト

父 クロフネ
母 ホワットケイティーディド　母の父 Nureyev
生まれ 2004年2月7日　性別 牝　毛色 鹿毛

調教師：橋口弘次郎
馬主：サンデーレーシング
生産者：ノーザンファーム
獲得賞金：3億7316万5000円
通算成績：18戦9勝
主なGI級勝鞍：スプリンターズS
JRA賞：最優秀短距離馬(08)

デビュー3戦目、2007年2月の3歳未勝利戦を圧勝してからダート短距離路線を歩み、5月から7月までの間に3連勝してオープン入り。4歳時にオープン特別の京葉Sと栗東Sを連勝した後、ついに重賞初挑戦。ただ、そのレースは短距離戦とはいえ、芝GⅢのCBC賞だった。

伝説の瞬間

17年目・上村騎手とともにGI初制覇 スプリント戦は連対率100%

芝のレースに出走するのはデビュー1、2戦目に2着、3着に敗れて以来、約1年5か月ぶり。芝の初勝利が重賞初勝利という最高の結果を残したが、それはスリープレスナイトにとって、芝短距離路線での快進撃の始まりに過ぎなかった。

1番人気で迎えた北九州記念は2馬身差の快勝。GI初挑戦のスプリンターズSでも、他のGI実績馬を差し置いて1番人気に支持された。その期待に応え、主戦を務める上村洋行騎手とともにGI初制覇を達成。デビュー17年目、目の病気を患い、引退寸前まで追い込まれたこともある上村騎手の渾身の騎乗となった。

翌年は高松宮記念とセントウルSで2着後、屈腱炎を発症。1200mに限れば芝・ダート合わせて12戦9勝2着3回、連対率100%をマークした注目のスプリンターは、惜しまれながらターフを去った。

※産駒はJRA重賞未勝利

2007年、ダービーでのウオッカ(中央黒帽)[©T.MURATA]

調教師：角居勝彦
馬主：谷水雄三
生産者：カントリー牧場
獲得賞金：13億3356万5800円
通算成績：26戦10勝
主なGI級勝鞍：阪神JF、日本ダービー、安田記念(08・09)、天皇賞(秋)、ヴィクトリアマイル、ジャパンC
JRA賞：最優秀2歳牝馬(06)、特別賞(07)、年度代表馬(08・09)、最優秀4歳以上牝馬(08・09)

牡牝混合GI優勝馬

史上初の父娘ダービー馬、日本の牝馬として初のジャパンC制覇など記録尽くめ。

ウオッカ

父 タニノギムレット
母 タニノシスター　母の父 ルション
生まれ 2004年4月4日　性別 牝　毛色 鹿毛

父は2002年のダービー馬タニノギムレット。蒸留酒のジンをベースにしたカクテル「ギムレット」よりも、アルコール度数が高くて強い蒸留酒が「ウォッカ」。そこから、同じオーナーの谷水雄三氏が、「父より強くなってほしい」という願いを込めて名付けたのがウオッカである。それを実現するかのように、2006年の阪神ジュベナイルFを勝利すると、陣営は翌年の5大クラシックに登録。牝馬ながら、牡馬相手の三冠に挑戦する可能性も考慮していたのだ。

伝説の瞬間

64年ぶりに牝馬のダービー馬誕生 GⅠ7勝のうち牡牝混合で5勝

3歳2月のエルフィンS、3月のチューリップ賞を連勝して臨んだ桜花賞。ウオッカは、3戦連続となる単勝オッズ1倍台の圧倒的1番人気で迎えられた。ところが、前を行く3番人気ダイワスカーレットを1馬身半とらえ切れず2着。5大クラシックの一冠目を手にすることはできなかった。

桜花賞を勝ったらダービーへ——。陣営が当初思い描いていたプランは崩れてしまったが、迷った末、次走に選んだのはやはりダービーだった。

当日は、重賞3勝馬で皐月賞3着のフサイチホウオー、皐月賞馬ヴィクトリーに次ぐ3番人気。単勝オッズは10・5倍であり、1・6倍のフサイチホウオーが断然の支持を得ていたのは明らかだったが、結果は、17頭の牡馬を迎え撃ち、2着アサクサキングスに3馬身差をつけて完勝。1937年のヒサトモ、1943年のクリフジに続いて史上3頭目、64年ぶりとなる牝馬のダービー馬が誕生するとともに、史上初の父娘によるダービー制覇を達成した。デビューから騎乗してきた四位洋文騎手もまた、初めてダービージョッキーの称号を得ることとなった。

その後も、ウオッカは牡牝混合GⅠへの出走をやめることはなかった。

3歳牝馬として宝塚記念に果敢に挑み、古馬の強豪がひしめく中、1番人気を背負ったものの8着。牝馬三冠ラストとなる秋華賞3着の後、2番人気のジャパンC4着、3番人気の有馬記念11着をもって、3歳シーズンが終了した。

2008年に4歳を迎えると、海外GⅠにも初めて挑戦し、3月のドバイデューティーFで4着。続く牝馬限定のヴィクトリアマイルでは1番人気で2着に敗戦したが、安田記念で3馬身半差の圧勝劇を見せつけ、阪神ジュベナイルF以来となるマイルGⅠ制覇を飾った。そして、天皇賞・秋でも、桜花賞と秋華賞で苦杯をなめさせられたダイワスカーレットとの大接戦の末、ハナ差の勝利をもぎ取っている。

5歳時もまた、ドバイデューティーFに出走して7着に敗れるも、それぞれ単勝オッズ1倍台の1番人気に推されたヴィクトリアマイルと安田記念を連勝。秋競馬のシーズンに入ると、天皇賞・秋3着の後、牝馬としては、1989年のホーリックス以来20年ぶり史上4頭目、日本調教馬に限ると初めてのジャパンC制覇を果たしている。

6歳3月に現役を引退するまでに制したGⅠ7勝のうち、牡牝混合のレースはダービー、天皇賞・秋、ジャパンC各1回、安田記念2回。その5勝すべてが東京競馬場のGⅠというのも特色だが、芝の1600mから2400mまで、性別など関係なく、無類の強さを誇った牝馬。それがウオッカである。

♀ 繁殖牝馬としてのウオッカ

アイルランドのアガ・カーンスタッド・ギルタウンで繋養され、外国産の種牡馬と交配。5番仔までは日本で競走馬として登録され、3番仔タニノアーバンシー（父シーザスターズ）が4勝、4番仔タニノフランケル（父フランケル）も4勝しているほか、小倉大賞典2着、中山金杯3着と芝中距離重賞で活躍。5番仔タニノミッション（父インヴィンシブルスピリット）は1勝のみだが、産駒で初めて新馬勝ちを収め、母が制した阪神ジュベナイルFに出走している。

2007年、桜花賞でウオッカを破って勝利したダイワスカーレット
[©T.MURATA]

牡牝混合GI優勝馬

調教師：松田国英
馬主：大城敬三
生産者：社台ファーム
獲得賞金：7億8668万5000円
通算成績：12戦8勝
主なGI級勝鞍：桜花賞、秋華賞、エリザベス女王杯、有馬記念
JRA賞：最優秀3歳牝馬（07）、最優秀父内国産馬（07）

人気はウオッカだが
確実に連対を果たす崩れない名牝

ダイワスカーレット

父　アグネスタキオン
母　スカーレットブーケ　母の父　ノーザンテースト
生まれ　2004年5月13日　性別　牝　毛色　栗毛

2006年11月の2歳新馬戦でデビュー。出走馬12頭のうち唯一の牝馬だったが、単勝オッズ1.8倍の1番人気に応えて完勝した。続く中京2歳Sでも、翌年の皐月賞で1番人気に支持されることになるアドマイヤオーラに半馬身差をつけて勝利。3歳1月のシンザン記念では、アドマイヤオーラの2着に敗れたものの、のちのスプリントGI2勝馬ローレルゲレイロを3着に退け、デビュー当初から牡馬と互角に戦える力を見せつけている。

伝説の瞬間

ウオッカとのライバル対決は5戦3勝 連対率パーフェクトのGI4勝馬

次に出走したレースはチューリップ賞。デビュー4戦目にして初めて1番人気の座を譲ることになったが、その相手は前年のJRA賞最優秀2歳牝馬を受賞したウオッカ。その後何度も激闘を演じることになるライバルとの初対決は、クビ差の2着に終わった。

桜花賞でも1番人気はウオッカだったが、2番人気に推されたのは、桜花賞トライアルのフィリーズレビューを圧勝してきたアストンマーチャンであり、ダイワスカーレットは3番人気に甘んじることとなった。しかし、外目の3番手で先行し、残り200mあたりでアストンマーチャンを抜き去ると、ウオッカの追撃をしのいで快勝。ライバルに対して前走のリベンジを

Daiwa Scarlet

果たすとともに、牝馬三冠の一冠目を獲得した。

次の照準に定めたオークスは、ウオッカがダービー参戦を表明したこともあり、競馬ファンの間では〝ダイワスカーレット一強〟のムードが漂っていた。ところが、レース3日前、感冒のために出走回避を余儀なくされ、牝馬三冠制覇の夢は絶たれた。

秋はローズSで逃げ切り勝ちを収めた後、予定通り、秋華賞に駒を進めた。当日の1番人気は桜花賞と同じくウオッカであり、ダイワスカーレットは2番人気。ただ、単勝オッズは2・7倍と2・8倍という僅差でしかなく、レースでも持ち前の先行力を駆使した末、2着レインダンスと3着ウオッカを0秒2突き放して完封した。オークス回避は残念だったが、桜花賞馬が秋華賞を制したのは2003年のスティルインラブ以来4年ぶり、史上4頭目の記録である。

次走エリザベス女王杯で牝馬GI連勝を飾った後に参戦したのが、暮れの有馬記念。大半が年上の実力ある牡馬だったため5番人気にとどまったが、マツリダゴッホの2着に入り、3歳牝馬ながら、すでに引けを取らない力を持っていることを証明した。ちなみに、同じく出走したウオッカは3番人気に支持されたものの、11着に敗れている。

4歳時は、4月の大阪杯を快勝するも、脚部不安などに悩まされ、ようやく復帰できたのが約7か月後の天皇賞・秋。2番人気に推されたダイワスカーレットは前半5ハロン58秒7というハイペースで逃げ、ゴール直前まで粘った。しかし、最後は1番人気ウオッカに交わされ、わずか2センチのハナ差で敗戦した。結果的にこれが最後のライバル対決となり、対戦成績は5戦3勝。人気が上になることは一度もなかったが、ダイワスカーレットの方が1回多く先着している。

次走の有馬記念では、連覇を狙うマツリダゴッホ、ジャパンC覇者スクリーンヒーローを抑えて1番人気を背負い、2着アドマイヤモナークに1馬身4分の3差をつけて勝利。その後屈腱炎を発症し、現役を引退したダイワスカーレットの戦績は12戦8勝2着4回。人気面では1番人気7回、2番人気3回、3番人気1回、5番人気1回。どのレースでも人気を集め、連対率もパーフェクトだったダイワスカーレットは、常に期待に応えてくれる存在であったのだ。

♀ 繁殖牝馬としてのダイワスカーレット

2番仔ダイワレジェンドが4勝、5番仔ダイワエトワール、6番仔ダイワメモリー、7番仔ダイワクンナナがそれぞれ3勝をマークしている。10番仔まではすべて牝馬だったが、2021年に生まれた11番仔グランスカーレットが初めての牡馬となる。

2010年、天皇賞・秋で牡馬相手のGⅠ初勝利［©T.MURATA］

調教師：松田博資
馬主：サンデーレーシング
生産者：ノーザンファーム
獲得賞金：13億8643万3000円
通算成績：23戦9勝
主なGI級勝鞍：阪神JF、桜花賞、オークス、ヴィクトリアマイル、天皇賞（秋）、ジャパンC
JRA賞：最優秀2歳牝馬（08）、最優秀3歳牝馬（09）、年度代表馬（10）、最優秀4歳以上牝馬（10・11）

牡牝混合GI優勝馬

2歳から5歳まですべての年でGI勝利
当時の現役最強牝馬として君臨

ブエナビスタ

父 スペシャルウィーク
母 ビワハイジ　母の父 Caerleon
生まれ 2006年3月14日　性別 牝　毛色 黒鹿毛

4歳上の半兄は三冠馬ディープインパクトと同世代で皐月賞3着、菊花賞2着のアドマイヤジャパン、2歳上の半兄が重賞3勝馬アドマイヤオーラ。ブエナビスタはデビュー前から評判が高く、2008年10月の2歳新馬戦でも1番人気に推されたが、翌年の皐月賞馬アンライバルド、ダービー2着馬リーチザクラウンに次ぐ3着に敗退。しかし、11月の2歳未勝利戦では単勝オッズ1・2倍の1番人気にしっかりと応え、初勝利を挙げている。

伝説の瞬間

前年の鬱憤を晴らしたジャパンC
史上初となる父娘制覇を達成

阪神ジュベナイルFは出馬投票をした時点では17分の6の抽選対象だったが、無事突破し出走した。結果は、2着ダノンベルベールに騎乗した後藤浩輝騎手が「悔しさも浮かばないほど勝ち馬が強かった。抽選を悔やみますよ」と呆れるくらいの楽勝だった。同レースの母娘制覇も果たしたブエナビスタは、以降、牝馬三冠の王道を主役として走り続けることとなる。

桜花賞は単勝オッズ1・2倍の1番人気、それに対して2番人気のレッドディザイアは14・4倍。その絶大な支持に応え、2着レッドディザイアに半馬身差をつけて快勝した。オークスでもゴール前でレッドディザイアを差し切って勝利し、2007年のダイワスカーレット以来2年ぶりに牝馬二冠を掴んでいる。

秋は凱旋門賞に挑戦するプランも立てられたが、前哨戦として位置づけた札幌記念でまさかの2着になって断念。牝馬三冠の主役は秋華賞へと向かった。ところが、レッドディザイアに及ばず2位入線になったうえ、走行妨害で3着に降着したため、2003年のスティルインラブ以来6年ぶりとなる三冠牝馬の誕生はならなかった。続くエリザベス女王杯では3着、有馬記念で2着。4歳の3月に初めて海外挑戦したドバイシーマクラシックでは2着に敗れている。

古馬や牡馬と対等に戦いながらも、勝ち星が遠かったブエナビスタだが、ヴィクトリアマイルで久しぶりにGIを勝つと、宝塚記念2着を経て、天皇賞・秋でようやく牡馬相手のGIタイトルを手にしている。

しかし、ジャパンCで待ち受けていたのは、秋華賞以来となる降着だった。2位に1馬身4分の3差をつけて1位で入線したものの、走行妨害により、不利を受けたローズキングダムが1着になり、ブエナビスタは2着。GIでの2度の降着は史上初であり、ブエナビスタにとって不名誉な記録を残すこととなった。

そして、それ以降、またもやGIで勝ち切れない日々に突入した。有馬記念で2着、5歳になってからはドバイワールドC8着、ヴィクトリアマイル2着、宝塚記念2着、天皇賞・秋4着と敗戦続き。ジャパンCでは、国内レースでデビューから19戦続いてきた1番人気がついに途切れ、初めての2番人気となった。

しかし、ブエナビスタにとって、もちろんそうしたことは関係なく、国内19戦で上がり3ハロン出走馬中最速を12回記録してきた自慢の末脚を駆使し、史上初となる同レースの父娘制覇を達成している。

約1年1か月ぶりとなる念願の勝利は、前年の2着降着の鬱憤を晴らす結果となったが、初騎乗から4戦目で初勝利を飾り、ウイニングラン直後に涙した岩田康誠騎手の言葉が陣営の気持ちを代弁していた。

「やっとブエナビスタの強さを見せられました。現役最強馬であることを証明できました。まだ勝ったことがなかったので、最高の結果を出せたのが嬉しい」

その後、ブエナビスタはファン投票1位に選出された有馬記念7着をもって現役を引退。当日に中山競馬場で引退式が行われ、ターフを後にしている。

♀ 繁殖牝馬としてのブエナビスタ

2番仔ソシアルクラブは2歳新馬戦でデビュー勝ちを収めた後、母と同じく抽選を突破し、阪神ジュベナイルF出走を果たしている（結果は8着）。3番仔タンタラスは京都牝馬S3着の記録がある。ともに4勝し、現在は繁殖牝馬としての生活を送っている。

2010年、オークスで史上初のGⅠ同着優勝となったアパパネ（中央桃帽）［©T.MURATA］

牝馬三冠を含むGI5勝の現役実績に加え
娘も秋華賞制覇で名血をつなぐ

アパパネ

父 キングカメハメハ
母 ソルティビッド　**母の父** Salt Lake
生まれ 2007年4月20日　**性別** 牝　**毛色** 鹿毛

調教師：国枝栄
馬主：金子真人ホールディングス
生産者：ノーザンファーム
獲得賞金：5億5859万2000円
通算成績：19戦7勝
主なGI級勝鞍：桜花賞、オークス、秋華賞、ヴィクトリアマイル、阪神ジュベナイルF
JRA賞：最優秀2歳牝馬（09）、最優秀3歳牝馬（10）

2009年7月の2歳新馬戦でデビューし、1着馬から5馬身差の3着に敗れた。しかし、10月の2歳未勝利戦で2馬身差の初勝利をマークすると、赤松賞では2着馬を2馬身半突き放して連勝し、オープン入りを果たしている。次に臨んだレースは、母ソルティビッドが2002年に参戦し、17着に大敗した阪神ジュベナイルF。金子真人オーナー、国枝栄調教師、蛯名正義騎手という、母とまったく同じ布陣でGⅠに初めて挑戦することとなった。

伝説の瞬間

阪神JFと牝馬三冠全勝は史上初 金子オーナーはクラシック完全制覇

レース当日は、新潟2歳Sを勝利したシンメイフジが1番人気で、アパパネは2番人気。ただ、1番人気から5番人気までが単勝オッズ3倍台から8倍台に集中していた。その大混戦を断ち切ったのがアパパネであり、ダービー馬の父キングカメハメハに種牡馬入り後初となるGⅠ制覇をプレゼントした。

3歳3月のチューリップ賞は、デビュー5戦目で初めての1番人気に支持されたが、4分の3馬身差の2着に敗戦。桜花賞でもまた1番人気の評価を得たアパパネは、道中4、5番手で先行し、最後は逃げ粘ろうとする3番人気オウケンサクラをとらえ、今度はしっかりと人気に応えている。

続くオークスは、阪神ジュベナイルFと同じく大混戦となった。またもや1番人気から5番人気までの単勝オッズが3倍台から8倍台であり、アパパネは3・8倍の1番人気だった。3歳牝馬18頭が、雨が降りしきる東京競馬場の稍重馬場を駆け抜ける中、最後は、残り2000mから2頭で激しい叩き合いを繰り広げたアパパネと5番人気サンテミリオンが並びながらゴール。12分にも及ぶ写真判定の末、JRAのGI史上初となる1着同着が確定した。これにより、2004年にキングカメハメハでダービー、2005年にディープインパクトで三冠を制している金子オーナーは、アパパネで桜花賞とオークスの牝馬二冠も獲得。クラシック完全制覇という偉業を達成している。

ローズS4着から臨んだ秋華賞でもアパパネは1番人気に支持され、牝馬三冠すべてで1番人気を背負うこととなった。結果は、ファンの期待を裏切ることなく、ローズSで敗れたアニメイトバイオを4分の3馬身抑えて勝利した。三冠牝馬の誕生は2003年のスティルインラブ以来7年ぶり、史上3頭目となるとともに、阪神ジュベナイルFと牝馬三冠全勝という記録は史上初の快挙である。

その後、古馬を相手に1番人気に推されたエリザベス女王杯で3着、牡馬の強豪と対戦した4歳春のマイラーズCで4着。そして迎えたヴィクトリアマイルは、1番人気ブエナビスタの単勝オッズが1・5倍、2番人気アパパネが4・1倍、3番人気以降は二桁台以上という、前年の年度代表馬と三冠牝馬の〝二強対決〟となった。そして、1着と2着にもこの二強が入ったが、クビ差をつけて先着したのは三冠牝馬の方だった。この結果、アパパネはブエナビスタと並ぶGI5勝目をマークしている。

しかし、それ以降はなかなか勝ち星に恵まれず、2012年9月、屈腱炎発症により、競走馬登録を抹消し、繁殖入りしている。

♀ 繁殖牝馬としてのアパパネ

4番仔まではGI7勝馬ディープインパクトを父に持つため〝12冠ベビー〟と呼ばれ、初仔モクレレが4勝、2番仔ジナンボーも4勝し、新潟記念2着2回。3番仔ラインベックはオープン特別の東風Sを含め5勝している。4番仔アカイトリノムスメは初めての牝馬であり、アパパネの馬名の由来が「ハワイに生息する赤い鳥の名前」ということから命名された。2021年2月のクイーンCで産駒初の重賞勝利を飾り、母と同じく牝馬三冠にすべて出走。桜花賞4着、オークス2着を経て、ついに三冠目を奪取し、史上初となる母娘による秋華賞制覇を達成している。

2012年、高松宮記念では僚馬ロードカナロアなどを下して制覇 [©T.MURATA]

調教師：安田隆行
馬主：鈴木隆司
生産者：社台ファーム
獲得賞金：4億180万1000円
通算成績：18戦9勝
主なGI級勝鞍：スプリンターズS、高松宮記念
JRA賞：最優秀短距離馬（11）、最優秀4歳以上牝馬（12）

牡牝混合GI優勝馬

重賞4連勝目でGIゲット
短距離の名門厩舎の先駆け

カレンチャン

父 クロフネ
母 スプリングチケット　母の父 トニービン
生まれ 2007年3月31日　性別 牝　毛色 芦毛

現役通算で18レースに出走し、そのうち16レースが1200m、残り2レースが1400m。一貫してスプリント路線を歩んだカレンチャンは、2009年12月の2歳新馬戦でデビューし、2着に敗れた後、明けて3歳1月の未勝利戦で初勝利を飾っている。この2戦はダートだったが、以後、引退するまで芝のレースで走り続けた。デビュー3戦目の萌黄賞で早くも2勝目をゲット。フィリーズレビューで重賞に初めて挑戦し、8着に敗れている。

伝説の瞬間

世界的な名スプリンターに勝利
池添騎手とのコンビでGI連覇

桜花賞への切符を掴むことができなかったカレンチャンの次走は、3歳オープン特別の葵S。クビ差の2着に惜敗してしまったが、初騎乗の池添謙一騎手は、のちにカレンチャンの引退式でのインタビューでこのように話している。

「葵Sでは2着でしたが、すごくいい馬だと思い、上の条件まで行けると感じました。『ずっと乗せてほしい』と安田翔伍調教助手（現調教師）に言ったのを覚えています」

こうして、カレンチャンと池添騎手の名コンビが誕生し、スプリント路線で快進撃を続けていくことになった。次走の潮騒特別を勝利すると、伏見S3着をは

Curren Chan

さんで、4歳2月の山城Sで、他の競馬場で先約があった池添騎手の代わりに一度だけ騎乗した川田将雅騎手を背に圧勝し、オープン入り。池添騎手に再び手綱が戻った阪神牝馬Sでも、1番人気に応え、重賞初制覇を果たしている。

戦いの舞台を北海道に移した夏は、7月の函館スプリントSと8月のキーンランドCに出走。ともに1番人気を背負い、GⅢを連勝した。そして、ついに向かったのが、JRAの芝スプリント路線の頂点のひとつ、スプリンターズSである。

当時、このレースは例年以上に大きな注目を集めていた。その理由は、21戦17勝2着4回、この年に限ると5連勝中の世界的な名スプリンター・ロケットマンがシンガポールから参戦するからだ。

それを証明するかのように、ロケットマンは単勝オッズ1・5倍の1番人気。2番人気は重賞3勝馬ダッシャーゴーゴーで6・4倍、カレンチャンは3番人気でありながら11・2倍という評価に過ぎなかった。

しかし、ロケットマンが4着、ダッシャーゴーゴーが11着に敗退した一方、頂点を極めたのはカレンチャンだった。山城Sから5連勝、重賞としては4連勝となる白星でスプリントGIの歴史に名を刻んだ。

5歳の春はオーシャンSから始動し、1番人気に推されるも4着。高松宮記念では、前年12月の香港スプリント5着からの連敗も影響したのか、重賞連勝中の僚馬ロードカナロアが1番人気、2011年度のJRA賞最優秀短距離馬カレンチャンは2番人気に甘んじることとなった。だが、レースでは、道中2番手で先行し、残り300mあたりで先頭に立つと、2着サンカルロ、3着ロードカナロアをそのまま抑えてゴール。スプリンターズSに続き、JRAのスプリントGIを連覇している。

秋はセントウルS4着を経て、スプリンターズSに出走した。GIで初めて1番人気に支持され、3連覇を目指したが、2番人気ロードカナロアに外から力強く差されて、4分の3馬身差の2着。このレースを機に、国内のみならず香港のスプリントGIも席巻することになる厩舎の後輩に、この路線の主役のバトンを渡すこととなった。

そして、12月の香港スプリント7着をもって引退。2013年1月に京都競馬場で引退式を行っている。

♀ 繁殖牝馬としてのカレンチャン

2番仔の牝馬カレンモエが4勝してオープン入りし、3戦連続で1番人気に支持された京阪杯、オーシャンS、函館スプリントSでそれぞれ2着。現役を引退した後、繁殖入りしている。

2014年の有馬記念で有終の美を飾ったジェンティルドンナ［©T. MURATA］

調教師：石坂正
馬主：サンデーレーシング
生産者：ノーザンファーム
獲得賞金：17億2603万400円
主なGI級勝鞍：桜花賞、オークス、秋華賞、ジャパンC（12・13）、ドバイシーマC、有馬記念
JRA賞：最優秀3歳牝馬（12）、最優秀4歳以上牝馬（13・14）、年度代表馬（12・14）

牡牝混合GI優勝馬

娘ジェラルディーナがGI制覇
母としても優秀な最強牝馬

ジェンティルドンナ

父 ディープインパクト
母 ドナブリーニ　母の父 Bertolini
生まれ 2009年2月20日　性別 牝　毛色 鹿毛

ジェンティルドンナは、父ディープインパクトの2年目産駒の中で最も実績を残したと言える名牝。2011年11月の2歳新馬戦でデビューし、2着に敗戦したが、続く2歳未勝利戦では、3馬身半差の楽勝で初白星を挙げた。年明け初戦、3歳1月にはシンザン記念に出走し、デビュー3戦目で重賞初挑戦。2着馬に1馬身4分の1差をつけて快勝し、1999年のフサイチエアデール以来13年ぶりとなる、牝馬によるシンザン記念制覇を決めている。

伝説の瞬間

ディープインパクト産駒の中では最多 牝馬三冠、JC連覇を含めGⅠ7勝

チューリップ賞4着から臨んだ桜花賞は、前年の阪神ジュベナイルFを制した2歳女王ジョワドヴィーヴルに次ぐ2番人気。その後に、重賞2勝馬アイムユアーズが3番人気、クイーンC覇者ヴィルシーナが4番人気で続いた。結果は、前方で叩き合う2着ヴィルシーナと3着アイムユアーズを外から差して勝利し、クラシックホースの仲間入りを果たした。

桜花賞馬でありながら、前哨戦のフローラS勝ち馬ミッドサマーフェア、桜花賞で下したヴィルシーナよりも下の3番人気で迎えたオークス。しかし、ジェンティルドンナにはそうした評価はまるで関係なく、2着ヴィルシーナを5馬身突き放す圧倒的なパフォーマ

ンスを披露。２００７年にローブデコルテがマークしたレースレコードを1秒7も更新する2分23秒6の好タイムで、牝馬三冠の二冠目も手にしている。

秋シーズンはローズSを楽に勝った後、プラン通り、秋華賞に出走した。牝馬三冠のラストで初めての1番人気、それも単勝オッズ1・3倍で迎えられたジェンティルドンナは、レースでは中団をキープ。途中、最後方からまくってきた15番人気チェリーメドゥーサが大逃げを打ち、場内が騒然とするレース展開になったが、最後は、2番手で先行していた2番人気ヴィルシーナとの首の上げ下げ勝負になった末、わずか7センチの差で勝利を収めた。

これにより、ジェンティルドンナは、メジロラモーヌ、スティルインラブ、アパパネに続く史上4頭目の牝馬三冠制覇、さらに三冠馬ディープインパクトを父に持つことから、史上初めてとなる父娘三冠制覇も成し遂げている。

次走は、3歳牝馬ながらジャパンCに果敢に挑戦した。残り２００m地点から1歳上の三冠馬オルフェーヴルとの激しい叩き合いが続き、進路を取るために馬体をぶつけたことがレース後に審議対象になったが、結果はハナ差の1着。3歳牝馬として初めてジャパンCを勝利するとともに、過去の3頭が成し得なかった牝馬三冠馬による牡馬混合GI制覇を果たした。

4歳シーズン以降、ジェンティルドンナは主にGIレースに出走した。4歳シーズンは、ドバイシーマクラシック2着、宝塚記念3着、天皇賞・秋2着と、なかなか1着に手が届かなかったが、続くジャパンCでは史上初となる連覇を達成した。

5歳シーズンを迎えると、ドバイシーマクラシックで前年2着のリベンジ勝利を果たした後、宝塚記念9着、天皇賞・秋2着、3連覇の偉業を目指したジャパンCで4着……。そのため、引退レースの有馬記念では、ゴールドシップ、エピファネイア、ジャスタウェイに次ぐ、生涯初めての4番人気という低評価を受けることとなった。だが、上位人気3頭に先着したうえ、2着トゥザワールドを4分の3馬身離して勝利し、有終の美を飾った。ディープインパクト産駒の中では最多のGI7勝目を挙げたジェンティルドンナは、2年ぶり2度目となるJRA賞年度代表馬に輝いている。

♀ 繁殖牝馬としてのジェンティルドンナ

初仔モアナアネラ（父キングカメハメハ）が通算20戦3勝。3番仔ジェラルディーナ（父モーリス）が、エリザベス女王杯とオールカマーを含め6勝しているほか、有馬記念3着、鳴尾記念2着、小倉記念3着と、芝中距離重賞路線で好成績を残している。

2013年、秋華賞で二冠牝馬になったメイショウマンボ（中央桃帽）［©T.MURATA］

地味だがサンデーサイレンスの血をつなげる
スズカマンボの代表産駒

メイショウマンボ

父 スズカマンボ
母 メイショウモモカ　母の父 グラスワンダー
生まれ 2010年2月25日　性別 牝　毛色 鹿毛

調教師：飯田祐史
馬主：松本好雄
生産者：高昭牧場
獲得賞金：4億3519万5000円
通算成績：31戦6勝
主なGI級勝鞍：オークス、秋華賞、エリザベス女王杯
JRA賞：最優秀3歳牝馬（13）

2012年11月の2歳新馬戦でデビュー勝ちを収めると、翌年2月のこぶし賞で2勝目をマーク。フィリーズレビューで重賞初制覇を果たし、桜花賞では4番人気に支持されるも10着。続くオークスにはクラシック登録をしていなかったため、追加登録料を払って出走した。

伝説の瞬間

牝馬二冠とエリザベス女王杯を勝利 オーナーに捧げた3つの栄冠

桜花賞の大敗を受け、オークスは単勝オッズ28・5倍の9番人気。しかし、メイショウマンボはそんな低評価を覆す走りを見せる。道中は中団、内ラチ沿いをキープし、最後の直線で徐々に外に出すと、残り300mあたりで馬群を抜け出して先頭へ。そして他馬の追撃をしのぎ、そのままゴールした。主戦の武幸四郎騎手は7年ぶりのGI勝利を挙げるとともに、公私にわたって世話になり、騎手として苦しい時期も支えてくれたという松本好雄オーナーの馬でGI初勝利。レース後、オーナーと対面した際に男泣きしている。

ただ、オーナーに捧げた栄冠はこれだけでは終わらなかった。10月の秋華賞で牝馬二冠を手にすると、古馬と初めて対戦したエリザベス女王杯も快勝。メイショウマンボは牝馬限定GI3勝馬となり、2013年度のJRA賞最優秀3歳牝馬に輝いている。

※産駒はJRA重賞未勝利

2014年、桜花賞では上がり3ハロン32秒9の末脚で勝利したハープスター（中央）［©T.MURATA］

牝馬のマツパクこと松田博資厩舎
最後のGI優勝牝馬

ハープスター

父 ディープインパクト
母 ヒストリックスター　母の父 ファルブラヴ
生まれ 2011年4月24日　性別 牝　毛色 鹿毛

調教師：松田博資
馬主：（有）キャロットファーム
生産者：ノーザンファーム
獲得賞金：3億6024万8000円
通算成績：11戦5勝
主なGI級勝鞍：桜花賞
JRA賞：最優秀3歳牝馬（14）

最大の武器はほぼ最後方から繰り出す豪快な末脚。2歳新馬戦、新潟2歳Sを難なく差し切って連勝したが、特に後者では、のちに皐月賞馬になる2着イスラボニータを3馬身突き放して圧勝。しかし、阪神ジュベナイルFではレッドリヴェールにハナ差届かず、初黒星を喫した。

伝説の瞬間

豪快な末脚が最大の武器の桜花賞馬 日本の3歳牝馬として凱旋門賞初挑戦

レッドリヴェールとの再戦となった桜花賞でも、ハープスターは最後方から豪脚を披露。今度はゴール前でレッドリヴェールをきっちりととらえ、雪辱を遂げた。次走のオークスもまた、デビューから6戦連続となる上がり3ハロン出走馬中最速の脚で伸びてきたが、桜花賞3着馬ヌーヴォレコルトからクビ差離れた2着。牝馬二冠を獲得することはできなかった。

陣営が定めた次の目標は、秋華賞ではなく、日本の3歳牝馬による初めての凱旋門賞挑戦。前哨戦の札幌記念を勝利して渡仏したハープスターは、主戦の川田将雅騎手が言う「いつも通りの競馬」で勝負。しかし、後方から追い込んだものの、6着に終わった。その後3戦して未勝利のまま、2015年5月、故障により引退。現在は祖母に名牝ベガを持つ繁殖牝馬として、その血を後世につないでいくことが期待されている。

※産駒はJRA重賞未勝利

2015年、オークスで桜花賞除外の雪辱を果たしたミッキークイーン[©T.MURATA]

3頭中2頭が出走可能だった桜花賞
「たらればが」が話題になった二冠牝馬

ミッキークイーン

父 ディープインパクト
母 ミュージカルウェイ　母の父 Gold Away
生まれ 2012年2月8日　♂♀性別 牝　毛色 鹿毛

調教師：池江泰寿
馬主：野田みづき
生産者：ノーザンファーム
獲得賞金：5億1131万円
通算成績：17戦5勝
主なGI級勝鞍：オークス、秋華賞
JRA賞：最優秀3歳牝馬（15）

2014年12月の2歳未勝利戦で初勝利を挙げ、翌年1月のクイーンCで2着。次走は桜花賞を目指すも、獲得賞金の関係で3頭中2頭が出走可能な抽選の末、除外の憂き目にあった。しかし、忘れな草賞勝利で賞金を加算し、牝馬三冠の第2弾・オークス参戦を確定させている。

伝説の瞬間

桜花賞除外の無念を晴らした二冠牝馬 古馬になってもGI戦線で健闘

「桜花賞に出られなかったのは自分にも責任があると思っていたので、しっかりと結果を出したかった」レース後にこのように話した主戦・浜中俊騎手は、ミッキークイーンに初めて乗ったときからクラシックを意識していたという。そして、実況が「名前の通り、女王の座を掴みました！　樫の女王はミッキークイーンです！」とアナウンスした通り、実際にオークスを制し、桜花賞除外の無念を晴らすこととなった。

秋華賞も勝利し、二冠牝馬の称号を得た後も、4歳時にヴィクトリアマイル2着、エリザベス女王杯3着、5歳時に宝塚記念3着など、GI戦線で健闘。2017年の有馬記念11着を最後に引退した。

♀ 繁殖牝馬としてのミッキークイーン

2番仔ミッキーゴージャスが2023年2月からデビュー2連勝を飾り、母が制したオークスにも出走。

2015年、12番人気でチャンピオンズCを勝ったサンビスタ（中央黒帽）［©T.MURATA］

牡牝混合GI優勝馬

ダートー筋28戦目にして JRA GIを勝利し引退
サンビスタ

父 スズカマンボ
母 ホワイトカーニバル　母の父 ミシル
生まれ 2009年3月18日　性別 牝　毛色 黒鹿毛

調教師：角居勝彦
馬主：ヒダカ・ブリーダーズ・ユニオン
生産者：グランド牧場
獲得賞金：1億9105万7000円
通算成績：28戦11勝
主なGI級勝鞍：チャンピオンズC、JBCレディスクラシック
JRA賞：——

父は春の天皇賞馬、母はフェアリーSの勝ち馬だが、デビューから一貫してダートレースに出走。2014年の5歳2月に5勝目を挙げてオープン入りを果たすと、牝馬限定の地方交流重賞に目を向け、11月のJBCレディスクラシックで地方交流GI初制覇を果たしている。

伝説の瞬間

6歳12月にして牡馬の強豪を一蹴 牝馬初のJRAダートGI制覇

その後、JRAのダートGIにも果敢に挑戦。12月のチャンピオンズCで15番人気ながら1着から0秒4差の4着に入ると、翌年2月のフェブラリーSで7着に敗れたものの、同じく0秒4差でしのいでいる。

そして、地方交流重賞で好成績を残しながら迎えた6歳12月のチャンピオンズC。サンビスタに下されたのは、12番人気という低評価だった。しかし、初騎乗のミルコ・デムーロ騎手を背に、単勝オッズ3倍台に支持されたコパノリッキー、ホッコータルマエ、ノンコノユメという3強の牡馬を一蹴。牝馬として史上初のJRAダートGI制覇を達成した。

♀繁殖牝馬としてのサンビスタ

母と同じようにダート路線で活躍しているのがジレトール。2022年の3歳時に昇竜Sと端午Sで2着、翌年5月の欅Sでも2着という成績を残している。

2015年、ジャパンCを4番人気で快勝したショウナンパンドラ(中央橙帽)[©T.MURATA]

1
牡牝混合GI優勝馬

父ディープ+母父フレンチデピュティ
好相性配合の代表牝馬

ショウナンパンドラ

父 ディープインパクト
母 キューティゴールド　母の父 フレンチデピュティ
生まれ 2011年3月10日　♂♀性別 牝　毛色 鹿毛

調教師：高野友和
馬主：国本哲秀
生産者：社台コーポレーション白老ファーム
獲得賞金：6億768万8000円
通算成績：18戦5勝
主なGI級勝鞍：秋華賞、ジャパンC
JRA賞：最優秀4歳以上牝馬(15)

3歳1月、デビュー2戦目となる3歳未勝利戦で初白星を挙げた後、3歳牝馬限定のオープン特別と重賞に3戦続けて参戦し、すべて1番人気に支持されたが、エルフィンS2着、フラワーC5着、スイートピーS5着。春の牝馬二冠への出走は叶わなかった。5月のカーネーションC2着を経て、初めての古馬との対戦となった糸魚川特別で1番人気を背負い、2着馬を2馬身半突き放して圧勝。デビュー7戦目にして2勝目をマークしている。

伝説の瞬間

秋華賞で樫の女王を下して初戴冠
牡馬の強敵を相手にジャパンCも勝利

次に駒を進めたレースは秋華賞トライアルの紫苑S。1番人気ショウナンパンドラは5番人気レーヴデトワールにクビ差届かず、2着に敗れたが、優先出走権を獲得し、牝馬三冠のラストに望みをつないだ。

本番の秋華賞では、前哨戦のローズSを快勝した樫の女王ヌーヴォレコルトに人気が集中し、単勝オッズ1・5倍。そして、やや離された7・2倍の2番人気が阪神ジュベナイルF覇者レッドリヴェール、10・1倍の3番人気がショウナンパンドラだった。

前半5ハロン58秒0というハイペースの中、終始、中団のインコースをキープしたショウナンパンドラは、最後の直線でもインコースにこだわるレース運び。残り200mあたりで馬群から抜け出すと、外から猛追してきたヌーヴォレコルトをクビ差振り切って勝利。二冠牝馬誕生を阻止するとともに、自らが初戴冠を果たしている。

その後はエリザベス女王杯6着、翌2015年の4歳初戦の大阪杯9着、ヴィクトリアマイル8着……。立て続けに年上の牝馬や牡馬の厚い壁に跳ね返されることとなった。

ところが、その3レースよりも明らかに出走馬のレベルが高かったと言える宝塚記念では、大健闘の走りを見せている。同レース3連覇がかかったゴールドシップをはじめとしたGI実績馬が数多く名を連ねる中、ショウナンパンドラは単勝オッズ99・2倍の11番人気。デビュー以降、ここまで低い評価を受けるのは初めてだったが、そんなことはまるで関係なく、1着ラブリーデイ、2着デニムアンドルビーに次ぐ3着に入り、大波乱を演出した。

秋はオールカマーから始動し、2着ヌーヴォレコルトを抜き去って1馬身半差の快勝。牝馬としては、1997年のメジロドーベル以来18年ぶりとなる白星を掴み、宝塚記念3着がフロックではなかったことを証明した。これにより優先出走権を得たショウナンパンドラは天皇賞・秋に参戦。しかし、15番枠から発走し、外を回されたことも影響したのか、最後の直線で上がり3ハロン出走馬中最速タイの末脚を繰り出すも、1着ラブリーデイから0秒2差の4着に敗戦した。

さらに、次走のジャパンCの枠順も、またもや15番枠。当時、鞍上の池添謙一騎手はレース後のインタビューでこのように語っている。

「『競馬の神様からまた同じ枠でちゃんと乗れるかどうかを試されている。ここはしっかり自分の持っている物をすべて出そう』と思って、レースに臨みました。最後は、2走負けているラブリーデイが前にいましたが、東京は直線が長いので『交わしてくれ！　交わしてくれ！』と一生懸命追っていました」

この言葉通り、池添騎手に導かれ、ゴール直前で2着ラストインパクト、3着ラブリーデイを差し切ったショウナンパンドラは、国内最高峰の中距離GIでついに牡馬の強敵を倒し、自身2度目のGIタイトルを掴み取ることとなった。勝てばJRA賞年度代表馬受賞の可能性も残していた有馬記念は、万全の体調ではなかったため、やむなく回避したが、JRA賞最優秀4歳以上牝馬に輝いている。

5歳シーズンは、4月の大阪杯、5月のヴィクトリアマイルでともに3着。故障により6月の宝塚記念参戦を断念した後、11月に現役を引退している。

※産駒はJRA重賞未勝利

2016年、ヴィクトリアマイルを連覇して引退したストレイトガール[©T.MURATA]

牡牝混合GI優勝馬

一貫してマイル以下に出走し
GI3勝を射止める

ストレイトガール

父 フジキセキ
母 ネヴァーピリオド
母の父 タイキシャトル
生まれ 2009年3月12日
性別 牝
毛色 鹿毛

調教師：藤原英昭
馬主：廣崎利洋
生産者：岡本牧場
獲得賞金：5億7036万9900円
通算成績：31戦11勝
主なGI級勝鞍：ヴィクトリアマイル（15・16）、スプリンターズS
JRA賞：——

2011年8月の2歳新馬戦でデビューし、11着に大敗したが、連闘で臨んだ2歳未勝利戦では2着馬を1馬身半突き放して初勝利を飾った。だが、その後は5戦連続で1着馬から0秒4以上の着差をつけられる黒星を喫し、馬券圏内に入ることすらできなかった。4か月半の休養をはさんだ3歳6月の500万下条件で2勝目を挙げたが、1000万下条件を3走し、5着、6着、2着。デビューから11戦2勝という成績で3歳シーズンを終えている。

伝説の瞬間

6歳以降にGI3勝の遅咲きの名牝
7歳牝馬によるGI制覇は史上初

4歳シーズンは、9か月半ぶりに復帰したストレイトガールにとって降級戦となる6月の500万下条件からスタートした。そこは2着に敗れたものの、連闘で出走した同条件のレースで2馬身半差の圧勝。藤原英昭調教師の方針だったという長期休養の効果が如実に表れ、それまでが嘘のように、ここからストレイトガールの快進撃が始まった。

1000万下条件と1600万下条件を連闘し、難なく快勝してオープン入りを果たすと、UHB賞も制して4連勝。続くキーンランドCで2着に惜敗し、連勝は途切れたが、12月の尾張Sでオープン特別2勝目をマークしている。

Straight Girl

明けて5歳2月のシルクロードSで重賞初勝利を収めたストレイトガールは、高松宮記念に出走。GI初挑戦ながら1番人気という高い評価を得たものの、不良馬場にも泣かされ、3着。続くヴィクトリアマイルでも3着に敗れている。10月のスプリンターズS2着、12月の香港スプリントで3着と、短距離GI路線で性別や国内外など関係なく、トップレベルの実力を示しはしたが、どうしてもGIウイナーの称号を得ることができなかった。

そして迎えた6歳シーズン。1番人気でまさかの13着に惨敗した高松宮記念の後、ついにその瞬間が訪れる。次に出走したヴィクトリアマイルは、前年のオークスを制し、GI2着2回の実績を持つ2歳下のヌーヴォレコルトが単勝オッズ2・2倍の1番人気。ストレイトガールは前走の結果も影響したのか、14・1倍の5番人気にとどまった。

しかし、大逃げを決めたミナレットが粘りに粘る中、2番手をキープしていたケイアイエレガントがゴール前で差し、勝負が決したと思われた瞬間、好位につけた馬の中から唯一突っ込んできたのがストレイトガール。最後はアタマ差交わし、通算26戦目、6歳5月にして初めて栄冠に輝いている。ちなみに、5、12、18番人気という順で決着した3連単の配当は2070万5810円。2023年9月末時点で、今もなお、GIにおける史上最高払戻額である。

さらに10月のスプリンターズSも制し、芝1200mを主戦場にしていたストレイトガールにとって、念願のスプリントGIのタイトルを獲得した。続く香港スプリントを引退レースとし、繁殖入りする予定だったが、9着に敗れた結果を受け、陣営は撤回。7歳シーズンも現役を続けることを決断した。

阪神牝馬S9着の後、7番人気で臨んだヴィクトリアマイル。前年の二冠牝馬で3歳下のミッキークイーン、前年のジャパンCを制した2歳下のショウナンパンドラが1番人気と2番人気に推される中、残り200m地点を先頭で通過したストレイトガールは、追い込んできたこの2頭を0秒4差で完封。同レースを連覇するとともに、史上初の7歳牝馬によるGI制覇という快挙を成し遂げた。このレースを最後に引退したが、GI3勝はすべて6歳5月以降の記録であり、まさに遅咲きの名牝と言っていいだろう。

♀ 繁殖牝馬としてのストレイトガール

イギリスで繁殖生活を始め、1番仔と2番仔は現役時代14戦全勝のイギリスの名馬フランケルと交配。2番仔を受胎中に帰国し、3番仔から5番仔は日本の種牡馬と交配し、出産している。

２０１６年、強豪牡馬がそろった宝塚記念を８番人気で制したマリアライト[©T.MURATA]

牡牝混合GI優勝馬

調教師：久保田貴士
馬主：キャロットファーム
生産者：ノーザンファーム
獲得賞金：4億1395万8000円
通算成績：20戦6勝
主なGI級勝鞍：エリザベス女王杯、宝塚記念
JRA賞：最優秀4歳以上牝馬（16）

史上3頭目の牝馬による宝塚記念制覇

マリアライト

父　ディープインパクト
母　クリソプレーズ
母の父　エルコンドルパサー
生まれ　2011年2月19日
性別　牝
毛色　黒鹿毛

父は名種牡馬ディープインパクト。１歳上の半兄はダートＧⅠ２勝、２着４回のクリソライト、１歳下の半弟は神戸新聞杯１着、菊花賞３着のリアファル、そして５歳下にはダートＧⅠ４勝馬の半弟クリソベリルもいる良血牝馬。２歳時から期待が大きかったが、体質の弱さなどもあり、２０１４年１月の３歳新馬戦でデビュー。見事勝利を収めた後、４戦目の５００万下条件で、このレースから主戦騎手となる蛯名正義騎手を背に２勝目を掴んでいる。

伝説の瞬間

重賞３戦目での初制覇はＧⅠの大舞台 宝塚記念で断然人気の二冠馬も撃破

１０００万下条件に昇級後は３着、３着、５着、３着。なかなか勝ち切れない中、４歳３月の潮来特別で３馬身差の楽勝を飾ると、１６００万下条件の緑風Ｓでも１馬身４分の１差で連勝し、ついにオープン入りを果たした。そして、関西初遠征、重賞初挑戦となったマーメイドＳでは１番人気として迎えられたが、８番人気シャトーブランシュにゴール直前で差し切られ、２着に惜敗している。

秋初戦は９月のオールカマーに出走した。５着に終わったが、１着は前年の秋華賞馬ショウナンパンドラ、２着は前年のオークス馬ヌーヴォレコルト、３着は前年の福島記念勝ち馬ミトラ、４着はＧⅠ２勝馬ロゴタイプ。重賞2戦目にして、実力馬相手でも十分善戦できる手応えを陣営に感じさせたマリアライトは、エリザベス女王杯へと向かった。

道中、中団でレースを進めた6番人気マリアライトは、4コーナー6番手で馬群の外を回るとアクセル全開。残り２００ｍを過ぎたあたりで先頭に立ち、さらに外から追い込んできた1番人気ヌーヴォレコルトをクビ差しのいで優勝した。重賞初制覇をGIの大舞台で飾るとともに、主戦・蛯名騎手にとっては牝馬限定GI完全制覇を達成する1勝となった。

次走はファン投票で11位に選ばれた有馬記念。マリアライトは単勝オッズ41・5倍の12番人気という人気薄だったが、1着ゴールドアクターと2着サウンズオブアースから0秒1差、3着キタサンブラックとはタイム差なしの4着に入る大健闘の走りを見せた。なお、3番人気リアファルとの姉弟対決も注目されたが、リアファルは16着に敗れている。

5歳3月の日経賞は、1着と2着が有馬記念と同じ着順になったゴールドアクター、サウンズオブアースに次ぐ3着。目黒記念では1番人気に推されたものの、クビ差の2着に惜敗している。

宝塚記念に駒を進めたマリアライトは、GI馬でありながら、単勝オッズ25・1倍の8番人気だった。ただ、1・9倍の断然1番人気に支持された前年の二冠馬ドゥラメンテをはじめ、前年の菊花賞とこの年の天皇賞・春を制した2番人気キタサンブラック、前走の大阪杯でGI馬数頭を一蹴した3番人気アンビシャス、GI2勝馬の4番人気ラブリーデイなど、牡馬の強豪が揃い踏みしていただけに、無理もなかったのかもしれない。

しかし結果は、ゴール直前まで逃げ粘るキタサンブラックを外から差し切ったマリアライトが、後ろから強襲してきたドゥラメンテもクビ差抑えて撃破。低評価などものともせず、２００５年のスイープトウショウ以来11年ぶり、史上3頭目となる牝馬による宝塚記念制覇を成し遂げている。

秋シーズンは、オールカマー5着を経て、連覇を狙ったエリザベス女王杯で1番人気を背負ったものの、6着。続く有馬記念は10着に敗戦している。

その後、２０１７年1月に競走馬登録を抹消し、繁殖牝馬としての生活をスタートさせている。

♀ 繁殖牝馬としてのマリアライト

初仔オーソクレースが、２０２０年8月の2歳新馬戦、10月のリステッド競走・アイビーSを連勝。重賞は、GIの菊花賞とホープフルSでそれぞれ2着、セントライト記念で3着という記録を残している。

2016年、NHKマイルCを制したメジャーエンブレム［©T.MURATA］

調教師：田村康仁
馬主：サンデーレーシング
生産者：ノーザンファーム
獲得賞金：2億4310万7000円
通算成績：7戦5勝
主なGI級勝鞍：阪神ジュベナイルフュリーズ、NHKマイルC
JRA賞：最優秀2歳牝馬（15）

牡牝混合GI優勝馬

わずか7戦でターフを去ったが
GI2勝の快速牝馬

メジャーエンブレム

父 ダイワメジャー
母 キャッチータイトル　母の父 オペラハウス
生まれ 2013年3月26日　♂♀性別 牝　毛色 栗毛

抜群のスピード能力で楽に先行し、他馬を寄せつけず勝ち切るレーススタイルが特徴。2015年の阪神ジュベナイルFでも4コーナーで先頭に立つと、そのまま2馬身差をつけて楽勝。鞍上のクリストフ・ルメール騎手に、JRA所属後初めてのGIタイトルをプレゼントした。

伝説の瞬間

楽に先行できる抜群のスピード能力 持ち味をいかんなく発揮し、GI2勝

3歳初戦、2月のクイーンCで5馬身差の逃げ切り勝ちを収めたこともあり、桜花賞は単勝オッズ1・5倍の1番人気。誰もが、いつものレーススタイルによる勝利を思い描いたことだろう。ところが、ゲートが開くとすぐに躓き、道中は終始7番手。見せ場をつくることなく、4着に敗れてしまった。

次に駒を進めたのはオークスではなく、距離適性を重視したNHKマイルC。再び1番人気に支持されたメジャーエンブレムは、今度はスタートダッシュを決め、すんなりとハナに立つ。そして、好位で追走してきた馬たちを残り300mあたりで突き放すと、後方に位置した馬たちの追い込みもしのいで完勝。持ち味をいかんなく発揮し、GI2勝目を手にした。

その後、脚部不安により引退を余儀なくされたメジャーエンブレムは、現在繁殖生活を送っている。

※産駒はJRA重賞未勝

2017年、NHKマイルCを制したアエロリット［©T.MURATA］

牡牝混合GI優勝馬

前年覇者にならって
桜花賞からNHKマイルC直行でV

アエロリット

父 クロフネ
母 アステリックス
母の父 ネオユニヴァース
生まれ 2014年5月17日
性別 牝
毛色 芦毛

調教師：菊沢隆徳
馬主：サンデーレーシング
生産者：ノーザンファーム
獲得賞金：4億9764万8900円
通算成績：19戦4勝
主なGI級勝鞍：NHKマイルC
JRA賞：——

2016年6月の2歳新馬戦でデビュー勝ち。サフラン賞2着の後、明け3歳で出走したフェアリーSとクイーンCでも連続で2着。桜花賞は5着に敗れたが、レース後、横山典弘騎手は「まだ何かを持っています。その分、変わり身はありそうです」というコメントを残している。

伝説の瞬間

牝馬によるNHKマイルC連覇 4歳以降も牡馬相手に真っ向勝負

NHKマイルCは上位人気4頭の単勝オッズがひと桁、それも5倍から7倍台という大混戦。その中で、アエロリットは5・8倍の2番人気だった。レースは16番枠から好スタートを切った後、外を回って先行しながら、鞍上の言葉通りの能力を見せつけて快勝。前年のメジャーエンブレム同様、桜花賞から参戦した牝馬が2年連続でNHKマイルCを制した。

続くクイーンSでも、ヴィクトリアマイル覇者アドマイヤリードをはじめとした年上の牝馬に完勝。秋華賞は1番人気で7着に敗れたが、4歳を迎えると、中山記念と安田記念で2着。その後勝利した毎日王冠からは逃げを貫き、5歳時に安田記念2着、天皇賞・秋3着。結局GIは1勝で終わったものの、古馬になってもなお、牡馬を相手に真っ向勝負し、決して引けを取らなかったのがアエロリットである。

※産駒はJRA重賞未勝利

２０２０年、引退レースとなったジャパンCを制したアーモンドアイ
[©T.MURATA]

調教師：国枝栄
馬主：シルクレーシング
生産者：ノーザンファーム
獲得賞金：19億1526万3900円
通算成績：15戦11勝
主なGI級勝鞍：桜花賞、オークス、秋華賞、ジャパンC（18・20)、ドバイターフ、天皇賞・秋(19・20)、ヴィクトリアマイル
JRA賞：最優秀3歳牝馬（18)、最優秀4歳以上牝馬(20)、年度代表馬(18・20)

牡牝混合GI優勝馬

GI9勝、史上最高牝馬
三冠馬対決を制して繁殖へ

アーモンドアイ

父 ロードカナロア
母 フサイチパンドラ　母の父 サンデーサイレンス
生まれ 2015年3月10日　♂♀性別 牝　毛色 鹿毛

現役時代にGⅠ6勝を記録した種牡馬ロードカナロアの初年度産駒の1頭であり、母は２００６年のエリザベス女王杯を制したフサイチパンドラ。アーモンドアイはデビュー前から評判が高く、２０１７年8月の2歳新馬戦では単勝オッズ1・3倍の1番人気に推されたものの2着。しかし、10月の2歳未勝利戦で1・2倍という期待の高さに応えて圧勝した後、3歳初戦のシンザン記念では、２０１２年のジェンティルドンナ以来となる牝馬による勝利を収めている。

瞬間の伝説

三冠牝馬がJCで世界レコードを樹立 芝GⅠ勝利数、獲得賞金額は歴代1位

直行した桜花賞の下馬評は、単勝オッズ1・8倍の1番人気が前年の阪神ジュベナイルF覇者ラッキーライラックであり、アーモンドアイは3・9倍の2番人気だった。現役生活で絶えず1番人気に支持されたアーモンドアイにとって唯一の2番人気だが、2着ラッキーライラックを豪快に差し切り、厩舎の先輩、三冠牝馬アパパネの記録を0秒2更新する1分33秒1のタイムでレースレコードを記録。新種牡馬ロードカナロア産駒初のGI馬、それもクラシックホースとなった。

そして、武豊騎手、蛯名正義元騎手に続く史上3人目の牝馬限定GI完全制覇を果たした主戦のクリストフ・ルメール騎手がレース後に「トリプルクラウンを

Almond Eye

考えることができます」と話した通り、アーモンドアイは牝馬三冠路線の主役であり続けた。

単勝オッズ1・7倍の1番人気で臨んだオークスは、2着の桜花賞3着馬リリーノーブルに0秒3差、3着のラッキーライラックには0秒6差をつけて完勝。秋華賞ではさらに期待を一身に背負い、アーモンドアイが1・3倍の1番人気、ラッキーライラックが7・3倍の2番人気、3番人気以降のオッズは10倍以上だった。結果は、逃げ切りを狙った2着ミッキーチャームを、後方から1頭だけ次元が違う豪脚を駆使して抜き去り、ジェンティルドンナ以来6年ぶり、史上5頭目となる牝馬三冠制覇を成し遂げた。

「この馬には三冠すらも通過点！」

ゴールしたアーモンドアイに対して、実況アナウンサーがこんなふうに叫んだが、ルメール騎手の言葉に続き、これもまた現実のものとなった。

次走のジャパンCでは、初対戦となる古馬の実績馬が数多く出走する中、単勝オッズ1・4倍の1番人気に支持され、前年の菊花賞馬キセキを1馬身4分の3差突き放して優勝。芝2400m2分20秒6のタイムは、現在も破られていない世界レコードである。

明けて4歳の3月はドバイターフを制してGⅠ5連勝。帰国後の安田記念は、発走直後に不利を受けたことにより3着に敗れたが、天皇賞・秋では単勝オッズ1・6倍の1番人気アーモンドアイ、3・4倍の2番人気に推された皐月賞馬サートゥルナーリアに人気が集まる中、3馬身差の圧勝を飾っている。

まさかの有馬記念9着を経て、2020年の5歳5月に行われたヴィクトリアマイルで楽勝。前年の雪辱を期した安田記念では、出遅れも影響して2着に敗れた後、天皇賞・秋連覇を達成した。

そして迎えたラストランのジャパンC。2年前の三冠牝馬アーモンドアイ、この年の三冠馬コントレイルと三冠牝馬デアリングタクトが1番人気から3番人気、単勝オッズも2倍台から3倍台に集中するという〝三冠馬対決〟が実現した。結果は、アーモンドアイが2着コントレイルと3着デアリングタクトに0秒2差をつけて勝利し、貫録を見せつけている。

芝GⅠ9勝、獲得賞金19億1526万3900円は、ともに日本競馬史において歴代1位。偉大な記録を残したアーモンドアイは、繁殖牝馬として新たな歴史をつくるために繋養牧場へと旅立った。

♀ 繁殖牝馬としてのアーモンドアイ

2022年1月13日に初仔となる父エピファネイアの牝馬、2023年1月15日に2番仔となる父モーリスの牡馬を出産している。

2019年、引退レースの有馬記念で有終の美を飾ったリスグラシュー［©T.MURATA］

牡牝混合GI優勝馬

調教師：矢作芳人
馬主：キャロットファーム
生産者：ノーザンファーム
獲得賞金：12億1720万100円
通算成績：22戦7勝
主なGI級勝鞍：エリザベス女王杯、宝塚記念、コックスプレート、有馬記念
JRA賞：最優秀4歳以上牝馬（18・19）、年度代表馬（19）

牝馬三冠はいずれも惜敗もGI4勝
引退レースでアーモンドアイに勝利
リスグラシュー

父 ハーツクライ
母 リリサイド
母の父 American Post
生まれ 2014年1月18日
性別 牝
毛色 黒鹿毛

2016年8月の2歳新馬戦では1番人気を背負いながら2着に敗れたが、9月の2歳未勝利戦を4馬身差の圧勝で制し、初勝利をマークした。次走は重賞初挑戦となったアルテミスS。リスグラシューは、全姉にエリザベス女王杯覇者ラキシス、全兄に安田記念覇者サトノアラジンを持つ良血馬フローレスマジックを上回る1番人気に支持された。そして、2番人気フローレスマジックに半馬身差をつけて優勝。デビュー3戦目で重賞初制覇を果たしている。

瞬間の伝説

春秋グランプリ制覇を含め、GI4勝
ラストランの有馬記念で5馬身差圧勝

重賞ウイナーとして参戦した阪神ジュベナイルFは、デビュー2連勝中のソウルスターリングに次ぐ2番人気。レースがスタートすると、18頭立ての大外枠に入っていたリスグラシューは痛恨の出遅れ。いきなり1馬身ほどのロスが生じたうえ、後方からずっと外を回ることを余儀なくされた。最後は上がり3ハロン最速の末脚で猛然と追い込んだが、ソウルスターリングに1馬身4分の1及ばず、2着に敗戦した。

そしてここから、GIで好走はしても勝ち星から見放される日々が始まることになる。

桜花賞は、ソウルスターリングが単勝オッズ1・4倍の断然1番人気だったのに対して、リスグラシューは

Lys Gracieux

3番人気でありながら14・5倍。結果は、3着ソウルスターリングには先着したが、8番人気の伏兵レーヌミノルに半馬身差をつけられ、またもや2着になった。続くオークスでは、最後の直線で馬群に包まれた影響などもあり、勝利したソウルスターリングから0秒8遅れてゴール。7戦目にして初めて馬券圏内を外す5着に終わった。さらに秋華賞は、ゴール前でディアドラに差されて1馬身4分の1差の2着。結局、すべて出走した牝馬三冠のレースで、リスグラシューは栄冠を勝ち取ることはできなかった。

エリザベス女王杯8着の後に休養に入り、4歳シーズンは2月の東京新聞杯で復帰。アルテミスS以来約1年3か月ぶりの白星をようやく挙げることができたが、GⅠで初めて1番人気に推されたヴィクトリアマイルは、4度目のGⅠ2着という結果になった。

そして、GⅡの府中牝馬Sでも2着に敗れた後に駒を進めたエリザベス女王杯。鞍上に香港のジョアン・モレイラ騎手を迎えたリスグラシューは、ついに長いトンネルを抜けることとなった。2着クロコスミアが逃げ粘るところを、ゴール寸前で差し切って優勝。GⅠ8度目の挑戦で初戴冠を果たしたのである。

その後、12月の香港ヴァーズ2着、5歳4月のクイーンエリザベス2世C3着と、香港のGⅠで惜敗し、またもやトンネルに入ったかと思われた。しかし、宝塚記念からオーストラリアのダミアン・レーン騎手とコンビを組んでから覚醒。それまでが嘘のように、3戦続けて、GⅠで圧巻の走りを見せつけている。

菊花賞馬キセキ、ダービー馬レイデオロに次ぐ3番人気に支持された宝塚記念では、2着キセキを3馬身突き放し、史上4頭目の牝馬による制覇を達成。続くオーストラリアのGⅠ・コックスプレートでも1馬身半差で勝ち、海外GⅠのタイトルを初めて獲得した。

そして、ラストランに設定された有馬記念。単勝オッズ1・5倍の圧倒的1番人気アーモンドアイとの初対戦となったが、6・7倍の2番人気リスグラシューは実力を存分に発揮し、2着の皐月賞馬サートゥルナーリアを5馬身ぶっちぎる圧勝劇を披露。史上初の牝馬による同一年の春秋グランプリ制覇を果たした。他馬を寄せつけないGⅠ3連勝で強烈な印象を残し、リスグラシューは現役生活にピリオドを打った。

♀ 繁殖牝馬としてのリスグラシュー

モーリスを父に持つ初仔シュヴェルトリリエ（牡馬）が2023年9月の2歳新馬戦でデビューして3着。2022年4月14日に2番仔となる父ロードカナロアの牝馬、2023年4月7日には3番仔となる父エピファネイアの牝馬が誕生している。

2019年、桜花賞直行ローテーションで勝利したグランアレグリア
[©T.MURATA]

ロードカナロア以来の
短距離GI・年間3勝達成

グランアレグリア

牡牝混合GI優勝馬

父 ディープインパクト
母 タピッツフライ　母の父 Tapit
生まれ 2016年1月24日　性別 牝　毛色 鹿毛

調教師：藤沢和雄
馬主：サンデーレーシング
生産者：ノーザンファーム
獲得賞金：10億7381万3000円
通算成績：15戦9勝
主なGI級勝鞍：桜花賞、安田記念、スプリンターズS、マイルCS（20・21）、ヴィクトリアマイル
JRA賞：最優秀3歳牝馬（19）、最優秀短距離馬（20・21）

2018年6月の2歳新馬戦で2馬身差、10月のサウジアラビアRCでは3馬身半差をつけて連勝。次走は阪神ジュベナイルFではなく、牡馬が相手となる朝日杯フューチュリティSを選択し、紅一点ながら圧倒的1番人気の評価を受けたが、3着に敗戦した。3歳シーズンは桜花賞直行からスタートし、前年のアーモンドアイを0秒4上回る1分32秒7のレースレコードで完勝。平成最後の桜花賞馬として、牝馬三冠の歴史に名を刻むこととなった。

伝説の瞬間

安田記念でアーモンドアイを完封
古馬芝マイルGI完全制覇は史上初

オークスの優先出走権を手にしたグランアレグリアだったが、距離適性を考慮して、NHKマイルCに参戦した。当日は、朝日杯フューチュリティS覇者アドマイヤマーズを抑えて、単勝オッズ1・5倍の1番人気。だが、直線で伸びを欠いて4位に入線したうえ、5位ダノンチェイサーの走行を妨害したことにより5着に降着し、残念な形で3歳の春を終えた。

その後、スプリンターズSとマイルCSへの出走を脚部不安で断念し、ようやく復帰できたのが12月の阪神C。グランアレグリアにとって年上の牡馬との初対戦となったが、3月のダービー卿CTを制している2着フィアーノロマーノを5馬身ちぎる圧巻のパフォー

Gran Alegria

マンスを見せた。

明けて4歳。陣営は、春の出走ローテーションの照準を短距離路線のGⅠ3戦に定めた。高松宮記念2着、ヴィクトリアマイルを熱発で回避した後に向かった安田記念。そこで待ち構えていたのが、前走のヴィクトリアマイルでGⅠ7勝目を挙げ、単勝オッズ1・3倍に支持されたアーモンドアイだった。それに対して、2番人気のマイルGⅠ2勝馬インディチャンプが7・0倍、グランアレグリアは3番人気でありながら12・0倍と、〝アーモンドアイ1強〟と言ってよかった。

ところが、グランアレグリアはその下馬評を見事に覆した。道中は中団をキープし、その後ろを上位人気馬2頭が追走するという展開。そして、残り300mあたりから一気に仕掛け、馬群から馬場の真ん中へ単独で抜け出すと、後方から差してきた2着アーモンドアイを2馬身半、3着インディチャンプをそこからさらに半馬身突き放す完封劇を披露した。桜花賞でレースレコードを塗り替えたグランアレグリアが、初めての直接対決でもアーモンドアイを破ったのである。

秋の始動戦となったスプリンターズSでは、前走とは打って変わって後方に置かれ、4コーナーの段階でまだ15番手。しかし、直線で大外に持ち出したグランアレグリアは、持ち前の豪脚で前を行く14頭をあっさりと抜き去って快勝し、ディープインパクト産駒として初めてスプリントGⅠ勝利を飾っている。

さらに、マイルCSでGⅠ3連勝を決め、2013年のロードカナロア以来、史上2頭目のJRA短距離GⅠ・年間3勝を達成。2020年度のJRA賞最優秀短距離馬に輝いている。

距離延長に挑んだ5歳4月の大阪杯は、重馬場にも泣かされて4着に敗れたが、続くヴィクトリアマイルで4馬身差の大楽勝。これにより、グランアレグリアは、史上初となる古馬の芝マイルGⅠ完全制覇という偉業を成し遂げている。

連覇を狙った安田記念で2着、再び2000mのGⅠに挑んだ天皇賞・秋で3着と、生涯で初めて連敗を喫した後に駒を進めたのは、陣営が引退レースに設定したマイルCS。単勝オッズ1・7倍の1番人気に推されたグランアレグリアは、その期待にしっかりと応え、大外からの差し切り勝ちを収めている。

馬名の意味はスペイン語で「大歓声」。歴代最多となる芝マイルGⅠ5勝目を挙げた〝最強マイラー〟は、まさに大歓声を浴びながらターフを後にした。

♀ 繁殖牝馬としてのグランアレグリア

2022年7月にエピファネイアとの仔の受胎が確認され、翌23年1月24日、牡馬を出産している。

2019年、秋華賞を制したクロノジェネシス[©T.MURATA]

牡牝混合GI優勝馬

桜花賞、オークスは惜敗も秋華賞制覇
古馬になって本格化

クロノジェネシス

父 バゴ
母 クロノロジスト　母の父 クロフネ
生まれ 2016年3月6日　性別 牝　毛色 芦毛

調教師：斉藤崇史
馬主：サンデーレーシング
生産者：ノーザンファーム
獲得賞金：12億473万5400円
通算成績：17戦8勝
主なGI級勝鞍：秋華賞、宝塚記念（20・21）、有馬記念
JRA賞：特別賞（20）

2018年の2歳新馬戦、オープン特別のアイビーSをともに2馬身差で勝利すると、12月の阪神ジュベナイルFに参戦。2番人気に支持され、最後の直線では後方から上がり3ハロン最速の脚を使ったものの、1番人気ダノンファンタジーに半馬身及ばず、2着に惜敗した。明けて3歳の初戦はクイーンCに出走し、1番人気を背負いながら重賞初勝利をマーク。確実に賞金を加算したことによってクラシックロードに乗り、そのまま桜花賞に直行した。

伝説の瞬間

ゴールドシップ以来の宝塚記念連覇
牝馬初のグランプリ3連覇も達成

桜花賞当日はダノンファンタジー、グランアレグリアに次ぐ3番人気。3頭に人気が集中し、3強を形成していたが、結果はグランアレグリアが2着シゲルピンクダイヤを突き放して圧勝し、クロノジェネシスは3着、ダノンファンタジーが4着だった。

2番人気で迎えたオークスでは、終始好位で先行し、残り200m付近で12番人気カレンブーケドールが先頭に立つと、そこを目掛けてインコースから一気に進出。しかし、1番人気ラヴズオンリーユーに外からまとめて差し切られたうえ、カレンブーケドールもとらえ切れず、またもや3着に敗れた。

17年ぶりに桜花賞馬とオークス馬が不在となった秋

華賞は、5番人気までの単勝オッズが一桁台。そうした大混戦を断ち切ったのが、6・9倍の4番人気クロノジェネシスだった。2着の2番人気カレンブーケドールに2馬身差をつけて完勝し、牝馬三冠のラストでついに初戴冠を果たしている。

エリザベス女王杯5着の後は休養に入り、4歳シーズンは京都記念から始動したが、1番人気に応えて優勝し、牡馬の強敵と互角に渡り合える実力の片鱗をうかがわせた。それを証明するかのように、以後クロノジェネシスは、引退するまでの8戦すべてにおいて牡牝混合GⅠに挑み続けることになる。

初参戦となった大阪杯は、前年のエリザベス女王杯でも屈したGⅠ2勝牝馬ラッキーライラックの2着に惜敗。ただ、前年の皐月賞3着、ダービー2着のダノンキングリー、2年前の有馬記念覇者ブラストワンピースといった牡馬に先着する活躍を見せている。

そして、ファン投票6位に選ばれて出走した宝塚記念。前年の皐月賞1着、有馬記念2着のサートゥルナーリアをはじめ、レース史上最多となるGⅠ馬8頭がそろったことに注目が集まったが、それ以上に誰もが目を奪われたのがクロノジェネシスの強さだった。当日の馬場は直前の降雨によって稍重に悪化。道悪巧者にとってはアドバンテージになったのは否めないが、それを差し引いても、2着キセキを6馬身置き去りにした走りは、間違いなく胸を張れるものだろう。

その後、天皇賞・秋3着から臨んだ有馬記念では、ファン投票1位と1番人気の評価を裏切ることなく1着。同一年の春秋グランプリ制覇は史上11頭目、牝馬では前年のリスグラシューに続く史上2頭目となったが、クロノジェネシスがグランプリで打ち立てた記録はこれだけで終わらなかった。

前年の有馬記念と同じく、ファン投票1位と1番人気に支持された5歳6月の宝塚記念。クロノジェネシスは、ゴールに向かって叩き合う2着ユニコーンライオンと3着レイパパレを余裕で差し切り、2馬身半差の勝利を収めた。この結果、2014年のゴールドシップ以来、史上2頭目の宝塚記念連覇、そして、スピードシンボリ、グラスワンダーに次いで史上3頭目、牝馬としては史上初となるグランプリ3連覇を達成している。いまだかつてない4連覇がかかった年末の有馬記念では残念ながら3着に敗れたが、牝馬を代表するグランプリホースとして、クロノジェネシスの名は語り継がれていくことだろう。

♀ 繁殖牝馬としてのクロノジェネシス

有馬記念終了後の引退式を経て繁殖生活に入り、2023年2月15日に父エピファネイアの牝馬が誕生。

2020年、大阪杯を勝ったラッキーライラック[©T.MURATA]

牡牝混合GI優勝馬

あの馬がいなかったら……
2歳女王が4歳秋から復活

ラッキーライラック

父 オルフェーヴル
母 ライラックスアンドレース　母の父 Flower Alley
生まれ 2015年4月3日　性別 牝　毛色 栗毛

調教師：松永幹夫
馬主：サンデーレーシング
生産者：ノーザンファーム
獲得賞金：7億9920万8700円
通算成績：19戦7勝
主なGI級勝鞍：阪神ジュベナイルフィリーズ、エリザベス女王杯(19・20)、大阪杯
JRA賞：最優秀2歳牝馬(17)

ラッキーライラックは、史上7頭目の三冠馬オルフェーヴルが種牡馬入りした初年度産駒の1頭。2017年8月の2歳新馬戦でデビュー勝ちを収めると、10月のアルテミスSも勝利し、9月の札幌2歳Sを制したロックディスタウンに続き、オルフェーヴル産駒2頭目の重賞ウイナーとなった。さらに、ロックディスタウンに次ぐ2番人気に推された阪神ジュベナイルFでデビュー3連勝をマークし、早くも新種牡馬の父にGI初勝利を捧げている。

伝説の瞬間

父オルフェーヴルに捧げたGI初勝利
史上4頭目のエリザベス女王杯連覇

2017年度のJRA賞最優秀2歳牝馬に満票で選出されたラッキーライラックの3歳初戦はチューリップ賞。単勝オッズ1・8倍の1番人気に支持される中、2馬身差で完勝し、無傷の4連勝を飾った。続く桜花賞でもチューリップ賞と同じ1・8倍の1番人気。道中は3番手でレースを進め、残り200mあたりで先頭に立ったときは、2004年のダンスインザムード以来14年ぶりとなる無敗の桜花賞馬誕生かと思わせた。だが、次の瞬間、大外から鋭く伸びてきたのが2番人気アーモンドアイだった。ラッキーライラックは0秒3差の2着となり、初黒星を喫している。

牝馬三冠の残り二冠は、ともに1番人気がアーモンドアイで、ラッキーライラックは2番人気。そして、アーモンドアイが三冠牝馬の称号を得た一方、ラッキーライラックはオークスで0秒6差の3着、秋華賞では0秒8差の9着と、苦杯をなめている。

明けて4歳は2月の中山記念に出走した。ラッキーライラックも含め、前年の皐月賞馬エポカドーロ、前年のマイルCS覇者ステルヴィオなどGI馬5頭が集結したハイレベルな一戦で、前半5ハロン58秒2というハイペースを積極的に2番手で先行。最後はウインブライトに差されて2着に敗れたが、強豪を相手に善戦した走りは今後の飛躍を期待させるものだった。

実際、阪神牝馬Sでは単勝オッズ1・5倍の1番人気、続くヴィクトリアマイルでも4・3倍の1番人気と、高い支持を集めている。しかし、結果は8着と4着。秋初戦の府中牝馬Sでは、同年のヴィクトリアマイル2着馬プリモシーンと人気を分けあって2番人気に推されるも、3着に終わった。

ファンの期待になかなか応えられないまま向かったエリザベス女王杯。ラッキーライラックは、オークス馬ラヴズオンリーユー、秋華賞馬クロノジェネシスに次ぐ3番人気だった。1歳下のGI馬2頭よりも低い評価になったが、レースでは、初騎乗の世界的名手クリストフ・スミヨン騎手を背に躍動。ゴール直前で実況担当のアナウンサーが「2歳女王がよみがえる！ラッキーライラック復活！」と叫んだように、チューリップ賞以来1年8か月ぶりの勝ち星を、2度目のGI制覇という最高の形で挙げることとなった。

ついに復活を遂げたラッキーライラックは、以降、GI戦線で好走を続けた。12月の香港ヴァーズで2着に入った後、5歳4月の牡牝混合GI・大阪杯を勝利。宝塚記念は馬場の悪化も災いして6着に敗れたが、ディフェンディングチャンピオンとして参戦したエリザベス女王杯は堂々の1番人気。そして、その期待にしっかりと応え、メジロドーベル、アドマイヤグルーヴ、スノーフェアリーに続き、史上4頭目となるエリザベス女王杯連覇を果たした。

牝馬三冠すべてをアーモンドアイに奪われながらも、続く有馬記念4着を最後に引退するまでGI4勝。

「残念ながら同世代にアーモンドアイがいたけど、いなかったらレジェンドになっていたと思います」

エリザベス女王杯のレース後に、騎乗したクリストフ・ルメール騎手が残したコメントが、ラッキーライラックのすべてを言い表しているだろう。

♀ 繁殖牝馬としてのラッキーライラック

2022年2月5日、初仔となる父レイデオロの牝馬を出産している。

2020年、オークスを勝ったデアリングタクト（中央黒帽）［©T.MURATA］

63年ぶりの無敗の牝馬クラシック二冠
そして無敗の牝馬三冠は史上初

デアリングタクト

父　エピファネイア
母　デアリングバード　　母の父　キングカメハメハ
生まれ　2017年4月15日　　性別　牝　　毛色　青鹿毛

調教師：杉山晴紀
馬主：ノルマンディーサラブレッドレーシング
生産者：長谷川牧場
獲得賞金：6億4413万2400円
通算成績：13戦5勝
主なGI級勝鞍：桜花賞、オークス、秋華賞
JRA賞：最優秀3歳牝馬（20）

父は、現役時代に2013年の菊花賞と2014年のジャパンCを制し、2016年から種牡馬活動をスタートさせたエピファネイア。その初年度産駒の1頭であるデアリングタクトは、2019年11月の2歳新馬戦でデビューを迎えた。のちに名コンビとして牝馬三冠路線を席巻することになる松山弘平騎手にエスコートされ、1馬身半差の勝利をマーク。さらに、3歳初戦となった2月のエルフィンSでは、2着馬を4馬身突き放して圧勝している。

伝説の瞬間

キャリア最少3戦目での桜花賞制覇 唯一無二の無敗の三冠牝馬が誕生

トライアルレースを使わず、そのまま直行した4月の桜花賞。7番人気までが単勝オッズ10倍台以下という大混戦の牝馬三冠第1弾で、デアリングタクトは、3・7倍の阪神ジュベナイルF覇者レシステンシアに続く4・2倍の2番人気に支持された。

当日は雨が降り続き、芝コースは重馬場に悪化。それにも関わらず、スタートから逃げたスマイルカナ、2番手につけたレシステンシアが前半5ハロン58秒0というハイペースを演出し、3歳の春を迎えたばかりの牝馬にとって相当タフなレースとなった。最後の直線では、各馬が馬場の影響で伸びあぐね、残り300mあたりから前を行く2頭がゴールに向かって叩き合

Daring Tact

いを繰り広げたが、そんな中、ただ1頭、後方から追い込んできたのがデアリングタクトだった。

レシステンシアがスマイルカナよりも前に出切ったところを、大外から豪快に抜き去って優勝。この結果、２００４年のダンスインザムード以来16年ぶり、史上7頭目の無敗の桜花賞馬が誕生するとともに、デビュー3戦目での桜花賞制覇は、2歳戦が実施されるようになった１９４６年以降、１９８０年のハギノトップレディ以来40年ぶり、史上3頭目となるキャリア最少記録でもあった。

桜花賞での勝ち方やレシステンシアがＮＨＫマイルCに向かったことなどから、前走とは打って変わって、単勝オッズ1・6倍という断然人気となったオークス。道中は後方で待機し、直線で馬群に包まれる場面もあったが、鞍上の松山騎手は外に出すよりも、ちょうど目の前にできたスペースに飛び込むことを選択。勢いよく馬群から抜け出した後、ゴール前で2着ウインマリリンを差し切り、半馬身差の勝利を収めた。無敗での桜花賞、オークス制覇は１９５７年のミスオンワード以来63年ぶり、史上2頭目の記録だが、デアリングタクトの偉業はここで終わることはなかった。

直行で臨んだ10月の秋華賞。注目を一身に受けていたのは1番人気デアリングタクトにほかならず、それは、オークスのときを上回る単勝オッズ1・4倍を見ても明らかだった。レースの序盤は中団の後方あたりに位置していたが、桜花賞とオークスと違ったのは、徐々に馬群の外から押し上げ、4コーナーを回るときには早くも5番手。馬場の真ん中に持ち出して、残り２００ｍで堂々と先頭に立つと、他馬を寄せつけず、まさに〝横綱相撲〟の走りを見せつけた。

ゴール板を通り過ぎた後、松山騎手が左手で3本の指を立てて三冠をアピールしたように、三冠牝馬の誕生は２０１８年のアーモンドアイ以来2年ぶり、史上6頭目。さらに、無敗での達成は史上初の偉業であり、デアリングタクトはこの日、唯一無二の存在として、長い競馬の歴史に名を刻んだのである。

続くジャパンCでは、2年前の三冠牝馬アーモンドアイ、同世代の無敗の三冠馬コントレイル、そしてデアリングタクトが三強を形成するという、過去に例がない〝三冠馬対決〟が実現。2頭に先着を許して3着に敗れたが、２０２０年度のＪＲＡ賞最優秀3歳牝馬を満票で受賞している。

その後、ＧＩでは4歳4月のクイーンエリザベス2世C（香港）と5歳6月の宝塚記念の3着が最高着順。脚部不安にも悩まされ続けたデアリングタクトは、6歳10月に引退が決定し、繁殖入りすることとなった。

2020年、高松宮記念を制したモズスーパーフレア（中央桃帽）［©T.MURATA］

牡牝混合GI優勝馬

快速スプリンターが
繰り上がりでGI制覇

モズスーパーフレア

父 Speightstown
母 Christies Treasure　母の父 Belong to Me
生まれ 2015年4月1日　性別 牝　毛色 栗毛

調教師：音無秀孝
馬主：キャピタル・システム
生産者：Alpha Delta Stables, LLC
獲得賞金：4億429万9000円
通算成績：29戦7勝
主なGI級勝鞍：高松宮記念
JRA賞：——

2017年8月の新馬勝ちから一貫して芝短距離路線を使われ、ハイペースの逃げを披露。4歳3月のオーシャンSを逃げ切って重賞初勝利を挙げると、高松宮記念でGI初挑戦。2番人気に支持され、先頭で逃げることはできたものの、直線で早々と失速し、15着に惨敗した。

伝説の瞬間

ハイペースで逃げる快速スプリンター 師弟で掴んだ初めてのGIタイトル

主戦騎手が定まっていなかったモズスーパーフレアだが、次走の北九州記念（4着）から松若風馬騎手に固定。続くスプリンターズSでは、前半3ハロン32秒8というハイペースによる快速の逃げを見せて2着。スプリントGIで通用する力を証明した。

そして、5歳3月の高松宮記念。前2走の連敗もあり、9番人気という低評価だったが、重馬場など関係なく一目散に逃走。結果は、ゴール直前で差されて2位に入線するも、1位入線のクリノガウディーが斜行により4着に降着したため、繰り上がりで勝利を手にした。松若騎手はGI初制覇、しかもモズスーパーフレアを管理しているのは師匠の音無秀孝調教師。つまり、師弟で掴んだ初めてのGIタイトルとなった。

11月からダート重賞にも参戦し、常に逃げ続けたが、2021年12月、カペラS4着を最後に引退した。

2021年、名だたるGⅠ馬を尻目に大阪杯を楽勝したレイパパレ
[©Keiba Book]

牡牝混合GI優勝馬

雨の大阪杯を逃げ切り 6戦全勝でGI馬に

レイパパレ

父 ディープインパクト
母 シェルズレイ
母の父 クロフネ
生まれ 2017年1月28日
性別 牝
毛色 鹿毛

調教師：高野友和
馬主：キャロットファーム
生産者：ノーザンファーム
獲得賞金：4億111万9100円
通算成績：15戦6勝
主なGI級勝鞍：大阪杯
JRA賞：——

２０２０年１月の３歳新馬戦を勝利。２戦目からは古馬とも戦い、６月の３歳以上１勝クラスで１馬身、７月の糸魚川特別では２馬身突き放して快勝した。次の目標に定めた秋華賞は抽選で除外になったが、秋華賞当日、その１レース前に出走した３勝クラスの大原Sを楽勝している。

伝説の瞬間

大阪杯で名だたるＧⅠ馬を完封 ６戦６勝によるＧⅠ初制覇は史上初

12月のチャレンジCで重賞に初出走し、初勝利を飾った後、4歳を迎えたレイパパレが向かったのはＧⅠ初挑戦となる大阪杯。1番人気コントレイル、2番人気グランアレグリア、3番人気サリオスという名だたるＧⅠ馬に注目が集まり、単勝オッズ12・2倍の4番人気。デビュー以来、常に1倍台から2倍台の1番人気に支持されてきたが、それがついに途切れた。

しかし、雨中の重馬場を苦にせず逃げたレイパパレは、2着モズベッロに4馬身差をつけてゴールし、上位人気3頭を完封。6戦6勝でＧⅠ初制覇という史上初の偉業を達成している。

以降、中距離ＧⅠ戦線への出走を続け、次走の宝塚記念は3着、連覇を狙った翌年の大阪杯で2着。好走はするものの、残念ながら6連勝以降は未勝利のまま、5歳12月に競走馬登録を抹消し、繁殖入りした。

2019年、無敗でオークスを制覇したラヴズオンリーユー（中央橙帽）[©T.MURATA]

牡牝混合GI優勝馬

調教師：矢作芳人
馬主：DMMドリームクラブ
生産者：ノーザンファーム
獲得賞金：9億1394万8700円
通算成績：16戦8勝
主なGI級勝鞍：オークス、クイーンエリザベス2世C、BCフィリー＆メアターフ、香港C
JRA賞：最優秀4歳以上牝馬（21）

国内GIはオークスのみだが
世界に強さを見せつけた歴史的名牝

ラヴズオンリーユー

父 ディープインパクト
母 ラヴズオンリーミー
母の父 Storm Cat
生まれ 2016年3月26日
♂♀ 性別 牝
毛色 鹿毛

全兄はドバイターフ覇者で、皐月賞、菊花賞、天皇賞・秋で2着の実績もあるリアルスティール。2018年11月の2歳新馬戦でデビュー勝ちを収めると、中2週で出走した500万条件の白菊賞も勝利した。3歳春の目標は、当初桜花賞に定めていたが、脚元のアクシデントによってローテーションが厳しくなったため、オークスに変更。そのステップレースとして出走したリステッド競走・忘れな草賞を楽勝して賞金を加算し、本番へと向かった。

伝説の瞬間

無傷の4連勝でオークスを制覇 アメリカ、香港で海外GI年間3勝

NHKマイルCを選択した桜花賞馬グランアレグリアの回避によって、大混戦の様相を呈したオークス。4番人気までが単勝オッズ4倍台から6倍台にひしめき合う中、ラヴズオンリーユーは4・0倍の1番人気に支持された。レースでは、デビューから4戦連続となる上がり3ハロン出走馬中最速の末脚を繰り出し、2着カレンブーケドールを差し切って無傷の4連勝。2006年のカワカミプリンセス以来13年ぶり、史上5頭目の無敗のオークス馬となり、全兄は手が届かなかったクラシックホースの称号を獲得している。

しかし、その後、4歳シーズンを終えるまでに6回出走したが、1勝も挙げることができなかった。GI

Loves Only You

に限ると、エリザベス女王杯2年連続3着、ヴィクトリアマイル7着、有馬記念10着という結果だった。

ようやく勝利することができたのは、オークスから約1年9か月の歳月が過ぎた2021年2月の京都記念。なかなか勝ち切れなくても単勝オッズ1・8倍の1番人気という評価を受けたラヴズオンリーユーは、久しぶりに先頭でゴールを駆け抜けた。以降、ラヴズオンリーユーの主戦場は海外GⅠにシフトしたが、その陣営の決断が偉業につながることとなった。

最初に参戦したのは、3月に行われたドバイシーマクラシック。2014年にジェンティルドンナが勝利した後、日本の実績馬がことごとく涙を呑んできたレースだが、前走で優勝賞金1000万ドルを誇るサウジカップを制したミシュリフが1着。2着には前年の春秋グランプリ覇者クロノジェネシスが入り、ラヴズオンリーユーは3着に敗れた。

そのまま香港に移動した4月のクイーンエリザベス2世Cには、前年の三冠牝馬デアリングタクト、2年前の香港ヴァーズ勝ち馬グローリーヴェイズ、4年前の菊花賞馬キセキとともに出走した。結果は、ラヴズオンリーユー、グローリーヴェイズ、デアリングタクト、キセキの順でゴールし、1着から4着まで日本馬が独占。ラヴズオンリーユーはオークス以来2度目のGⅠタイトルを香港の地で手にするとともに、兄妹による海外GⅠ制覇を果たしている。

11月には、アメリカ競馬の祭典ブリーダーズカップのひとつのレース、牝馬芝路線の最高峰・BCフィリー&メアターフに挑戦。現地で3番人気に支持されたラヴズオンリーユーは、3度目の騎乗となる川田将雅騎手の手綱さばきに応え、2着馬に半馬身差をつけて勝利した。日本馬、日本人騎手、日本人調教師がブリーダーズカップを制したのは史上初である。

さらに、ラストランになった12月の香港Cでは、残り100mあたりから、内に香港馬ロシアンエンペラー、真ん中にラヴズオンリーユー、外に日本の重賞2勝馬ヒシイグアスという3頭の叩き合いになった末、ラヴズオンリーユーがヒシイグアスをアタマ差抑えて優勝。史上初となる海外GⅠ年間3勝という偉業を成し遂げることとなった。この結果、ラヴズオンリーユーは2021年度のJRA賞最優秀4歳以上牝馬を受賞しただけではなく、アメリカ競馬の年度表彰であるエクリプス賞最優秀芝牝馬にも輝いている。

♀ 繁殖牝馬としてのラヴズオンリーユー

2023年2月27日、初仔となる父エピファネイアの牡馬が誕生した。将来は母と同じ矢作芳人厩舎でのデビューを予定している。

2022年、ヴィクトリアマイルを勝ち、GⅠ3勝目を挙げたソダシ（中央赤帽）[©T.MURATA]

ダートGIでも健闘
白毛一族の大黒柱

ソダシ

父 クロフネ
母 ブチコ
母の父 キングカメハメハ
生まれ 2018年3月8日
♂♀性別 牝
毛色 白毛

調教師：須貝尚介
馬主：金子真人ホールディングス
生産者：ノーザンファーム
獲得賞金：6億2923万4000円
通算成績：16戦7勝
主なGI級勝鞍：阪神ジュベナイルフィリーズ、桜花賞、ヴィクトリアマイル
JRA賞：最優秀2歳牝馬（20）、最優秀3歳牝馬（21）

祖母は白毛馬のシラユキヒメ。母はブチ模様が特徴的な白毛馬で、現役時代に4勝を挙げたブチコ。その遺伝子を受け継ぎ、サンスクリット語で「純粋、輝き」という意味を持つ「ソダシ」と名付けられた純白の牝馬は、2020年7月の2歳新馬戦で初めてターフに姿を現した。そして、2馬身半差で快勝し、白毛馬として史上初となる芝の新馬勝ちを収めた。さらにソダシは、ここから日本の競馬史に白毛馬の新しい蹄跡を次々と残していくことになる。

伝説の瞬間

世界初の白毛のクラシックホース 芝マイルGIを3年連続で勝利

デビュー2戦目は札幌2歳Sに出走し、翌年のニュージーランドTを制するバスラットレオンに次ぐ2番人気に支持された。結果は、のちにオークス馬になる2着ユーバーレーベン、3着バスラットレオンを抑えて優勝。白毛馬初の重賞ウイナーとなった。

さらに、アルテミスSで重賞連勝を飾った後に参戦した阪神ジュベナイルFでは、1番人気として迎えられた。ソダシはその支持を裏切ることなく勝利し、白毛馬として初めて、GIタイトルとともに2020年度のJRA賞最優秀2歳牝馬も獲得している。

馬体の色が注目を集めるだけではなく、GIレベルの実力も兼ね備えていることを証明したソダシの人気

Sodashi

は、一気に爆発した。桜花賞直前の２０２１年4月9日に中央競馬ピーアール・センターの通販サイトでぬいぐるみが初めて販売されると、約6分で完売。週末の10日と11日には競馬場のターフィーショップでも販売され、両日とも開門直後に完売している。

そして桜花賞当日の11日、〝ソダシブーム〟はさらにヒートアップすることとなった。阪神ジュベナイルF2着馬サトノレイナスより下の2番人気に甘んじたが、レースではサトノレイナスの強襲をクビ差退けて、無傷の5連勝。レースレコードを1秒6、阪神芝マイルのコースレコードを0秒8も更新する1分31秒1という衝撃のタイムを叩き出し、世界初の白毛のクラシックホースに上り詰めたソダシの姿は、ファンの誰もを熱狂させたに違いない。

しかし、8月の札幌記念でGI馬3頭を含む古馬の強豪を倒し、話題をさらったものの、ともに単勝オッズ1・9倍の圧倒的1番人気に推されたオークスは8着、秋華賞は10着に大敗。白毛馬による牝馬三冠への挑戦は一冠制覇のみに終わった。

そして、父がクロフネ、母がダート4勝のブチコという血統背景もあり、ダートGIにも参戦。12月のチャンピオンズCは12着に惨敗したが、4歳2月のフェブラリーSでは、同レース連覇を果たしたカフェファラオの3着に好走している。

続く5月のヴィクトリアマイルで再び芝GIに出走したソダシは、前年の大阪杯覇者レイパパレ、重賞2勝馬ソングライン、前年の桜花賞3着、秋華賞2着のファインルージュに次ぐ4番人気。ただ、戦前の評価は4番人気までが単勝オッズ4倍台から5倍台に集中する混戦模様であり、ほかにも、三冠牝馬デアリングタクト、GI1勝2着5回のレシステンシアなど、豪華メンバーが集結する一戦となった。

そうした中、好スタートを切った後、好位の4番手でレースを進めたソダシは、残り１００ｍあたりで逃げ粘るローザノワールを抜き去って先頭。追い込んできた2着ファインルージュに2馬身差をつけてゴールした。白毛馬による古馬GI初制覇を果たしたこの勝利は、ソダシにとって3年連続となるGI3勝目。そのすべてが芝マイルGIである。

その後、11月のマイルCSは2番人気で3着、5歳5月のヴィクトリアマイルは3番人気で2着、6月の安田記念では2番人気で7着……。人気を集めながらも満足のいく結果を残せないまま、ソダシは10月に現役を引退した。今後は白毛の繁殖牝馬として、馬名が意味する〝輝き〟を放ち続ける日が来ることを、きっと全国のファンも願っていることだろう。

2023年、安田記念連覇を果たしたソングライン（中央桃帽）［©T.MURATA］

牡牝混合GI優勝馬

調教師：林徹
馬主：サンデーレーシング
生産者：ノーザンファーム
獲得賞金：7億6483万5300円
通算成績：16戦7勝（2023年10月8日現在）
主なGI級勝鞍：安田記念（22・23）、ヴィクトリアマイル
JRA賞：——

安田記念連覇は史上3頭目
東京芝マイルの申し子

ソングライン

父 キズナ
母 ルミナスパレード　母の父 シンボリクリスエス
生まれ 2018年3月4日　♂♀ 性別 牝　毛色 青鹿毛

現役時代にダービーを制した種牡馬キズナの2年目産駒を代表する1頭。2020年6月の2歳新馬戦は2着に敗れたが、11月の2歳未勝利戦では2着馬に3馬身差をつけ、デビュー2戦目で初勝利をゲット。3歳1月のリステッド競走・紅梅Sでも3馬身差の快勝を決めた後、桜花賞に直行した。道中は中団後方に位置していたが、向正面で不利を受けてリズムを崩したことが影響し、最後の直線でも伸びることなく、15着の惨敗を喫している。

伝説の瞬間

東京芝マイルGIで5戦3勝2着1回 史上2頭目のVM、安田記念連勝

巻き返しを期した次走はNHKマイルC。単勝オッズ16・9倍の7番人気という、決して高くはない評価を受けたソングラインだったが、戦前に林徹調教師が「立て直して、いい状態で臨めそうです」とコメントしていた通り、牡馬を相手に大健闘の走りを見せた。最後は2番人気シュネルマイスターに差されてハナ差の2着に惜敗したものの、3着に入った1番人気の朝日杯フューチュリティS覇者グレナディアガーズを2馬身半離してゴールしている。

古馬と初めて対戦した関屋記念は、前走GI2着の好走や51kgの斤量などがプラスに働き、単勝オッズ1・8倍の1番人気。2番人気が8・2倍ということを考え

Songline

ると、どれだけ人気が集中していたのかわかるが、ソングラインは3着に敗れた。しかし、同じく1番人気に支持された富士Sでは期待に応え、1999年のレッドチリペッパー以来、22年ぶり2頭目となる3歳牝馬による勝利を挙げている。

阪神カップ15着で3歳シーズンを終えたソングラインは、翌2022年2月にサウジアラビアで行われたGⅢ・1351ターフスプリントを制し、重賞2勝目を獲得した。そして、NHKマイルC以来1年ぶりのGⅠ出走となったヴィクトリアマイルで5着に敗れた後、安田記念に向かった。

前走の東京新聞杯を快勝したイルーシヴパンサーが1番人気で単勝オッズ4・5倍、マイラーズCを勝利したソウルラッシュが6番人気で10・0倍。人気が分散される中、ソングラインは8・2倍の4番人気に推された。結果は、前年のNHKマイルCではハナ差で屈した2番人気シュネルマイスターをクビ差抑えて優勝。管理する林調教師とともに、初めてのGⅠタイトルを手にすることとなった。

その後、4歳9月のセントウルS5着、連覇を狙った5歳2月の1351ターフスプリントで10着。この連敗が響いたのか、ヴィクトリアマイルでは、同じコースの安田記念の勝ち馬でありながら、4番人気に甘んじた。しかし、残り200m地点で先頭に躍り出た3番人気ソダシを、インコースから一気に追い込んできたソングラインがゴール寸前で差し切り、安田記念以来、約11か月ぶりにGⅠ2勝目をマークした。

さらに前年同様、中2週で安田記念に参戦。1番人気はシュネルマイスター、2番人気はソダシ、3番人気は前年のマイルCS覇者セリフォスで、ディフェンディングチャンピオンのソングラインはまたもや4番人気だった。レースでは、18頭立ての18番枠からゲートを飛び出し、道中は中団の外を追走。残り400mあたりで鞍上の戸崎圭太騎手がゴーサインを出すと、前を行く馬たちを大外から次々と飲み込み、最後は2着セリフォスを1馬身4分の1突き放して勝利した。

安田記念連覇は、1984年のグレード制導入以降、ヤマニンゼファー、ウオッカに続く史上3頭目。それだけではなく、同一年のヴィクトリアマイルと安田記念を連勝した馬は、2009年のウオッカ以来、史上2頭目であり、過去に同じローテーションを経験しているアーモンドアイとグランアレグリアでさえ成し得なかった快挙である。

東京芝1600mで7戦5勝、GⅠに限ると5戦3勝2着1回。ソングラインはまさに東京芝マイルの申し子と言っていいだろう。

2022年、7番人気で桜花賞を制したスターズオンアース（中央青帽）[©T.MURATA]

桜花賞・オークスのクラシック二冠
いずれもテン乗り騎手で制す

スターズオンアース

父 ドゥラメンテ
母 サザンスターズ　母の父 Smart Strike
生まれ 2019年2月27日　性別 牝　毛色 黒鹿毛

調教師：高柳瑞樹
馬主：社台レースホース
生産者：社台ファーム
獲得賞金：5億945万7000円
通算成績：10戦3勝（2023年9月末現在）
主なGI級勝鞍：桜花賞、オークス
JRA賞：最優秀3歳牝馬（22）

2021年8月の2歳新馬戦で2着に敗れた後、10月の2歳未勝利戦で初勝利をマークした。明け3歳1月のフェアリーSと2月のクイーンCでは、それぞれ1番人気に支持されたが、重賞で2戦連続2着。その後、スターズオンアースは牝馬三冠の一冠目に直行する。

伝説の瞬間

史上16頭目となる二冠牝馬が誕生
桜花賞、オークスともにテン乗りは初

桜花賞は7番人気。戦前の評価はそれほど高いものではなかった。だが、道中は中団をキープしたスターズオンアースは、直線で馬群に包まれる場面がありながらも、怯むことなく狭いスペースに進出。ゴール直前で、先に抜け出した3番人気ウォーターナビレラをギリギリでとらえ、ハナ差の勝利を手にした。

3番人気のオークスは18頭立ての18番枠という試練もあったが、1馬身4分の1差で完勝。2年ぶり、史上16頭目となるクラシック二冠牝馬が誕生した。なお、桜花賞は川田将雅騎手、オークスはクリストフ・ルメール騎手がスターズオンアースに初めて騎乗したが、ともにテン乗りによる勝利は史上初の快挙である。

秋華賞は1番人気で3着に敗れ、三冠牝馬の座は逃したが、4歳を迎えても、大阪杯2着、ヴィクトリアマイル3着と、GI戦線で活躍している。

2023年、オークス史上最大着差をつけて二冠牝馬になったリバティアイランド[©T.MURATA]

どこまで強くなるのか測定不能
史上最強牝馬の予感

リバティアイランド

父 ドゥラメンテ
母 ヤンキーローズ
母の父 All American
生まれ 2020年2月2日
性別 牝
毛色 鹿毛

調教師：中内田充正
馬主：サンデーレーシング
生産者：ノーザンファーム
獲得賞金：5億4333万6000円
通算成績：6戦5勝（2023年10月15日現在）
主なGI級勝鞍：阪神ジュベナイルフィリーズ、桜花賞、オークス、秋華賞
JRA賞：最優秀2歳牝馬（22）

衝撃的なデビューとなった2歳7月の新馬戦は、JRA史上最速タイとなる上がり3ハロン31秒4の末脚を繰り出し、3馬身差の完勝。アルテミスSは2着に敗れたが、阪神ジュベナイルFでは中団でレースを進め、4コーナーで外に持ち出すと、2着馬を2馬身半突き放してゴールした。

伝説の瞬間

GI4連勝で牝馬三冠を獲得 オークス史上最大の6馬身差勝利

単勝オッズ1・6倍の1番人気に推された桜花賞は、同コースで行われた前走よりもさらに後方に位置し、4コーナーを回る時点でまだ16番手。並の馬なら先頭まで届くとは思えないポジションだったが、リバティアイランドは直線だけの競馬で、前を行く15頭をあっさりと抜き去り、4分の3馬身差の勝利を収めた。

オークスも単勝オッズ1・4倍の圧倒的1番人気だったが、桜花賞と打って変わって、6番手を追走。最後の直線では、まず馬なりで押し上げ、残り300mあたりから川田将雅騎手のゴーサインに合わせて一気に加速した。そして、まったく危なげのない競馬で、6馬身差をつけて圧勝。グレード制導入以降、2012年の勝者ジェンティルドンナの5馬身差を上回る、オークス史上最大となる驚異的な着差を記録した。さらに秋華賞でGI4連勝を飾り、牝馬三冠を獲得した。

PART 2 特別編

日本馬の「夢」を砕いた海外の名牝たち

「世界と戦える馬を！」と創設されたジャパンカップで日本の一流馬を軽くひねり、今や日本競馬の悲願となった凱旋門賞勝利をことごとく阻んだ海外の強豪馬。その中でも記憶に残すべき名牝たちを紹介する。

1981年、第1回ジャパンCの覇者メアジードーツ[©T.MURATA]

「日本馬は100年たっても勝てない」と
関係者を嘆かせた

メアジードーツ

父 Nodouble
母 Avalanche Lily　母の父 T.V. Lark
生まれ 1976年4月2日　性別 牝　毛色 鹿毛

調教師：ジョン.W.フルトン
馬主：A.P.シェフラー
生産者：Preston and Patrick Madden
通算成績：33戦12勝
主なGI級勝鞍：ジャパンC

1981年、日本競馬界の悲願として設立された国際招待レース、第1回ジャパンCには7頭の外国馬が出走。メアジードーツは米国代表3頭のうちの1頭として参戦した。鞍上は翌年フランスに移籍し、何度もリーディングジョッキーとなるキャッシュ・アスムッセン。

伝説の瞬間

唯一のGI勝利がジャパンC ひ孫を通じて日本に血を伝える

海外の一流馬の参戦が期待されたが、大将格は唯一の米GI馬ザベリワン。この7歳（現6歳）牝馬が1番人気で、モンテプリンス（翌春の天皇賞と宝塚記念を連覇）、秋の天皇賞馬ホウヨウボーイが続いた。

11月22日、日の丸特攻隊・サクラシンゲキが超ハイペースで先行、4コーナーでカナダのフロストキングが並びかけると、米GⅡ馬・5番人気のメアジードーツがレコードタイムで突き抜けた。フロストキングが2着、追い込んだザベリワンが3着。日本馬は5着が精一杯で、彼我のレベル差を見せつけられた。

♀ 繁殖牝馬としてのメアジードーツ

息子2頭が日本で種牡馬となるも活躍馬はなし。ひ孫でチリ2歳牝馬チャンピオンのディヴィナプレシオーサが日本で繋養され、すでにJRA勝利馬が出ている。今後、日本にその血が残る可能性は高い。

1989年、ジャパンCでオグリキャップの猛追をしのいで勝ったホーリックス(奥黒帽)[©Keiba Book]

世界レコードで
オグリキャップをハナ差で制した

ホーリックス

父 Three Legs
母 Malt
母の父 Moss Trooper
生まれ 1983年10月7日
性別 牝
毛色 芦毛

調教師：David&Paul O'Sullivan
馬主：G.W.de Gulthy
生産者：G.W.de Gulthy
通算成績：40戦17勝
主なGI級勝鞍：DBドラフトクラシック(89・90)、マッキノンS、ジャパンC

曾祖母フロースがニュージーランド最優秀繁殖牝馬に選ばれるなど、オセアニアで活躍馬を数多く輩出する名牝系の出身。1986年の暮れにデビューし、3歳(現2歳)シーズンを8戦4勝で終えた。87/88シーズンに本格化の兆しを見せ、1988年2月に新GⅠ初挑戦で2着。次走のGⅡで重賞初勝利を飾ると、連勝でGⅠウイナーとなる。その後も新・豪の重賞戦線で堅実に走り、1989年の第9回ジャパンCにオセアニア代表として出走した。

伝説の瞬間

芦毛対決を驚異のレコードで制した ニュージーランド史上最強馬

1989年3月、ホーリックスはニュージーランドで初めての100万ドル競走として実施されたDBドラフトクラシック(芝2100m)をコースレコードで優勝。芝中距離に適性を見せたことから、陣営は秋の大目標をジャパンCに定め、スタミナ強化や輸送に慣れさせるための調教を積んだ。

89/90年シーズンは初戦に1200m戦を選択、続いてマイル戦を2走したものの、2・2・5着と3連敗を喫した。敗因はジャパンCを視野に入れた調整途上であったためで、距離も不足だったのだろう。続く豪GI・マッキノンSをレコード勝ちし、新豪GIウイナーとして来日した。

Horlicks

そんなホーリックスを迎え撃つのは、マイルチャンピオンシップから連闘で参戦してきたオグリキャップ、秋の天皇賞でオグリキャップを破ったスーパークリーク、春の天皇賞と宝塚記念を勝ったイナリワン、牡馬相手に南関東三冠を奪取したロジータら。

さらに海外からは凱旋門賞馬キャロルハウス、ＢＣクラシック2着のイブンベイ、芝２４００ｍの世界レコードホルダー（当時）で4連勝中のホークスター、ジョッキークラブ大賞の勝ち馬アサティス、前年の勝ち馬ペイザバトラーなどが参戦、ジャパンC史上でも稀に見る豪華メンバーがそろっていた。

その中に入ると、過去の実績に乏しいオセアニア調教馬で、かつ7歳（現6歳）の高齢牝馬・ホーリックスは、15頭立ての9番人気に過ぎなかった。

11月26日、絶好のスタートを切ったホーリックスをイブンベイが交わして先頭に立ち、それをホークスターが追走する展開が空前のハイペースを生んだ。ホーリックスは両馬の先行争いの直後を楽々追走し、オグリキャップとスーパークリークが続く。

4コーナーで先行する3頭が横一線、そこからホーリックスが抜け出し、オグリキャップが外から追い詰める。一完歩ごとに大歓声に包まれ、最後はホーリックスがクビ差先着、歓声がため息に変わった。

次の瞬間、芦毛2頭の激戦に驚かされた観客を釘付けにしたのは、2年前のジャパンCでルグロリューが叩き出したレコードタイムを2秒7も短縮した2分22秒2の表示。驚異的なレコードの誕生に気づいた競馬場に、大きなどよめきが湧き上がった。この瞬間からホーリックスの名とオグリキャップとの名勝負は、日本の競馬ファンの心に深く刻まれた。

ホーリックスは１９９０年のＤＢドラフトクラシックで連覇を達成、同年10月の豪ＧＩコックスプレート8着を最後に引退。同レースを勝ったベタールースンアップが前年のホーリックスと同じくマッキノンＳとジャパンCを連勝し、オセアニア調教馬による連覇という記録が達成された。

♀繁殖牝馬としてのホーリックス

4番仔のブルーが豪ＧＩメルボルンC、孫フィウミシノが豪ＧＩ・ＡＪＣダービーに勝つなど、豪新の活躍馬を多数輩出、日本でもひ孫のアストリッドがしらさぎ賞（浦和）に勝った。また、ホーリックスの活躍で母モルトは89／90年の最優秀繁殖牝馬に選ばれ、日本でデビューした半弟ヒットザマークは札幌記念2着。なお、ホーリックスは２０１０年にニュージーランドの競馬の殿堂入りを果たし、同国の歴史的名馬として記憶されている。

1983年、ジャパンCを制したスタネーラ[©Keiba Book]

第3回ジャパンCで
天皇賞馬をねじ伏せた「GII級」牝馬

スタネーラ

父 Guillaume Tell
母 Lady Aureola
母の父 Aureole
生まれ 1978年5月4日
性別 牝
毛色 栗毛

調教師：F.Dunne
馬主：F.Dunne
生産者：Moyglare Stud Farm Ltd.
通算成績：24戦7勝
主なGI級勝鞍：ジャパンC

第2回のジャパンCにアイルランドからの招待馬として参戦。14戦2勝の重賞未勝利馬で9番人気だったが、直線で先頭に立ちハーフアイストの4着に好走。2着はオールアロング、3着はエイプリルランで2～4着を外国牝馬が占め、日本馬はヒカリデュールの5着が最高。

伝説の瞬間

ジャパンCに2度参戦 日本の悲願を打ち砕く

スタネーラは1度目のジャパンC参戦を機に本格化、翌1983年5月、6歳（現5歳）にして英GⅢで重賞初制覇し、さらに英GⅡを2連勝。エクリプスSは4着に敗れたが、ジョーマグラス記念SでGⅠウイナーとなった。凱旋門賞でオールアロングの6着となった後、再度来日して第3回ジャパンCに参戦。

来日後はコズミ（筋肉痛）でまともな調教ができなかったが、実績が評価されて3番人気。直線で抜け出した秋の天皇賞馬キョウエイプロミスに馬体を寄せ、激しい叩き合いの末にスタネーラがアタマ差で勝利し、「日本馬初勝利」の悲願を打ち砕いた。

♀繁殖牝馬としてのスタネーラ

アイルランドで繁殖牝馬となり、6頭の産駒を残した。娘のサンドリーン、孫のアドマイヤノーヴァが日本に導入されたが、目立つ活躍馬は出ていない。

2008年、凱旋門賞を制したザルカヴァ（中央緑帽）［©T. MURATA］

凱旋門をはじめ7戦全勝の
世界最高級の名牝！

ザルカヴァ

父 Zamindar
母 Zarkasha
母の父 Kahyasi
生まれ 2005年3月31日
性別 牝
毛色 鹿毛

調教師：Alain de Royer-Dupre
馬主：His Highness Aga Khan
生産者：His Highness　The Aga Khan's Studs S.C.
通算成績：7戦7勝
主なGI級勝鞍：仏1000ギニー、仏オークス、ヴェルメイユ賞、凱旋門賞、マルセルブサック賞

5代母は英国の歴史的名牝プティエトワール（英GⅠ6勝）。その血を信じたアガ・カーン一族の執念が生んだ名牝。2歳9月のデビュー戦は単勝1・9倍の支持を受けて楽勝。2戦目のマルセルブサック賞（仏GⅠ・芝1600m）も悠々と差し切り、勇躍クラシックへ向かった。

伝説の瞬間

強烈な末脚で7戦7勝 無敗の凱旋門賞馬として名を残す

3歳緒戦のGⅢでは不良馬場を克服。その後の活躍を見ると、2008年のフランス競馬はこの馬のためにあったとしか言いようがない。仏1000ギニー、仏オークス、古馬も出走するヴェルメイユ賞はすべて単勝1倍台での楽勝で、出遅れたヴェルメイユ賞でも末脚一閃。この3レースを制覇したのは1973年のアレフランス以来の快挙だった。

メイショウサムソンが出走した凱旋門賞でも当然のように1番人気。馬群に揉まれて進路が狭まる場面もあったが、切れる末脚で2馬身差の完勝、1998年のサガミックス以来の無敗の凱旋門賞馬となった。

♀ 繁殖牝馬としてのザルカヴァ

サンクルー大賞に勝ったザラック（父ドバウィ）は種牡馬になり、産駒にバーデン大賞のサグレイなど。2021年仏リーディングサイアーとなっている。

2012年、オルフェーヴルを差し返したソレミア（白帽）［©T.MURATA］

オルフェーヴルの「あと1歩」を打ち砕いた

ソレミア

父 Poliglote
母 Brooklyn's Dance　母の父 Shirley Heights
生まれ 2008年2月20日　性別 牝　毛色 鹿毛

調教師：C.ラフォンパリアス
馬主：ヴェルテメール・エ・フレール
生産者：ヴェルテメール・エ・フレール
通算成績：14戦5勝
主なGI級勝鞍：凱旋門賞

近親に英ダービー馬オーソライズド、日本で種牡馬となっているマクフィ（英1000ギニー勝ち馬）がいる。日本でもお馴染みのオリビエ・ペリエ騎手が主戦を務めて2歳10月にデビュー。3歳戦終了時点では目立たない2勝馬だったが、2012年5月の仏GⅡで重賞初勝利を飾った。

伝説の瞬間

オルフェーヴルを差し返した凱旋門賞のジャイアントキリング

ソレミアはGI初挑戦となった9月のヴェルメイユ賞で3着に好走。陣営は次走に有力馬の回避が相次いだ凱旋門賞を選択したが、英愛ダービー馬キャメロット、日本のオルフェーヴル、愛オークス馬グレートヘヴンズ、仏ダービー馬サオノアらが出走、実績で見劣るソレミアは18頭立ての12番人気だった。

先行馬群に取りついたソレミアの脚色は直線を向いても衰えず、他の先行馬が脱落する中、ただ一頭、オルフェーヴルだけが追い込んで来て先頭に立った。日本中の競馬ファンが歓喜に沸いた瞬間、ソレミアは信じられない二の足を繰り出し、オルフェーヴルを差し返す。3着以下ははるか後方、勝利の女神はアタマ差でソレミアに微笑み、歓喜は悲鳴に変わった。

ソレミアはその後に来日、ジャパンCでジェンティルドンナの13着に敗れ、引退した。

※産駒は今のところ目立つ活躍馬なし

2013年凱旋門賞に2年連続で挑んだオルフェーブルを返り討ちにしたトレヴ［©T.MURATA］

調教師：Mme. Christiane Head-Maarek
馬主：HE Sh Joaan Bin Hamad Al Thani
生産者：Haras Du Quesnay
通算成績：13戦9勝
主なGI級勝鞍：仏オークス、ヴェルメイユ賞（13・15）、凱旋門賞（13・14）、サンクルー大賞

オルフェーブルに圧勝し、さらに凱旋門賞連覇の名牝

トレヴ

父 Motivator
母 Trevise
母の父 Anabaa
生まれ 2010年4月7日
性別 牝
毛色 鹿毛

4代母トリリオンの子孫には「鉄の女」トリプティク、英愛ダービー馬ジェネラスなどがいる世界的名牝系。しかしトレヴはセリで売れ残るほど凡庸な馬だった。それが2歳12月のデビューから連勝街道を突っ走り、仏オークス、ヴェルメイユ賞、さらには凱旋門賞まで圧勝した。

伝説の瞬間

若駒時代の低評価を覆し 凱旋門賞3連覇に挑んだ不屈の名牝

2013年の仏オークスでは伏兵扱いだったが、2分3秒77という驚異的なレコードで勝利。ヴェルメイユ賞も快勝して凱旋門賞では2番人気に推された。好位を進んだトレヴは追い込む1番人気オルフェーヴルに5馬身差をつけた。キズナは4番が精一杯。

4歳になったトレヴは3戦未勝利で2014年の凱旋門賞に参戦、連覇に黄信号が灯った。Kジョージのタグルーダ、6戦全勝のアブニールセルタン（阪神牝馬特別デゼルの母）らが人気を集めたが、7番人気のトレヴが持続力のある末脚で後続を完封、アレッジド以来36年ぶり6頭目、牝馬としてはコリーダ以来77年ぶり2頭目となる凱旋門賞連覇を達成。日本馬はハープスターの6着が最高だった。トレヴは5歳時も現役を続行、3連勝で凱旋門賞3連覇に挑んだが、ゴールデンホーンの4着に敗れて競走生活を終えた。

※産駒は今のところ目立つ活躍馬なし

2018年、凱旋門賞連覇を果たしたエネイブル（中央）[©T.MURATA]

19戦15勝。凱旋門賞4戦2勝の
競馬歴史に残る名牝

エネイブル

父 Nathaniel
母 Concentric
母の父 Sadler's Wells
生まれ 2014年2月12日
♂♀ 性別 牝
毛色 鹿毛

調教師：ジョン・ゴスデン
馬主：Khalid Abdullah
生産者：Juddmonte Farms Ltd.
通算成績：19戦15勝
主なGI級勝鞍：英オークス、愛オークス、凱旋門賞（17・18）、ブリーダーズCターフなど

2016年11月、ゴスデン厩舎の2歳馬エネイブルが英国のニューカッスル競馬場でデビュー勝ちした時、その輝かしい将来を予見した人はおそらく一人もいない。実際、明け3歳の2走目は3着に負けている。しかし名手L・デットーリが手綱を取ってオークスの前哨戦を快勝した時から無敵の快進撃が始まった。その強さの秘密を探ると良質な母系に加え、名種牡馬サドラーズウエルズの3×2というチャレンジングなインブリードが浮かび上がる。

伝説の瞬間

凱旋門賞2勝&Kジョージ3勝 インブリードが生んだ奇跡の牝馬

2番人気の英オークスをレコード勝ちしたエネイブルは、愛オークスでは1番人気に応えて5馬身半差で圧勝。スノーフェアリー以来7年ぶりの英愛オークス連覇を達成した。続くKジョージは先行抜け出しという正攻法で完勝、ゴスデン師はこの時点で「私が調教した中で最高の牝馬」と絶賛した。

8月のヨークシャーオークスを5馬身差で完勝、12万ユーロの追加登録料を払って参戦した凱旋門賞を好位から差し切ってGI5連勝。英国調教の3歳牝馬として初勝利を飾る一方、日本から参戦したサトノダイヤモンドらは重馬場に苦しんで惨敗した。

明け4歳となった2018年の復帰戦にオールウエ

Enable

ザーのGⅢ戦を選択、格の違いで圧勝すると、連覇を目指した凱旋門賞では4番手から抜け出し、日本馬クリンチャーらが追走に苦しむ中、愛オークス馬シーオブグラスの追撃を短クビ差しのぎ切った。

史上7頭目の「凱旋門賞連覇」の勲章を手にしたエネイブルは米国のブリーダーズCターフに遠征、中団追走から直線で先頭に立ち、名手ライアン・ムーア騎乗のマジカルらを退けた。

凱旋門賞とブリーダーズCターフの連覇は史上初で、この年3戦3勝。カルティエ賞年度代表馬の座はロアリングライオンに譲ったが、最優秀古馬牝馬に選出された直後、陣営は現役続行を発表した。

5歳となったエネイブルの2019年の緒戦は7月のエクリプスS。ブリーダーズCターフ以来の再戦となったマジカルを4分の3馬身差で破り、Kジョージでは先行するクリスタルオーシャンを追い上げ、残り2ハロン地点から一騎打ちとなった。わずかクビ差でエネイブルが勝利し、クリスタルオーシャンは2年連続2着。エネイブルの全勝利のうち最少着差だったこのレースは、歴史的名勝負と高く評価されている。

その後はヨークシャーオークスでまたもマジカルを退け、3連覇の偉業がかかる凱旋門賞へ。ライバルは愛チャンピオンSを勝って挑むマジカル、パリ大賞典勝ちのジャパン、フランスダービー馬ソットサス、日本からはキセキ、フィエールマン、ブラストワンピースらが参戦した。

重馬場ながらバーデン大賞勝ちのガイヤースがハイペースを演出、先行馬が脱落する中、エネイブルは直線半ばで先頭に立ったが、最後の最後でヴァルトガイストの追撃に屈し、2着に惜敗した。

陣営は2020年の凱旋門賞挑戦を明言。エクリプスSでコロネーションCをレコード勝ちしたガイヤースの2着となり、3頭立てのKジョージで同レース3勝目（史上初）を上げた。新型コロナウイルスの影響が世界の競馬に及んだこの年、ロンシャン周辺には雨が降り続き、有力馬を擁するオブライエン厩舎は管理馬から有力禁止薬物が検出され、出走を見送った。

エネイブルの勝機が広がったかに思われたが、前年以上に渋化した馬場でスローペースの瞬発力勝負に巻き込まれ、前年の仏ダービー馬ソットサスの6着となり、1週間後に引退が発表された。

エネイブルは凱旋門賞に4度挑み、2度勝利した名牝として、その名を競馬史に刻んだ。

♀ 繁殖牝馬としてのエネイブル

2022年の初仔はキングマンの牡馬、2023年はドバウィの牝馬が誕生している。

2011年、エリザベス女王杯を制したスノーフェアリー［©T. MURATA］

エリザベス女王杯を連覇した
英・愛オークス馬

スノーフェアリー

父 Intikhab
母 Woodland Dream　母の父 Charnwood Forest
生まれ 2007年2月12日　性別 牝　毛色 毛

調教師：エドワード・ダンロップ
馬主：アナモイン社
生産者：Windflower Overseas Holdings Inc.
通算成績：21戦8勝
主なGI級勝鞍：英オークス、愛オークス、エリザベス女王杯（10・11）、香港C、愛チャンピオンS

セリで売れ残り、デビュー2戦目に初勝利を上げたが2勝目は3歳になった7戦目。その勝ち方に非凡さを感じた陣営は追加登録料を払って英オークスに出走、7番人気の低評価だったが、ライアン・ムーア騎手に導かれ、後方待機策で優勝。続く愛オークスも8馬身差で完勝した。

伝説の瞬間　英愛オークス馬として来日 エリザベス女王杯を連覇した名牝

2010年8月、古馬との初対戦となったヨークシャーオークスは2着に惜敗。英セントレジャー4着をはさんで11月14日のエリザベス女王杯に出走、三冠牝馬アパパネとの日英対決が実現した。

テイエムプリキュアの大逃げを追走したスノーフェアリーは4コーナーで内を突き、あっという間に他馬を抜き去った。2着はメイショウベルーガ、アパパネが3着。出走馬中上がり最速34秒0の末脚は数字以上に鮮やかだった。レースの疲労が抜けず、予定したジャパンCを回避して香港Cを快勝。4歳秋に再来日し、秋華賞馬アヴェンチュラを破ってエリザベス女王杯連覇を達成した。

♀ 繁殖牝馬としてのスノーフェアリー

ヴァージンスノー（英GⅡ2着）、ジョンリーバーが勝ち上がっているが、母を超える産駒はまだ出ていない。

PART 3

DATA 編

本書収録馬の血統&戦績表

1943.9.25	京都	古呼馬	1	1	前田長吉	芝2400
1943.10.3	京都	阪神優駿牝馬(オークス)	1	1	前田長吉	芝2400
1943.10.23	京都	古呼馬	1	1	前田長吉	芝2000
1943.10.31	京都	古呼馬	1	1	前田長吉	芝2600
1943.11.14	京都	京都農商省賞典4歳呼馬(菊花賞)	1	1	前田長吉	芝3000
1944.4.23	東京	呼駈5歳牝馬二級	–	1	前田長吉	芝1600
1944.4.30	東京	呼駈5歳一級	–	1	前田長吉	芝2000
1944.5.7	東京	横浜記念	–	1	前田長吉	芝2400

ガーネット

〔3代血統表〕

トサミドリ 1946 鹿毛	プリメロ	Blandford
		Athasi
	フリッツパンシー	Flamboyant
		Slip
サンキスト 1944 鹿毛	ミンドアー	Spearmint
		Lady Orb
	フロラヴアース	シアンモア
		第弐フロリスト

〔戦績表〕

日付	競馬場	レース名	人気	着順	騎手	距離
1957.8.31	函館	オープン	7	7	高橋英夫	芝800
1957.10.6	中山	新馬	9	6	斉藤義美	芝1100
1957.10.19	中山	新馬	7	5	斉藤義美	芝1000
1957.11.2	中山	未勝利	3	1	野平祐二	芝1100
1957.11.24	東京	オープン	7	6	矢倉義勇	芝1000
1957.12.7	東京	1勝以下	4	1	野平祐二	芝1000
1957.12.28	中山	牝馬特別	2	2	野平祐二	芝1100
1958.1.12	中山	千葉4歳特別	2	1	野平祐二	芝1700
1958.3.8	阪神	オープン	2	1	杉本一馬	芝1600
1958.3.23	阪神	桜花賞	2	6	杉本一馬	芝1600
1958.4.19	中山	オープン	1	1	高橋英夫	芝1800
1958.5.3	東京	オープン	2	1	矢倉義勇	芝1600
1958.5.18	東京	優駿牝馬(オークス)	2	5	矢倉義勇	芝2400
1958.6.1	東京	安田記念	9	6	矢倉義勇	芝1600
1958.8.17	札幌	札幌改築記念	3	3	矢倉義勇	ダ1800
1958.8.31	札幌	札幌記念	2	2	矢倉義勇	ダ2000
1958.9.28	中山	A特ハン	1	5	矢倉義勇	芝1800
1958.10.12	中山	オープン	2	2	矢倉義勇	芝1800
1958.10.26	東京	クイーンS	3	3	矢倉義勇	芝2000
1958.11.1	東京	オープン	1	1	野平祐二	芝1800
1958.11.22	東京	オープン	1	1	野平祐二	芝1800
1958.11.30	東京	カブトヤマ記念	3	3	蛯名武五郎	芝2000
1958.12.13	中山	オープン	1	1	野平祐二	芝1800
1958.12.28	中山	クモハタ記念	4	5	蛯名武五郎	芝2000
1959.1.11	中山	オープン	1	1	野平祐二	芝1800
1959.1.18	中山	金杯	6	3	矢倉義勇	芝2600
1959.3.7	東京	オープン	3	3	内田守	芝1800
1959.3.29	中山	オープン	1	2	内田守	芝2000
1959.4.12	中山	ダイヤモンドS	4	4	野平祐二	芝2600
1959.5.2	東京	オープン	3	2	矢倉義勇	芝1600
1959.5.10	東京	東京杯	4	2	野平祐二	芝2400
1959.5.31	東京	オープン	1	1	野平祐二	芝1800
1959.6.7	東京	安田記念	7	6	高橋英夫	芝1600
1959.6.14	中山	千葉H	3	2	内田守	芝1800
1959.10.3	中山	オープン	3	1	野平祐二	芝2000
1959.11.3	東京	目黒記念(秋)	1	3	野平祐二	芝2500
1959.11.23	東京	天皇賞(秋)	3	1	伊藤竹男	芝3200
1959.12.20	中山	有馬記念	9	1	伊藤竹男	芝2600

ヒサトモ

〔3代血統表〕

トウルヌソル 1922 鹿毛	Gainsborough	Bayardo
		Rosedrop
	Soliste	Prince William
		Sees
星友 1923 栗毛	Sir Martin	Ogden
		Lady Sterling
	Colna	Collar
		Nausicaa

〔戦績表〕

日付	競馬場	レース名	人気	着順	騎手	距離
1937.3.28	中山	新呼馬	1	3	中島時一	芝1800
1937.4.3	中山	新呼馬	2	1	中島時一	芝2000
1937.4.11	中山	新呼馬優勝	3	1	中島時一	芝2200
1937.4.25	東京	各古呼馬	3	2	中島時一	芝1800
1937.4.29	東京	東京優駿大競走(日本ダービー)	4	1	中島時一	芝2400
1937.10.9	中山	古呼馬特ハン	2	4	中島時一	芝2200
1937.10.17	中山	中山4歳特別	2	5	中島時一	芝2400
1937.11.21	東京	各古馬特ハン	2	5	中島時一	芝2300
1937.11.23	東京	農林省賞典	2	2	中島時一	芝3200
1937.12.3	東京	帝室御賞典(秋)	2	3	中島時一	芝2600
1938.1.14	京都	農林省賞典牝馬	2	3	中島時一	芝3200
1938.5.7	阪神	古呼馬特ハン	3	4	中島時一	芝2200
1938.5.9	阪神	古呼馬牝馬	1	1	中島時一	芝2000
1938.5.15	阪神	帝室御賞典(春)	2	3	中島時一	芝2700
1938.5.22	阪神	古呼馬優勝	1	1	中島時一	芝2700
1938.5.29	東京	古呼馬	1	1	中島時一	芝2300
1938.6.3	東京	5歳馬特別	1	1	中島時一	芝2400
1938.6.5	東京	古呼馬優勝	1	1	中島時一	芝2600
1938.10.8	横浜	古呼馬	1	1	中島時一	芝2200
1938.10.17	横浜	横浜農林省賞典4・5歳呼馬	1	1	中島時一	芝2800
1938.10.30	東京	5歳馬特別	1	3	大久保房松	芝2600
1938.11.3	東京	帝室御賞典(秋)	1	1	中島時一	芝3200
1938.11.12	東京	古呼馬	1	1	津上健三	芝2400
1938.11.27	阪神	古呼馬優勝	1	1	中島時一	芝2700
1938.12.11	京都	古呼馬	1	2	中島時一	芝2800
1938.12.16	京都	京都4・5歳牝馬特別	1	1	中島時一	芝2600
1939.10.31	戸塚	E	–	4	倉持十九二	ダ1200
1939.11.4	戸塚	D5	–	2	倉持十九二	ダ1200
1939.11.8	柏	D5-B	1	1	倉持十九二	ダ1400
1939.11.16	柏	C特別	–	4	倉持十九二	ダ1600
1939.11.17	柏	D5優勝	–	1	倉持十九二	ダ1600

クリフジ

〔3代血統表〕

トウルヌソル 1922 鹿毛	Gainsborough	Bayardo
		Rosedrop
	Soliste	Prince William
		Sees
賢藤 1926 栗毛	チヤペルブラムプトン	Beppo
		Mesquite
	種光	ラシカツター
		第弐アストニシメント

〔戦績表〕

日付	競馬場	レース名	人気	着順	騎手	距離
1943.5.16	東京	新呼馬	1	1	前田長吉	芝1800
1943.5.30	東京	4歳呼馬勝入牝馬	1	1	前田長吉	芝1600
1943.6.6	東京	東京優駿競走(日本ダービー)	1	1	前田長吉	芝2400

※36 ～ 39ページ[戦後初期(昭和20・30年代) の名牝10頭] の掲載馬は省略しました

1965.5.3	東京	4歳牝馬特別	3	9	松永高德	芝1800
1965.5.23	東京	優駿牝馬(オークス)	3	16	松永高德	芝2400
1965.10.31	中京	オープン	1	1	松永高德	ダ1700
1965.11.14	京都	菊花賞	15	17	松永高德	芝3000
1965.12.5	中京	CBC賞	3	5	松永高德	ダ1800
1965.12.26	中京	愛知盃	2	2	松永高德	ダ2000
1966.1.23	中京	オープン	1	4	佐々木昭次	ダ1800
1966.2.6	中京	オープン	1	3	佐々木昭次	ダ1700
1966.3.6	中京	中京記念	11	5	松永高德	ダ2000
1966.3.26	阪神	オープン	3	3	松永高德	芝1800
1966.4.9	阪神	オープン	1	1	松永高德	芝1800
1966.4.29	京都	天皇賞(春)	11	15	松永高德	芝3200
1966.5.15	京都	オープン	1	4	松永高德	芝1600
1966.6.5	京都	鳴尾記念	7	1	内藤繁春	芝2400
1966.6.26	京都	宝塚記念	4	1	内藤繁春	芝2200
1966.9.23	京都	オープン	1	2	内藤繁春	芝1600
1966.10.9	京都	ハリウッドターフクラブ賞	1	6	内藤繁春	芝3200
1967.1.14	京都	オープン	4	2	目野哲也	芝1900

タマミ

〔3代血統表〕

<table>
<tr><td rowspan="4">カリム
1953 鹿毛</td><td rowspan="2">Nearco</td><td>Pharos</td></tr>
<tr><td>Nogara</td></tr>
<tr><td rowspan="2">Skylarking</td><td>Mirza</td></tr>
<tr><td>Jennie</td></tr>
<tr><td rowspan="4">グランドフォード
1958 鹿毛</td><td rowspan="2">トサミドリ</td><td>プリメロ</td></tr>
<tr><td>フリッパンシー</td></tr>
<tr><td rowspan="2">クリゾノ</td><td>トシシロ</td></tr>
<tr><td>クリススム</td></tr>
</table>

〔戦績表〕

日付	競馬場	レース名	人気	着順	騎手	距離
1969.8.24	東京	新馬	3	1	田村正光	ダ1000
1969.9.6	東京	なでしこ賞	6	2	田村正光	ダ1000
1969.9.23	中山	野菊賞	5	2	田村正光	芝1200
1969.10.18	中山	あさはぎ賞	1	4	田村正光	芝1200
1969.11.16	東京	黄菊賞	5	6	田村正光	芝1400
1969.11.30	東京	白菊賞	1	10	田村正光	芝1200
1969.12.13	中山	寒菊賞	4	1	田村正光	芝1200
1970.1.17	東京	4歳牝馬S	5	1	田村正光	芝1400
1970.2.15	東京	クイーンC	1	1	田村正光	ダ1400
1970.3.15	阪神	阪神4歳牝馬特別	2	1	高橋成忠	芝1400
1970.4.5	阪神	桜花賞	1	1	高橋成忠	芝1600
1970.5.17	東京	優駿牝馬(オークス)	1	14	高橋成忠	芝2400
1970.9.20	中山	クイーンS	1	11	中島啓之	芝2000
1970.10.11	中山	スプリンターズS	3	1	中島啓之	芝1200
1970.11.1	東京	牝馬S	3	4	中島啓之	芝2000
1970.11.22	東京	ダービー卿CT	7	10	中島啓之	芝1800
1970.12.6	中山	クモハタ記念	8	15	蓑田早人	芝1800
1970.12.27	中山	牝馬東京タイムズ杯	4	2	中島啓之	芝1600
1971.1.31	東京	東京新聞杯	11	3	増沢末夫	芝2000
1971.2.14	東京	京王杯スプリングH	2	1	増沢末夫	ダ1700
1971.3.14	中山	中山牝馬特別	3	3	増沢末夫	芝1800
1971.4.10	中山	オープン	1	4	星野忍	ダ1800
1971.5.9	中山	アルゼンチンJCC	7	9	中島啓之	芝2500
1971.7.11	函館	巴賞	2	3	高橋成忠	芝1800

スターロッチ

〔3代血統表〕

<table>
<tr><td rowspan="4">ハロウエー
1940 黒鹿毛</td><td rowspan="2">Fairway</td><td>Phalaris</td></tr>
<tr><td>Scapa Flow</td></tr>
<tr><td rowspan="2">Rosy Legend</td><td>Dark Legend</td></tr>
<tr><td>Rosy Cheeks</td></tr>
<tr><td rowspan="4">コロナ
1943 栗毛</td><td rowspan="2">月友</td><td>Man o'War</td></tr>
<tr><td>星友</td></tr>
<tr><td rowspan="2">秀節</td><td>ペリオン</td></tr>
<tr><td>玄香</td></tr>
</table>

〔戦績表〕

日付	競馬場	レース名	人気	着順	騎手	距離
1959.11.7	東京	未勝利未出走	1	2	勝又忠	芝1200
1959.11.28	東京	未勝利未出走	1	3	飯塚好次	芝1000
1959.12.26	中山	未勝利未出走	1	1	飯塚好次	芝1000
1960.1.16	中山	4歳抽籤馬特別	1	3	勝又忠	芝1200
1960.2.27	東京	4歳抽籤馬	1	1	野平祐二	芝1800
1960.3.13	阪神	4歳抽籤馬特別	1	1	勝又忠	芝1600
1960.3.27	阪神	桜花賞	5	3	野平祐二	芝1600
1960.5.1	東京	4歳牝馬特別	2	7	保田隆芳	芝2000
1960.5.22	東京	優駿牝馬(オークス)	9	1	高松三太	芝2400
1960.6.19	中山	中山4歳S	6	3	勝又忠	芝1800
1960.7.3	中山	白百合S	1	1	保田隆芳	芝1800
1960.9.4	東京	京王杯オータムH	5	5	保田隆芳	芝1600
1960.9.25	中山	スタンド完成記念	2	3	保田隆芳	芝2000
1960.10.15	中山	オープン	1	1	勝又忠	芝1800
1960.10.30	東京	クイーンS	3	2	勝又忠	芝2000
1960.11.20	東京	東京牝馬特別	3	3	勝又忠	芝1600
1960.12.4	中山	特殊ハンデキャップ	1	1	高松三太	芝2000
1960.12.18	中山	有馬記念	9	1	高松三太	芝2600
1961.1.22	中山	アメリカジョッキーCC	8	13	高松三太	芝2600
1961.5.5	東京	オープン	5	4	吉永正人	芝1800
1961.5.20	東京	オープン	2	3	吉永正人	芝2000
1961.6.11	東京	安田記念	9	11	高松三太	芝1800
1961.7.1	中山	オープン	3	4	吉永正人	芝1700
1961.9.3	東京	京王杯オータムH	2	1	高松三太	ダ1600
1961.9.17	東京	毎日王冠	3	止	高松三太	ダ2300

エイトクラウン

〔3代血統表〕

<table>
<tr><td rowspan="4">ヒンドスタン
1946 黒鹿毛</td><td rowspan="2">Bois Roussel</td><td>Vatout</td></tr>
<tr><td>Plucky Liege</td></tr>
<tr><td rowspan="2">Sonibai</td><td>Solario</td></tr>
<tr><td>Udaipur</td></tr>
<tr><td rowspan="4">アルペンローザ
1951 栃栗毛</td><td rowspan="2">Chamossaire</td><td>Precipitation</td></tr>
<tr><td>Snowberry</td></tr>
<tr><td rowspan="2">Stargrass</td><td>Noble Star</td></tr>
<tr><td>Grass Widow</td></tr>
</table>

〔戦績表〕

日付	競馬場	レース名	人気	着順	騎手	距離
1964.8.23	中京	未勝利未出走	4	9	松永高德	ダ1000
1964.9.6	中京	未勝利未出走	2	1	松永高德	ダ1000
1964.9.26	京都	オープン	3	2	松永高德	芝1100
1964.10.17	阪神	野路菊特別(50万下)	1	1	松永高德	芝1400
1964.11.8	京都	楓S	2	1	松永高德	芝1400
1964.12.6	阪神	3歳牝馬特別	1	1	佐々木昭次	芝1600
1964.12.20	阪神	阪神3歳S	1	1	佐々木昭次	芝1600
1965.3.14	中京	オープン	1	1	松永高德	ダ1200
1965.4.4	阪神	桜花賞	1	4	松永高德	芝1600

1970.3.22	中山	菜の花賞(100万下)	2	2	岡部幸雄	芝1600
1970.4.5	中山	4歳100万下	1	2	岡部幸雄	芝1800
1970.9.6	中山	4歳以上300万下	1	3	岡部幸雄	芝1800
1970.9.26	中山	内房特別(200万下)	1	1	加賀武見	芝1800
1970.10.24	京都	短距離特別(400万下)	3	1	岡部幸雄	芝1400
1970.11.22	京都	ビクトリアC	4	3	岡部幸雄	芝2400
1970.12.27	中山	牝馬東京タイムズ杯	2	5	岡部幸雄	芝1600
1971.1.15	東京	寿賞(700万下)	2	3	岡部幸雄	芝2000
1971.2.14	東京	京王杯スプリングH	5	4	岡部幸雄	ダ1700
1971.3.14	中山	中山牝馬特別	2	4	岡部幸雄	芝1800
1971.4.3	中山	爽春賞(700万下)	1	5	岡部幸雄	芝1600
1971.4.18	中山	三里塚特別(700万下)	1	1	加賀武見	芝2300
1971.5.9	中山	アルゼンチンジョッキーCC	5	6	岡部幸雄	芝2500
1971.5.30	東京	日本経済賞	6	6	加賀武見	芝2500
1971.6.20	東京	パールS(1000万下)	2	4	岡部幸雄	芝2400
1971.9.12	中山	4歳以上500万下	3	1	岡部幸雄	ダ1800
1971.10.3	福島	七夕賞	2	1	岡部幸雄	芝1800
1971.10.24	福島	福島大賞典	2	1	岡部幸雄	芝1800
1971.11.21	東京	ダービー卿CT	1	1	加賀武見	芝1800
1971.12.19	中山	有馬記念	3	6	加賀武見	芝2500
1972.3.12	中山	中山記念	2	6	岡部幸雄	芝1800
1972.4.9	中山	目黒記念(春)	4	1	岡部幸雄	芝2500
1972.5.28	中山	中山牝馬S	1	4	岡部幸雄	芝2000
1972.6.25	中京	高松宮杯	4	1	岡部幸雄	芝2000
1972.9.3	中山	京王杯オータムH	2	2	岡部幸雄	芝1800
1972.10.15	京都	ハリウッドターフクラブ賞	2	4	岡部幸雄	芝2400
1973.10.21	東京	地方競馬招待	3	5	岡部幸雄	芝1800
1973.11.25	東京	天皇賞(秋)	−	消	岡部幸雄	芝3200
1974.1.27	東京	オープン	4	止	岡部幸雄	芝1800

アチーブスター

〔3代血統表〕

シプリアニ 1958 黒鹿毛	Never Say Die	Nasrullah
		Singing Grass
	Carezza	Rockefella
		Canzonetta
フォーテリング 1961 黒鹿毛	Premonition	Precipitation
		Trial Ground
	Versification	Dante
		Lovely Bubbles

〔戦績表〕

日付	競馬場	レース名	人気	着順	騎手	距離
1971.9.18	阪神	3歳新馬	8	7	田之上幸男	芝1200
1971.10.2	阪神	3歳新馬	4	3	田之上幸男	芝1200
1971.10.9	阪神	3歳新馬	6	4	田之上幸男	芝1200
1971.10.23	京都	3歳未勝利	6	2	田之上幸男	芝1200
1971.11.6	京都	3歳未勝利	3	2	田之上幸男	芝1200
1971.12.25	阪神	3歳未勝利	2	4	田之上幸男	芝1400
1972.1.4	京都	4歳未勝利	4	6	田之上幸男	ダ1400
1972.1.23	京都	4歳未勝利	3	1	藤岡範士	ダ1400
1972.2.5	京都	アイリス賞(200万下)	8	7	久保敏文	芝1400
1972.2.19	中京	ヒヤシンス賞(200万下)	6	4	田之上幸男	芝1700
1972.2.27	中京	ジヤスミン賞(200万下)	4	2	藤岡範士	芝1700
1972.3.12	阪神	4歳200万下	1	1	藤岡範士	芝1900
1972.3.18	阪神	つくし賞(200万下)	4	8	田之上幸男	芝1900
1972.4.8	阪神	わらび賞(400万下)	11	10	田之上幸男	芝1900
1972.4.30	京都	阪神4歳牝馬特別	11	4	田之上幸男	芝1400
1972.5.21	阪神	桜花賞	8	1	武邦彦	芝1600
1972.9.17	阪神	サファイヤS	6	7	藤岡範士	芝1600
1972.10.1	阪神	神戸新聞杯	4	6	武邦彦	芝2000

トウメイ

〔3代血統表〕

シプリアニ 1958 黒鹿毛	Never Say Die	Nasrullah
		Singing Grass
	Carezza	Rockefella
		Canzonetta
トシマンナ 1958 栗毛	メイヂヒカリ	クモハタ
		シラハタ
	トシフジ	トキノチカラ
		第六マンナ

〔戦績表〕

日付	競馬場	レース名	人気	着順	騎手	距離
1968.8.30	札幌	3歳新馬	6	2	野元昭	ダ1000
1968.9.8	札幌	3歳新馬	3	1	野元昭	ダ1000
1968.10.13	京都	萩特別(130万下)	9	5	野元昭	芝1300
1968.11.3	京都	3歳130万下	4	1	簗田善則	芝1200
1968.12.8	阪神	オープン	3	1	簗田善則	芝1400
1968.12.22	阪神	寒菊賞(250万下)	1	1	簗田善則	芝1600
1969.1.15	京都	シンザン記念	3	2	野元昭	芝1600
1969.3.9	京都	京都4歳特別	1	1	高橋成忠	芝1600
1969.4.13	阪神	桜花賞	1	2	高橋成忠	芝1600
1969.5.18	東京	優駿牝馬 (オークス)	1	3	高橋成忠	芝2400
1969.6.8	京都	オープン	1	1	井高淳一	芝1600
1969.8.29	札幌	アカシヤS	2	2	北橋修二	ダ1800
1969.9.13	札幌	オープン	3	1	北橋修二	ダ1800
1969.9.28	札幌	大雪H	1	2	北橋修二	ダ2000
1969.11.2	京都	オープン	2	4	清水英次	芝1600
1969.11.23	京都	京都牝馬特別	1	3	高橋成忠	芝1600
1969.12.21	阪神	阪神牝馬特別	1	2	高橋成忠	芝2000
1970.3.15	阪神	オープン	2	1	高橋成忠	芝1600
1970.4.12	阪神	マイラーズC	1	1	簗田善則	芝1600
1970.5.10	阪神	阪急杯	1	2	高橋成忠	芝1900
1971.1.9	京都	オープン	2	5	西橋豊治	芝1600
1971.2.28	阪神	オープン	4	2	清水英次	芝1900
1971.3.13	阪神	オープン	1	2	清水英次	芝2000
1971.3.28	阪神	オープン	1	1	清水英次	芝2000
1971.4.11	阪神	マイラーズC	3	1	清水英次	芝1600
1971.5.9	京都	オープン	1	1	清水英次	芝2000
1971.6.6	阪神	阪急杯	1	1	清水英次	芝1900
1971.10.10	阪神	オープン	1	2	清水英次	芝1900
1971.10.31	東京	牝馬東京タイムズ杯	1	1	清水英次	芝1600
1971.11.28	東京	天皇賞(秋)	3	1	清水英次	芝3200
1971.12.19	中山	有馬記念	2	1	清水英次	芝2500

ジョセツ

〔3代血統表〕

シーフュリュー 1957 黒鹿毛	Sicambre	Prince Bio
		Sif
	Hell's Fury	Dante
		Sister Sarah
セツシユウ 1959 芦毛	グレーロード	Mahmoud
		Rude Awakening
	アオバ	ロツクフオード
		リリアンユートピア

〔戦績表〕

日付	競馬場	レース名	人気	着順	騎手	距離
1970.1.11	東京	4歳新馬	2	3	岡部幸雄	ダ1100
1970.1.24	東京	4歳新馬	1	2	岡部幸雄	ダ1200
1970.2.15	東京	4歳未勝利	1	1	岡部幸雄	ダ1400

トウコウエルザ

〔3代血統表〕

パーソロン 1960 鹿毛	Milesian	My Babu
		Oatflake
	Paleo	Pharis
		Calonice
ベニサイ 1964 栃栗毛	ゲイタイム	Rockefella
		Daring Miss
	ミスキヨウワ	グレーロード
		フオツクスンダウン

〔戦績表〕

日付	競馬場	レース名	人気	着順	騎手	距離
1973.11.11	東京	3歳新馬	7	9	徳吉一己	ダ1200
1973.11.24	東京	3歳新馬	9	9	徳吉一己	芝1200
1973.12.8	中山	3歳未勝利	19	15	宮田仁	芝1200
1974.1.12	東京	4歳未勝利	6	2	中野栄治	ダ1600
1974.2.3	東京	4歳未勝利	4	1	中野栄治	ダ1600
1974.2.16	東京	つくし賞(200万下)	7	2	中野栄治	ダ1400
1974.3.23	中山	山桜賞(200万下)	6	3	中野栄治	芝1800
1974.4.6	中山	若葉賞(200万下)	2	3	嶋田功	芝1800
1974.5.3	東京	4歳200万下	1	1	嶋田功	芝1600
1974.5.19	東京	優駿牝馬(オークス)	9	1	嶋田功	芝2400
1974.9.15	東京	クイーンS	2	1	嶋田功	芝2000
1974.10.26	京都	オープン	6	3	安田伊佐夫	芝1600
1974.11.17	京都	ビクトリアC	1	1	嶋田功	芝2400
1975.6.14	中山	オープン	3	6	小島太	芝1800
1975.6.29	中山	日本経済賞	7	9	小島太	芝2500
1975.9.7	中山	京王杯オータムH	8	2	中野栄治	芝1800
1975.10.12	東京	サンケイ賞オールカマー	1	2	中野栄治	芝2000
1975.11.2	東京	目黒記念(秋)	1	8	嶋田功	芝2500
1975.11.23	東京	天皇賞(秋)	6	3	中野栄治	芝3200
1975.12.14	中山	有馬記念	8	6	中野栄治	芝2500
1976.1.25	東京	アメリカジョッキーCC	5	7	嶋田功	芝2400
1976.2.29	中山	オープン	7	4	嶋田功	芝1600
1976.3.21	中山	中山牝馬S	1	5	嶋田功	芝1800
1976.4.29	京都	天皇賞(春)	5	9	嶋田功	芝3200
1976.5.22	京都	オープン	2	2	武邦彦	芝2000
1976.6.6	京都	宝塚記念	8	3	飯田明弘	芝2200
1976.6.27	中京	高松宮杯	2	3	武邦彦	芝2000
1976.9.26	東京	毎日王冠	2	7	中野栄治	芝2000
1976.10.17	中山	サンケイ賞オールカマー	4	2	中野栄治	芝2000
1977.1.5	東京	金杯	6	13	加賀武見	芝2000

キヨウエイグリーン

〔3代血統表〕

マタドア 1953 栗毛	Golden Cloud	Gold Bridge
		Rainstorm
	Spanish Galantry	Mazarin
		Courtship
リュウカオル 1961 鹿毛	ヒンドスタン	Bois Roussel
		Sonibai
	ヤマオー	セフト
		日本泉

〔戦績表〕

日付	競馬場	レース名	人気	着順	騎手	距離
1971.7.10	函館	3歳新馬	5	2	東信二	芝1000
1971.8.29	函館	3歳未勝利	1	1	東信二	芝1000
1971.9.11	札幌	オープン	1	9	東信二	ダ1200
1971.10.24	東京	いちょう特別(100万下)	3	1	東信二	芝1200
1972.10.29	京都	京都牝馬特別	10	9	武邦彦	芝1600
1972.11.19	京都	ビクトリアC	5	1	武邦彦	芝2400
1972.12.17	阪神	阪神牝馬特別	8	11	松本善登	芝2000
1973.1.20	中京	オープン	6	6	武邦彦	芝1800
1973.2.10	中京	オープン	7	7	田之上幸男	芝1600
1973.2.24	中京	オープン	5	6	田之上幸男	芝1800
1973.3.11	阪神	サンケイ大阪杯	9	9	田之上幸男	芝2000
1973.4.8	阪神	オープン	4	5	小島貞博	芝2000
1973.4.21	京都	オープン	11	10	田之上幸男	芝1900
1973.5.19	阪神	オープン	14	7	丸山雅夫	芝1600
1973.6.10	阪神	阪急杯	16	9	丸山雅夫	芝1600
1973.9.23	阪神	朝日チャレンジC	14	15	田之上幸男	芝2000
1973.10.28	京都	京都牝馬特別	12	13	田之上幸男	芝1600
1973.11.4	京都	京都記念	14	4	田之上幸男	芝2400

ニットウチドリ

〔3代血統表〕

ダラノーア 1960 黒鹿毛	Sunny Boy	Jock
		Fille de Soleil
	Danira	Dante
		Mah Iran
テルギク 1963 芦毛	ラッシー	Palestine
		Clovelly
	ノースヴイクスン	Borealis
		Bronze Vixen

〔戦績表〕

日付	競馬場	レース名	人気	着順	騎手	距離
1972.9.30	中山	3歳新馬	5	4	横山富雄	芝1000
1972.10.15	中山	3歳新馬	1	2	横山富雄	芝1000
1972.11.4	東京	3歳未勝利	1	1	横山富雄	芝1200
1972.11.18	東京	さざんか賞(200万下)	1	1	横山富雄	芝1400
1972.12.17	中山	3歳牝馬S	2	2	横山富雄	芝1600
1973.1.4	東京	新春4歳牝馬S	1	1	横山富雄	芝1600
1973.2.25	中山	クイーンC	2	3	横山富雄	芝1600
1973.3.18	阪神	阪神4歳牝馬特別	3	1	横山富雄	芝1400
1973.4.8	阪神	桜花賞	1	1	横山富雄	芝1600
1973.4.29	東京	サンスポ賞4歳牝馬特別	1	3	横山富雄	芝1800
1973.5.20	東京	優駿牝馬(オークス)	3	2	横山富雄	芝2400
1973.10.28	京都	京都牝馬特別	7	8	横山富雄	芝1600
1973.11.18	京都	ビクトリアC	3	1	横山富雄	芝2400
1973.12.16	中山	有馬記念	7	2	横山富雄	芝2500
1974.1.20	東京	アメリカジョッキーCC	7	10	横山富雄	芝2400
1974.2.24	中山	オープン	4	8	山田展裕	芝1600
1974.5.19	東京	オープン	9	14	栗原洋一	芝1800
1974.6.9	東京	安田記念	3	10	横山富雄	芝1600
1974.7.14	札幌	札幌記念	3	9	横山富雄	ダ2000
1974.10.6	中山	スプリンターズS	7	7	横山富雄	芝1200
1974.10.27	中山	牝馬東京タイムズ杯	6	8	横山富雄	芝1600

テスコガビー

〔3代血統表〕

テスコボーイ 1963 黒鹿毛	Princely Gift	Nasrullah
		Blue Gem
	Suncourt	Hyperion
		Inquisition
キタノリュウ 1965 栗毛	モンタヴァル	Norseman
		Ballynash
	オツクスフォード	ライジングフレーム
		ヨシヒロ

〔戦績表〕

日付	競馬場	レース名	人気	着順	騎手	距離
1974.9.15	東京	3歳新馬	1	1	菅原泰夫	芝1200
1974.9.29	東京	3歳S	1	1	菅原泰夫	芝1400
1974.10.20	中山	京成杯3歳S	2	1	菅原泰夫	芝1200
1975.1.12	東京	京成杯	1	1	菅原泰夫	芝1600
1975.2.9	東京	東京4歳S	2	2	菅原泰夫	芝1800
1975.3.16	阪神	阪神4歳牝馬特別	1	1	菅原泰夫	芝1200
1975.4.6	阪神	桜花賞	1	1	菅原泰夫	芝1600
1975.4.27	東京	サンスポ賞4歳牝馬特別	1	3	菅原泰夫	芝1800
1975.5.18	東京	優駿牝馬(オークス)	1	1	菅原泰夫	芝2400
1976.5.2	東京	オープン	1	6	菅原泰夫	ダ1200

サクライワイ

〔3代血統表〕

マタドア 1953 栗毛	Golden Cloud	Gold Bridge
		Rainstorm
	Spanish Galantry	Mazarin
		Courtship
グランドフェアー 1957 青毛	ハロウエー	Fairway
		Rosy Legend
	ディプレイク	ダイオライト
		第四パシフイツク

〔戦績表〕

日付	競馬場	レース名	人気	着順	騎手	距離
1973.8.5	札幌	3歳新馬	2	1	小島太	ダ1000
1973.8.19	札幌	北海道3歳S	2	12	小島太	ダ1200
1973.9.16	函館	函館3歳S	2	1	小島太	芝1200
1973.10.13	東京	オープン	1	1	小島太	芝1400
1973.11.10	東京	オープン	2	2	小島太	芝1400
1973.12.9	中山	朝日杯3歳S	7	8	小島太	芝1600
1974.3.17	阪神	阪神4歳牝馬特別	3	2	小島太	芝1400
1974.4.7	阪神	桜花賞	1	2	小島太	芝1600
1974.5.19	東京	優駿牝馬(オークス)	1	14	小島太	芝2400
1974.6.9	東京	安田記念	12	13	小島太	芝1600
1974.8.10	新潟	オープン	4	1	小島太	芝1200
1974.9.15	東京	クイーンS	4	9	小島太	芝2000
1974.10.6	中山	スプリンターズS	3	1	小島太	芝1200
1974.10.27	中山	牝馬東京タイムズ杯	2	2	小島太	芝1600
1974.12.8	中山	オープン	1	6	小島太	芝1600
1975.1.11	東京	オープン	4	5	小島太	ダ1600
1975.2.2	東京	東京新聞杯	8	9	小島太	芝2000
1975.3.16	中山	中山牝馬S	3	2	小島太	芝1800
1975.4.5	中山	オープン	2	3	小島太	芝1600
1975.4.27	東京	オープン	2	4	小島太	ダ1400
1975.6.8	東京	安田記念	6	1	小島太	芝1600
1975.7.27	札幌	日刊スポーツ杯短距離S	1	1	小島太	ダ1200
1975.8.17	函館	UHB杯短距離S	1	2	小島太	芝1200
1975.9.27	中山	スプリンターズS	1	1	小島太	芝1200

1971.11.13	東京	オープン	1	1	東信二	芝1400
1971.12.5	中山	3歳牝馬S	1	1	東信二	芝1600
1972.3.19	中山	京成杯	3	7	東信二	芝1600
1972.4.2	中山	クイーンC	1	7	東信二	芝1600
1972.5.7	京都	オープン	1	1	中野勝也	芝1600
1972.5.21	阪神	桜花賞	3	5	東信二	芝1600
1972.7.2	東京	優駿牝馬(オークス)	11	13	増沢末夫	芝2400
1972.9.9	中山	オープン	2	2	東信二	芝1600
1972.9.17	中山	クイーンS	3	2	東信二	芝2000
1972.10.8	中山	スプリンターズS	1	3	東信二	芝1200
1972.10.29	東京	牝馬東京タイムズ杯	3	3	東信二	芝1600
1972.11.19	東京	ダービー卿CT	10	9	東信二	芝1800
1972.12.17	中京	CBC賞	4	8	東信二	芝1400
1973.1.13	東京	オープン	4	2	東信二	芝1600
1973.1.27	東京	オープン	5	1	東信二	芝1600
1973.2.24	中山	オープン	1	1	東信二	芝1600
1973.3.18	中山	中山牝馬S	2	1	東信二	芝1800
1973.5.20	東京	オープン	5	9	東信二	芝1800
1973.6.10	東京	安田記念	3	17	野平祐二	芝1600
1973.8.5	札幌	短距離S	1	1	東信二	ダ1200
1973.9.30	中山	スプリンターズS	1	1	東信二	芝1200
1973.10.28	東京	牝馬東京タイムズ杯	1	13	東信二	芝1600
1973.11.23	東京	オープン	1	失	吉岡薫	芝1600
1973.12.8	中山	オープン	3	2	東信二	芝1600
1974.1.12	東京	オープン	3	5	東信二	芝1600
1974.5.4	新潟	オープン	1	3	東信二	芝1600
1974.5.12	新潟	関屋記念	5	9	東信二	芝1800
1974.6.9	東京	安田記念	9	1	東信二	芝1600
1974.10.6	中山	スプリンターズS	−	消	東信二	芝1200
1974.10.19	中山	オープン	4	3	東信二	芝1600
1974.11.17	東京	ダービー卿CT	4	13	東信二	芝1800
1974.12.1	中山	クモハタ記念	6	7	東信二	芝1800

イットー

〔3代血統表〕

ヴェンチア 1957 黒鹿毛	Relic	War Relic
		Bridal Colors
	Rose O'Lynn	Pherozshah
		Rocklyn
ミスマルミチ 1965 鹿毛	ネヴァービート	Never Say Die
		Bride Elect
	キューピツト	Nearula
		マイリー

〔戦績表〕

日付	競馬場	レース名	人気	着順	騎手	距離
1973.11.11	京都	3歳新馬	3	1	高尾武士	芝1200
1973.11.24	京都	白菊賞(200万下)	1	1	高尾武士	芝1400
1973.12.9	阪神	阪神3歳S	3	2	高尾武士	芝1600
1974.1.5	京都	紅梅賞	1	1	高尾武士	芝1600
1974.8.18	函館	オープン	2	1	高尾武士	芝1700
1974.10.27	京都	京都牝馬特別	1	10	高尾武士	芝1600
1974.12.1	阪神	セントウルS	1	3	高尾武士	芝1600
1975.3.15	阪神	オープン	2	2	簗田善則	芝1600
1975.4.13	阪神	マイラーズC	2	2	簗田善則	芝1600
1975.5.11	京都	スワンS	1	1	簗田善則	芝1600
1975.6.8	阪神	阪急杯	1	3	簗田善則	芝1600
1975.6.22	中京	高松宮杯	3	1	簗田善則	芝2000
1975.9.7	阪神	サファイヤS	1	1	簗田善則	芝1600
1975.9.21	阪神	朝日チャレンジC	1	2	簗田善則	芝2000
1975.10.26	京都	京都牝馬特別	1	4	簗田善則	芝1600

1976.2.29	中山	クイーンC	1	1	嶋田功	芝1600
1976.4.11	阪神	桜花賞	2	1	嶋田功	芝1600
1976.5.23	東京	優駿牝馬(オークス)	1	1	嶋田功	芝2400
1976.6.13	東京	安田記念	1	10	嶋田功	芝1600
1976.9.12	東京	京王杯オータムH	4	4	嶋田功	芝1800
1976.10.17	中山	オールカマー	2	4	嶋田功	芝2000
1976.11.21	京都	エリザベス女王杯	1	4	嶋田功	芝2400
1976.12.19	中山	有馬記念	13	5	嶋田功	芝2500
1977.2.6	東京	東京新聞杯	2	11	嶋田功	芝2000
1977.2.27	中山	オープン	5	9	佐藤等	芝1600
1977.3.20	中山	中山牝馬S	2	11	嶋田功	芝1800
1977.6.26	中山	オープン	1	9	佐藤照雄	ダ1700
1977.7.17	新潟	BSN杯	5	5	嶋田功	芝1800
1977.9.11	東京	京王杯オータムH	2	5	嶋田功	芝1800
1977.10.16	中山	オールカマー	3	8	嶋田功	芝2000
1977.11.13	東京	カブトヤマ記念	3	6	嶋田功	芝1600

インターグロリア

〔3代血統表〕

ネヴァービート 1960 栃栗毛	Never Say Die	Nasrullah
		Singing Grass
	Bride Elect	Big Game
		Netherton Maid
ヒダカチェリー 1968 鹿毛	コダマ	ブツフラー
		シラオキ
	ストーミーセツシヨン	Court Martial
		Squall

〔戦績表〕

日付	競馬場	レース名	人気	着順	騎手	距離
1977.2.5	京都	4歳新馬	5	7	西園正都	芝1600
1977.2.20	京都	4歳新馬	3	1	西園正都	芝1400
1977.3.13	阪神	若葉賞(300万下)	1	1	西園正都	芝1200
1977.4.10	阪神	桜花賞	1	1	福永洋一	芝1600
1977.5.1	東京	サンスポ賞4歳牝馬特別	2	9	福永洋一	芝1800
1977.5.22	東京	優駿牝馬(オークス)	4	14	福永洋一	芝2400
1977.10.30	京都	京都牝馬特別	2	3	福永洋一	芝1600
1977.11.20	京都	エリザベス女王杯	3	1	福永洋一	芝2400
1977.12.18	阪神	阪神牝馬特別	1	1	福永洋一	芝2000
1978.1.29	京都	オープン	1	1	福永洋一	芝1600
1978.2.26	阪神	仁川S(600万下)	1	2	福永洋一	芝1600
1978.4.8	阪神	マイラーズC	1	1	福永洋一	芝1600
1978.5.20	阪神	オープン	2	6	武邦彦	芝2000
1978.6.11	阪神	阪急杯	3	6	武邦彦	芝1600
1978.10.29	京都	京都牝馬特別	4	1	福永洋一	芝1600
1978.12.17	中山	有馬記念	10	2	樋口弘	芝2500
1979.2.4	中京	中京記念	1	3	樋口弘	芝2000
1979.4.7	阪神	マイラーズC	1	2	樋口弘	芝1600
1979.6.3	阪神	宝塚記念	4	12	樋口弘	芝2200
1979.10.28	中京	京都牝馬特別	3	1	樋口弘	芝1800
1979.12.16	中山	有馬記念	4	9	樋口弘	芝2500

1975.10.19	東京	オープン	1	4	渡部秀一	芝1600
1975.11.30	中山	クモハタ記念	4	7	小島太	芝1800

シービークイン

〔3代血統表〕

トピオ 1964 黒鹿毛	Fine Top	Fine Art
		Toupie
	Deliriosa	Delirium
		La Fougueuse
メイドウ 1965 鹿毛	アドミラルバード	Nearco
		Woodlark
	メイワ	ゲイタイム
		チルウインド

〔戦績表〕

日付	競馬場	レース名	人気	着順	騎手	距離
1976.1.31	東京	4歳新馬	8	5	竹原啓二	芝1400
1976.2.21	東京	4歳新馬	4	3	竹原啓二	ダ1400
1976.3.28	中山	4歳未勝利	4	1	竹原啓二	ダ1200
1976.5.2	東京	サンスポ賞4歳牝馬特別	14	1	吉永正人	芝1800
1976.5.23	東京	優駿牝馬(オークス)	4	3	吉永正人	芝2400
1976.10.31	中山	牝馬東京タイムズ杯	11	12	吉永正人	芝1600
1976.11.21	京都	エリザベス女王杯	5	8	吉永正人	芝2400
1977.1.9	東京	ニューイヤーS(1300万下)	14	16	吉永正人	ダ1400
1977.2.6	中京	中日新聞杯	12	15	竹原啓二	芝1800
1977.2.19	中京	5歳以上300万下	8	8	竹原啓二	芝1700
1977.3.20	中山	中山牝馬S	4	13	竹原啓二	芝1800
1977.4.29	東京	武蔵野S(1300万下)	9	3	竹原啓二	芝1600
1977.6.11	東京	みなづき賞(1300万下)	3	9	竹原啓二	芝1800
1977.7.10	中山	ルビーS(1300万下)	11	6	竹原啓二	芝1800
1977.9.10	東京	初秋S(1000万下)	3	1	吉永正人	芝1600
1977.9.25	東京	毎日王冠	1	1	吉永正人	芝2000
1977.11.6	東京	目黒記念(秋)	3	10	吉永正人	芝2500
1977.11.20	東京	ダービー卿CT	5	7	吉永正人	芝1800
1978.1.8	東京	ニューイヤーS(1400万下)	4	3	吉永正人	ダ1400
1978.2.5	東京	東京新聞杯	6	2	吉永正人	芝2000
1978.3.19	中山	中山牝馬S	2	2	吉永正人	芝1800
1978.4.23	東京	京王杯スプリングH	2	1	吉永正人	芝1800

テイタニヤ

〔3代血統表〕

アローエクスプレス 1967 鹿毛	スパニッシュイクスプレス	Sovereign Path
		Sage Femme
	ソーダストリーム	Airborne
		Pangani
ダイニトモコ 1966 鹿毛	シプリアニ	Never Say Die
		Carezza
	ギンヒデ	ヒンドスタン
		ミスパロー

〔戦績表〕

日付	競馬場	レース名	人気	着順	騎手	距離
1975.7.20	新潟	3歳新馬	1	2	嶋田功	芝1000
1975.8.3	新潟	3歳新馬	1	1	嶋田功	芝1000
1975.8.31	新潟	新潟3歳S	1	4	嶋田功	芝1200
1975.9.20	中山	あかね賞(300万下)	2	3	嶋田功	芝1200
1975.10.4	東京	オープン	1	1	嶋田功	芝1200
1975.10.25	東京	いちょう特別(300万下)	2	1	嶋田功	芝1400
1975.11.29	中山	東京12チヤンネル賞3歳牝馬S	1	1	嶋田功	芝1600
1976.1.5	東京	新春4歳牝馬S	1	7	嶋田功	芝1600

日付	競馬場	レース名	人気	着順	騎手	距離
1979.1.21	中京	中日新聞杯	1	3	西浦勝一	芝1800
1979.2.4	中京	中京記念	2	7	西浦勝一	芝2000
1979.3.11	阪神	サンケイ大阪杯	8	5	西浦勝一	芝2000
1979.4.7	阪神	マイラーズC	3	7	西浦勝一	芝1600
1979.5.6	京都	スワンS	2	8	目野哲也	芝1600
1979.6.10	阪神	阪急杯	3	10	目野哲也	芝1600
1979.7.8	阪神	金鯱賞	4	5	西浦勝一	芝2000
1979.10.7	中京	地方競馬招待	4	10	西浦勝一	芝1800

メイワキミコ

〔3代血統表〕

Gallant Man 1954 鹿毛	Migoli	Bois Roussel
		Mah Iran
	Majideh	Mahmoud
		Qurrat-al-Ain
ハワイアンドーン 1969 黒鹿毛	カウアイキング	Native Dancer
		Sweep In
	Irish Chorus	Ossian
		Dawn Chorus

〔戦績表〕

日付	競馬場	レース名	人気	着順	騎手	距離
1977.3.13	中山	4歳新馬	7	2	菅野澄男	芝1600
1977.3.27	中山	4歳未勝利	1	1	増沢末夫	ダ1200
1977.4.9	中山	フラワーC	1	3	増沢末夫	芝1600
1977.5.1	東京	サンスポ賞4歳牝馬特別	12	4	菅野澄男	芝1800
1977.5.22	東京	優駿牝馬(オークス)	7	23	増沢末夫	芝2400
1977.6.19	中山	4歳300万下	1	1	増沢末夫	ダ1200
1977.7.10	中山	アマリリス賞(300万下)	1	1	増沢末夫	芝1600
1977.8.20	新潟	オープン	1	1	増沢末夫	芝1200
1977.10.9	中山	スプリンターズS	1	1	増沢末夫	芝1200
1977.12.11	中京	CBC賞	1	2	増沢末夫	芝1400
1978.1.7	東京	オープン	1	2	増沢末夫	ダ1400
1978.1.28	東京	オープン	2	3	増沢末夫	ダ1600
1978.2.26	中山	オープン	1	1	増沢末夫	芝1600
1978.3.26	中山	オープン	2	2	増沢末夫	芝1600
1978.4.30	東京	オープン	1	3	仁平健二	芝1400
1978.9.16	東京	オープン	2	4	増沢末夫	芝1600
1978.10.8	中山	スプリンターズS	1	1	増沢末夫	芝1200
1978.10.29	中山	牝馬東京タイムズ杯	2	3	増沢末夫	芝1600
1979.10.7	中山	スプリンターズS	4	4	増沢末夫	芝1200

ハギノトップレディ

〔3代血統表〕

サンシー 1969 黒鹿毛	Sanctus	Fine Top
		Sanelta
	Wordys	Worden
		Princesse d'Ys
イツトー 1971 黒鹿毛	ヴェンチア	Relic
		Rose O'Lynn
	ミスマルミチ	ネヴァービート
		キユーピツト

〔戦績表〕

日付	競馬場	レース名	人気	着順	騎手	距離
1979.8.12	函館	3歳新馬	1	1	伊藤清章	芝1000
1980.3.22	阪神	オープン	1	3	伊藤清章	芝1400
1980.4.6	阪神	桜花賞	2	1	伊藤清章	芝1600
1980.5.18	東京	優駿牝馬(オークス)	2	17	伊藤清章	芝2400
1980.10.4	阪神	オープン	1	1	伊藤清章	芝1600

リニアクイン

〔3代血統表〕

ハードリドン 1955 黒鹿毛	Hard Sauce	Ardan
		Saucy Bella
	Toute Belle	Admiral Drake
		Chatelaine
エンタープライズII 1966 栗毛	ゲイタイム	Rockefella
		Daring Miss
	トキノキロク	ライジングフレーム
		マルタツ

〔戦績表〕

日付	競馬場	レース名	人気	着順	騎手	距離
1977.1.5	京都	4歳新馬	3	1	松田幸春	芝1400
1977.2.6	京都	クロッカス賞(300万下)	2	2	松田幸春	芝1400
1977.2.27	阪神	つくし賞(300万下)	1	1	松田幸春	芝1600
1977.4.10	阪神	桜花賞	8	3	松田幸春	芝1600
1977.4.29	東京	4歳中距離S(600万下)	1	1	松田幸春	芝2000
1977.5.22	東京	優駿牝馬(オークス)	1	1	松田幸春	芝2400
1977.10.2	阪神	神戸新聞杯	2	2	松田幸春	芝2000
1977.10.30	京都	京都牝馬特別	1	5	松田幸春	芝1600
1977.11.20	京都	エリザベス女王杯	2	2	松田幸春	芝2400
1977.12.18	阪神	阪神牝馬特別	3	3	河内洋	芝2000
1978.1.5	京都	金杯	1	1	松田幸春	芝2000
1978.2.19	京都	京都記念	3	5	松田幸春	芝2400

アイノクレスピン

〔3代血統表〕

セントクレスピン 1956 栗毛	Aureole	Hyperion
		Angelola
	Neocracy	Nearco
		Harina
キヌコ 1962 黒鹿毛	ケリー	Panorama
		Cottesmore
	フェアヒルズ	Fairwell
		Song of the Hills

〔戦績表〕

日付	競馬場	レース名	人気	着順	騎手	距離
1976.11.14	京都	3歳新馬	3	1	西浦勝一	芝1200
1976.12.12	阪神	3歳牝馬特別(300万下)	2	3	西浦勝一	芝1300
1976.12.25	阪神	ひいらぎ賞(300万下)	1	2	西浦勝一	芝1600
1977.1.22	京都	白梅賞(300万下)	1	1	西浦勝一	芝1400
1977.2.12	京都	飛梅賞(600万下)	2	1	西浦勝一	ダ1400
1977.3.6	阪神	毎日杯	3	5	西浦勝一	芝2000
1977.4.10	阪神	桜花賞	6	5	西浦勝一	芝1600
1977.5.1	東京	サンスポ賞4歳牝馬特別	5	2	西浦勝一	芝1800
1977.5.22	東京	優駿牝馬(オークス)	2	2	嶋田功	芝2400
1977.7.9	中京	4歳S	1	1	目野哲也	芝2000
1977.10.2	阪神	神戸新聞杯	1	1	目野哲也	芝2000
1977.10.29	京都	オープン	1	1	西浦勝一	芝1600
1977.11.20	京都	エリザベス女王杯	1	4	西浦勝一	芝2400
1977.12.18	阪神	阪神牝馬特別	2	4	西浦勝一	芝2000
1978.2.5	中京	中京記念	1	3	西浦勝一	芝2000
1978.3.12	阪神	サンケイ大阪杯	2	4	西浦勝一	芝2000
1978.5.7	京都	スワンS	3	2	目野哲也	芝1600
1978.6.11	阪神	阪急杯	2	2	西浦勝一	芝1600
1978.11.11	京都	オープン	5	2	西浦勝一	芝1200
1978.11.25	中京	オープン	1	1	西浦勝一	芝1800
1978.12.17	阪神	阪神牝馬特別	1	2	西浦勝一	芝2000
1979.1.5	京都	金杯	1	2	西浦勝一	芝2000

ダイナカール

〔3代血統表〕

ノーザンテースト 1971 栗毛	Northern Dancer	Nearctic
		Natalma
	Lady Victoria	Victoria Park
		Lady Angela
シャダイフェザー 1973 鹿毛	ガーサント	Bubbles
		Montagnana
	パロクサイド	Never Say Die
		Feather Ball

〔戦績表〕

日付	競馬場	レース名	人気	着順	騎手	距離
1982.10.17	東京	3歳新馬	1	1	岡部幸雄	ダ1200
1982.11.6	東京	白菊賞(400万下)	4	1	岡部幸雄	芝1600
1982.12.18	中山	3歳牝馬S	3	1	岡部幸雄	芝1600
1983.1.30	東京	クイーンC	1	5	岡部幸雄	芝1600
1983.3.20	阪神	報知杯4歳牝馬特別	4	2	東信二	芝1400
1983.4.10	阪神	桜花賞	1	3	東信二	芝1600
1983.5.22	東京	優駿牝馬(オークス)	2	1	岡部幸雄	芝2400
1983.10.2	中山	セントライト記念	2	2	岡部幸雄	芝2200
1983.10.30	京都	ローズS	1	3	岡部幸雄	芝2000
1983.12.10	中山	ターコイズS	1	1	岡部幸雄	芝1800
1983.12.25	中山	有馬記念	9	4	安田富男	芝2500
1984.2.19	東京	目黒記念(G2)	1	4	安田富男	芝2500
1984.10.7	東京	毎日王冠(G2)	6	7	岡部幸雄	芝1800
1984.11.18	東京	アルゼンチン共和国杯(G2)	5	3	岡部幸雄	芝2500
1984.12.23	中山	有馬記念(G1)	9	7	安田富男	芝2500
1985.1.20	中山	アメリカジョッキーCC(G2)	2	2	岡部幸雄	芝2200
1985.2.17	東京	目黒記念(G2)	2	7	岡部幸雄	芝2500
1985.3.10	中山	中山記念(G2)	3	3	岡部幸雄	芝1800

ブロケード

〔3代血統表〕

イエローゴッド 1967 栗毛	Red God	Nasrullah
		Spring Run
	Sally Deans	Fun Fair
		Cora Deans
マリンエクスプレス 1969 栗毛	スパニッシュイクスプレス	Sovereign Path
		Sage Femme
	アンジェラス	シマタカ
		フジトモ

〔戦績表〕

日付	競馬場	レース名	人気	着順	騎手	距離
1980.8.2	函館	3歳新馬	1	1	柴田政人	芝1000
1981.2.8	東京	カトレア賞(400万下)	1	1	柴田政人	ダ1400
1981.3.15	阪神	阪神4歳牝馬特別	3	1	柴田政人	芝1400
1981.4.5	阪神	桜花賞	1	1	柴田政人	芝1600
1981.5.24	東京	優駿牝馬(オークス)	4	13	柴田政人	芝2400
1981.8.2	函館	巴賞	3	2	柴田政人	芝1800
1981.8.23	函館	函館記念	2	2	柴田政人	芝2000
1981.10.11	東京	牝馬東京タイムズ杯	1	1	柴田政人	芝1600
1981.11.15	京都	エリザベス女王杯	2	13	柴田政人	芝2400
1981.12.13	中京	CBC賞	1	2	柴田政人	芝1200
1982.2.28	中山	スプリンターズS	2	1	柴田政人	芝1200
1982.3.14	中山	中山記念	3	4	柴田政人	芝1800
1982.4.29	東京	京王杯スプリングH	1	2	柴田政人	芝1400
1982.6.13	東京	安田記念	1	2	柴田政人	芝1600
1982.7.4	札幌	札幌記念	5	7	柴田政人	ダ2000
1982.8.8	函館	巴賞	2	3	柴田政人	芝1800
1980.10.26	阪神	京都牝馬特別	1	1	伊藤清章	芝1600
1980.11.16	京都	エリザベス女王杯	3	1	伊藤清章	芝2400
1981.6.7	阪神	宝塚記念	2	4	伊藤清章	芝2200
1981.6.28	中京	高松宮杯	1	1	伊藤清章	芝2000
1981.8.2	函館	巴賞	1	1	伊藤清章	芝1800
1981.10.4	東京	毎日王冠	1	8	伊藤清章	芝2000

プリテイキャスト

〔3代血統表〕

カバーラップ二世 1952 黒鹿毛	Cover Up	Alibhai
		Bel Amour
	Betty Martin	Hollyrood
		Rhoda F.
タイプキャスト 1966 鹿毛	Prince John	Princequillo
		Not Afraid
	Journalette	Summer Tan
		Manzana

〔戦績表〕

日付	競馬場	レース名	人気	着順	騎手	距離
1977.11.6	東京	3歳新馬	3	6	横山富雄	芝1400
1977.11.26	東京	3歳新馬	2	2	横山富雄	芝1400
1977.12.18	中山	3歳未勝利	3	11	横山富雄	芝1600
1978.1.15	東京	4歳未勝利	1	6	横山富雄	ダ1600
1978.2.12	東京	4歳未勝利	4	10	横山富雄	ダ1700
1978.3.19	中山	4歳未勝利	4	11	横山富雄	ダ1200
1978.5.7	新潟	4歳未勝利	4	5	小林常泰	芝1800
1978.5.20	新潟	4歳未勝利	3	1	徳吉一己	芝2000
1978.6.18	函館	湯川特別(300万下)	6	4	横山富雄	芝2000
1978.6.25	函館	立待岬特別(300万下)	3	1	横山富雄	芝2000
1978.7.15	函館	五稜郭特別(700万下)	5	1	横山富雄	芝2000
1978.8.6	札幌	道新杯(1100万下)	8	2	横山富雄	ダ2000
1978.9.17	東京	クイーンS	6	8	増沢末夫	芝2000
1978.10.28	京都	オープン	4	4	鹿戸明	芝2000
1978.11.19	京都	エリザベス女王杯	3	4	鹿戸明	芝2400
1978.12.24	中山	クリスマスH(1100万下)	3	1	柴田政人	芝2200
1979.2.4	中山	東京新聞杯	6	17	柴田政人	芝2000
1979.2.18	中山	目黒記念(春)	8	13	嶋田功	芝2500
1979.3.18	中山	中山牝馬S	9	14	柴田政人	芝1800
1979.4.29	新潟	谷川岳S	8	13	小林常泰	芝1600
1979.5.13	新潟	新潟大賞典	8	13	徳吉一己	芝2000
1979.6.17	札幌	道新杯(1200万下)	3	2	横山富雄	ダ2000
1979.6.30	札幌	HBC杯(800万下)	1	1	横山富雄	ダ2000
1979.7.28	札幌	大雪H(1200万下)	1	2	横山富雄	ダ2000
1979.8.24	函館	大沼S(1200万下)	2	10	横山富雄	芝2000
1979.9.16	函館	みなみ北海道S(1200万下)	9	10	鹿戸明	芝2400
1979.10.27	中山	紅葉H(1200万下)	3	6	横山富雄	芝2200
1979.11.24	東京	ユートピアS(1200万下)	8	5	横山富雄	芝2400
1979.12.22	中山	ステイヤーズS	6	5	嶋田功	芝3600
1980.1.7	中山	迎春賞(1200万下)	1	5	嶋田功	ダ2400
1980.1.27	東京	白富士賞(1200万下)	10	5	横山富雄	ダ2200
1980.2.16	東京	金蹄賞(1200万下)	6	1	横山富雄	ダ2100
1980.3.16	中山	ダイヤモンドS	8	1	横山富雄	芝3200
1980.4.29	阪神	天皇賞(春)	7	15	横山富雄	芝3200
1980.6.15	札幌	札幌日経賞	1	2	横山富雄	ダ1800
1980.6.29	札幌	札幌記念	1	2	横山富雄	ダ2000
1980.8.17	函館	函館記念	3	6	横山富雄	芝2000
1980.9.21	中山	毎日王冠	6	3	柴田政人	芝2000
1980.11.2	東京	目黒記念(秋)	6	11	柴田政人	芝2500
1980.11.23	東京	天皇賞(秋)	8	1	柴田政人	芝3200
1980.12.21	中山	有馬記念	7	12	柴田政人	芝2500

1982.8.29	函館	函館記念	4	4	柴田政人	芝2000
1982.10.2	中山	オータムスプリントS	1	8	柴田政人	芝1200
1982.12.19	中京	CBC賞	3	7	柴田政人	芝1200
1983.3.13	阪神	読売マイラーズC	2	2	柴田政人	芝1600
1983.5.1	東京	京王杯スプリングH	1	5	柴田政人	芝1400
1983.6.12	東京	安田記念	2	2	柴田政人	芝1600
1983.8.7	函館	巴賞	2	2	柴田政人	芝1800
1983.8.21	函館	函館記念	1	2	柴田政人	芝2000

メジロラモーヌ

〔3代血統表〕

モガミ 1976 青鹿毛	Lyphard	Northern Dancer
		Goofed
	ノーラック	Lucky Debonair
		No Teasing
メジロヒリュウ 1972 鹿毛	ネヴァービート	Never Say Die
		Bride Elect
	アマゾンウォリアー	Khaled
		War Betsy

〔戦績表〕

日付	競馬場	レース名	人気	着順	騎手	距離
1985.10.13	東京	3歳新馬	1	1	小島太	ダ1400
1985.11.3	東京	京成杯3歳S(G2)	1	4	小島太	芝1400
1985.11.30	中山	寒菊賞(400万下)	1	1	柏崎正次	芝1600
1985.12.14	中山	テレビ東京賞3歳牝馬S(G3)	2	1	柏崎正次	芝1600
1986.1.26	東京	クイーンC(G3)	1	4	柏崎正次	芝1600
1986.3.16	阪神	報知杯4歳牝馬特別(G2)	1	1	河内洋	芝1400
1986.4.6	阪神	桜花賞(G1)	1	1	河内洋	芝1600
1986.4.27	東京	サンスポ賞4歳牝馬特別(G2)	1	1	河内洋	芝1800
1986.5.18	東京	優駿牝馬(オークス)(G1)	1	1	河内洋	芝2400
1986.10.12	京都	ローズS(G2)	1	1	河内洋	芝2000
1986.11.2	京都	エリザベス女王杯(G1)	1	1	河内洋	芝2400
1986.12.21	中山	有馬記念(G1)	2	9	河内洋	芝2500

マックスビューティ

〔3代血統表〕

ブレイヴェストローマン 1972 鹿毛	Never Bend	Nasrullah
		Lalun
	Roman Song	Roman
		Quiz Song
フジタカレディ 1978 芦毛	バーバー	Princely Gift
		Desert Girl
	フジタカジョウ	パーソロン
		オートトップ

〔戦績表〕

日付	競馬場	レース名	人気	着順	騎手	距離
1986.7.13	札幌	3歳新馬	−	消	柴田政人	ダ1000
1986.8.3	函館	3歳新馬	1	1	柴田政人	芝1200
1986.9.21	函館	函館3歳S(G3)	1	4	柴田政人	芝1200
1986.12.7	阪神	ラジオたんぱ杯3歳牝馬S(G3)	2	2	南井克巳	芝1600
1987.1.6	京都	紅梅賞	1	1	南井克巳	芝1200
1987.2.21	京都	バイオレットS	1	1	田原成貴	芝1400
1987.3.15	阪神	チューリップ賞	1	1	田原成貴	芝1600
1987.4.12	阪神	桜花賞(G1)	1	1	田原成貴	芝1600
1987.5.3	東京	サンスポ賞4歳牝馬特別(G2)	1	1	柴田政人	芝2000
1987.5.24	東京	優駿牝馬(オークス)(G1)	1	1	田原成貴	芝2400
1987.9.27	阪神	神戸新聞杯(G2)	1	1	田原成貴	芝2000
1987.10.25	京都	ローズS(G2)	1	1	田原成貴	芝2000
1987.11.15	京都	エリザベス女王杯(G1)	1	2	田原成貴	芝2400
1987.12.27	中山	有馬記念(G1)	4	10	田原成貴	芝2500
1988.2.28	阪神	マイラーズC(G2)	1	3	田原成貴	芝1600
1988.4.3	阪神	サンケイ大阪杯(G2)	1	8	田原成貴	芝2000
1988.8.21	函館	函館記念(G3)	7	6	田島良保	芝2000
1988.9.18	新潟	オールカマー(G3)	2	7	岡部幸雄	芝2200
1988.10.8	京都	オパールS	1	1	武豊	芝1200
1988.10.30	京都	スワンS(G2)	4	9	田島良保	芝1400

タカラスチール

〔3代血統表〕

スティールハート 1972 黒鹿毛	Habitat	Sir Gaylord
		Little Hut
	A. 1	Abernant
		Asti Spumante
ルードーメン 1973 鹿毛	シャトーゲイ	Swaps
		Banquet Bell
	フヂカタ	ボストニアン
		ラ・フウドル

〔戦績表〕

日付	競馬場	レース名	人気	着順	騎手	距離
1984.7.7	札幌	3歳新馬	3	1	佐藤吉勝	ダ1000
1984.7.29	札幌	札幌3歳S(G3)	12	14	佐藤吉勝	ダ1200
1984.8.19	函館	クローバー賞	8	4	加賀武見	芝1200
1984.9.23	函館	函館3歳S(G3)	12	6	塚越一弘	芝1200
1984.10.21	東京	サフラン賞(400万下)	8	2	佐藤吉勝	芝1400
1984.11.25	東京	3歳400万下	3	1	佐藤吉勝	芝1400
1984.12.15	中山	テレビ東京賞3歳牝馬S(G3)	4	2	佐藤吉勝	芝1600
1985.1.5	中山	新春4歳牝馬S	1	1	佐藤吉勝	芝1200
1985.1.27	東京	クイーンC(G3)	1	1	佐藤吉勝	芝1600
1985.3.17	阪神	報知杯4歳牝馬特別(G2)	1	3	佐藤吉勝	芝1400
1985.4.7	阪神	桜花賞(G1)	1	15	稲葉的海	芝1600
1985.5.3	東京	菖蒲特別	2	1	田村正光	芝1400
1985.5.18	東京	カーネーションC	1	1	中島啓之	芝1400
1985.7.14	新潟	BSN杯	1	2	吉沢宗一	芝1200
1985.8.4	新潟	関屋記念(G3)	1	1	吉沢宗一	芝1600
1985.9.8	中山	京王杯オータムH(G3)	1	6	佐藤吉勝	芝1600
1985.10.13	東京	牝馬東京タイムズ杯(G3)	2	3	吉沢宗一	芝1600
1985.12.1	中山	ダービー卿CT(G3)	2	15	吉沢宗一	芝1600
1986.2.2	東京	東京新聞杯(G3)	8	7	佐藤吉勝	芝1600
1986.3.16	中山	スプリンターズS(G3)	4	3	柴田政人	芝1200
1986.4.20	東京	京王杯スプリングC(G2)	6	2	大崎昭一	芝1400
1986.5.11	東京	安田記念(G1)	4	7	郷原洋行	芝1600
1986.6.8	東京	エプソムC(G3)	5	3	大崎昭一	芝1800
1986.7.13	新潟	BSN杯	2	2	大崎昭一	芝1200
1986.8.3	新潟	関屋記念(G3)	1	3	大崎昭一	芝1600
1986.9.7	中山	京王杯オータムH(G3)	3	3	佐藤吉勝	芝1600
1986.10.26	京都	スワンS(G2)	3	4	田島良保	芝1400
1986.11.16	京都	マイルチャンピオンS(G1)	6	1	田島良保	芝1600
1987.1.5	中山	日刊スポーツ賞金杯(G3)	8	16	佐藤吉勝	芝2000
1987.3.1	阪神	マイラーズC(G2)	4	4	田島良保	芝1600
1987.3.22	中山	スプリンターズS(G2)	3	6	大崎昭一	芝1200
1987.4.26	東京	京王杯スプリングC(G2)	6	12	柴田政人	芝1400

1990.2.12	川崎	川崎記念	1	1	野崎武司	ダ2000

パッシングショット

〔3代血統表〕

<table>
<tr><td rowspan="4">トウショウボーイ
1973 鹿毛</td><td rowspan="2">テスコボーイ</td><td>Princely Gift</td></tr>
<tr><td>Suncourt</td></tr>
<tr><td rowspan="2">ソシアルバターフライ</td><td>Your Host</td></tr>
<tr><td>Wisteria</td></tr>
<tr><td rowspan="4">タカヨシピット
1972 栃栗毛</td><td rowspan="2">ネヴァービート</td><td>Never Say Die</td></tr>
<tr><td>Bride Elect</td></tr>
<tr><td rowspan="2">ファーストウエイ</td><td>ボウプリンス</td></tr>
<tr><td>スーパーボンド</td></tr>
</table>

〔戦績表〕

日付	競馬場	レース名	人気	着順	騎手	距離
1987.11.29	中京	3歳新馬	2	2	南井克巳	ダ1000
1987.12.13	中京	3歳新馬	1	1	楠孝志	芝1200
1988.2.20	京都	4歳400万下	7	5	南井克巳	ダ1800
1988.3.5	阪神	初雛賞(400万下)	3	2	南井克巳	芝1600
1988.9.3	函館	4歳以上400万下	1	2	田原成貴	芝1200
1988.9.17	函館	横津岳特別(400万下)	1	2	田原成貴	芝1800
1988.10.16	京都	堀川特別(400万下)	5	3	楠孝志	芝1600
1988.11.6	京都	逢坂山特別(400万下)	1	1	南井克巳	芝1600
1988.11.13	京都	エリザベス女王杯(G1)	7	9	松本達也	芝2400
1988.12.4	阪神	ゴールデンサドルT(900万下)	1	1	柴田政人	芝1600
1989.1.29	京都	京都牝馬特別(G3)	2	2	南井克巳	芝1600
1989.2.26	阪神	マイラーズC(G2)	4	2	南井克巳	芝1600
1989.4.23	東京	京王杯スプリングC(G2)	3	3	南井克巳	芝1400
1989.5.14	東京	安田記念(G1)	8	6	南井克巳	芝1600
1989.11.5	東京	根岸S(G3)	8	13	楠孝志	ダ1400
1989.11.26	京都	トパーズS	5	2	楠孝志	芝2000
1989.12.24	阪神	サンスポ賞阪神牝馬特別(G3)	2	12	楠孝志	芝2000
1990.1.7	京都	洛陽S	1	2	南井克巳	芝1600
1990.1.28	阪神	京都牝馬特別(G3)	3	4	楠孝志	芝1600
1990.2.17	阪神	ポートアイランドS(1500万下)	2	3	南井克巳	芝1600
1990.5.5	京都	シルクロードS	3	2	南井克巳	芝1200
1990.6.3	阪神	阪急杯(G3)	3	5	須貝尚介	芝1400
1990.6.24	中京	CBC賞(G2)	6	1	楠孝志	芝1200
1990.7.8	中京	高松宮杯(G2)	8	10	楠孝志	芝2000
1990.10.28	京都	スワンS(G2)	8	2	楠孝志	芝1400
1990.11.18	京都	マイルチャンピオンS(G1)	10	1	楠孝志	芝1600
1990.12.16	中山	スプリンターズS(G1)	2	8	楠孝志	芝1200

アグネスフローラ

〔3代血統表〕

<table>
<tr><td rowspan="4">ロイヤルスキー
1974 栗毛</td><td rowspan="2">Raja Baba</td><td>Bold Ruler</td></tr>
<tr><td>Missy Baba</td></tr>
<tr><td rowspan="2">Coz o'Nijinsky</td><td>Involvement</td></tr>
<tr><td>Gleam</td></tr>
<tr><td rowspan="4">アグネスレディー
1976 鹿毛</td><td rowspan="2">リマンド</td><td>Alcide</td></tr>
<tr><td>Admonish</td></tr>
<tr><td rowspan="2">イコマエイカン</td><td>Sallymount</td></tr>
<tr><td>ヘザーランズ</td></tr>
</table>

〔戦績表〕

日付	競馬場	レース名	人気	着順	騎手	距離
1989.12.9	阪神	3歳新馬	2	1	河内洋	芝1200
1990.1.15	京都	若菜賞(500万下)	1	1	河内洋	芝1400
1990.2.4	阪神	エルフィンS	1	1	河内洋	芝1600
1990.3.11	阪神	チューリップ賞	1	1	河内洋	芝1600

ダイナアクトレス

〔3代血統表〕

<table>
<tr><td rowspan="4">ノーザンテースト
1971 栗毛</td><td rowspan="2">Northern Dancer</td><td>Nearctic</td></tr>
<tr><td>Natalma</td></tr>
<tr><td rowspan="2">Lady Victoria</td><td>Victoria Park</td></tr>
<tr><td>Lady Angela</td></tr>
<tr><td rowspan="4">モデルスポート
1975 黒鹿毛</td><td rowspan="2">モデルフール</td><td>Tom Fool</td></tr>
<tr><td>Model Joy</td></tr>
<tr><td rowspan="2">マジックゴデイス</td><td>Red God</td></tr>
<tr><td>Like Magic</td></tr>
</table>

〔戦績表〕

日付	競馬場	レース名	人気	着順	騎手	距離
1985.8.11	函館	3歳新馬	1	1	東信二	芝1000
1985.9.8	函館	すずらん賞	1	1	東信二	芝1000
1985.9.22	函館	函館3歳S (G3)	1	1	東信二	芝1200
1986.3.22	中山	すみれ賞	2	8	東信二	芝1200
1986.4.27	東京	サンスポ賞4歳牝馬特別(G2)	4	2	柴崎勇	芝1800
1986.5.18	東京	優駿牝馬 (オークス) (G1)	2	3	柴崎勇	芝2400
1986.10.12	京都	ローズS(G2)	−	消	岩元市三	芝2000
1987.4.26	東京	京王杯スプリングC(G2)	9	2	東信二	芝1400
1987.5.17	東京	安田記念(G1)	4	5	東信二	芝1600
1987.6.7	阪神	阪急杯(G3)	1	14	岩元市三	芝1400
1987.9.13	中山	京王杯オータムH(G3)	1	1	岡部幸雄	芝1600
1987.10.11	東京	毎日王冠(G2)	2	1	岡部幸雄	芝1800
1987.11.1	東京	天皇賞(秋)(G1)	2	8	岡部幸雄	芝2000
1987.11.29	東京	ジャパンC(G1)	9	3	岡部幸雄	芝2400
1987.12.27	中山	有馬記念(G1)	2	7	岡部幸雄	芝2500
1988.3.20	東京	スプリンターズS(G2)	1	1	的場均	芝1400
1988.4.24	東京	京王杯スプリングC(G2)	1	1	岡部幸雄	芝1400
1988.5.15	東京	安田記念(G1)	2	2	河内洋	芝1600
1988.10.9	東京	毎日王冠(G2)	2	5	岡部幸雄	芝1800
1988.10.30	東京	天皇賞(秋)(G1)	3	4	岡部幸雄	芝2000

ロジータ

〔3代血統表〕

<table>
<tr><td rowspan="4">ミルジョージ
1975 鹿毛</td><td rowspan="2">Mill Reef</td><td>Never Bend</td></tr>
<tr><td>Milan Mill</td></tr>
<tr><td rowspan="2">Miss Charisma</td><td>Ragusa</td></tr>
<tr><td>マタテイナ</td></tr>
<tr><td rowspan="4">メロウマダング
1981 鹿毛</td><td rowspan="2">マダング</td><td>Habitat</td></tr>
<tr><td>Jellatina</td></tr>
<tr><td rowspan="2">スピードキヨフジ</td><td>チャイナロック</td></tr>
<tr><td>イチシンヒカリ</td></tr>
</table>

〔戦績表〕

日付	競馬場	レース名	人気	着順	騎手	距離
1988.10.7	川崎	3歳新馬	1	1	野崎武司	ダ900
1988.10.25	川崎	3歳	2	2	野崎武司	ダ1400
1988.11.20	川崎	カトレア特別	1	1	野崎武司	ダ1400
1988.12.14	大井	東京3歳優駿牝馬	3	3	野崎武司	ダ1600
1989.1.3	浦和	ニューイヤーC	2	1	野崎武司	ダ1600
1989.2.8	大井	京浜盃	6	1	野崎武司	ダ1700
1989.4.4	浦和	桜花賞	1	1	野崎武司	ダ1600
1989.5.10	大井	羽田盃	1	1	野崎武司	ダ2000
1989.6.8	大井	東京ダービー	1	1	野崎武司	ダ2400
1989.7.12	川崎	報知オールスターC	1	2	野崎武司	ダ1600
1989.9.17	中山	オールカマー(G3)	3	5	野崎武司	芝2200
1989.11.3	大井	東京王冠賞	1	1	野崎武司	ダ2600
1989.11.26	東京	ジャパンC(G1)	12	15	野崎武司	芝2400
1989.12.29	大井	東京大賞典	2	1	野崎武司	ダ2800

1993.6.13	阪神	宝塚記念(G1)	3	8	河内洋	芝2200
1993.10.30	京都	スワンS(G2)	2	3	河内洋	芝1400
1993.11.21	京都	マイルチャンピオンS(G1)	2	13	河内洋	芝1600
1993.12.19	中山	スプリンターズS(G1)	3	3	河内洋	芝1200

イクノディクタス

〔3代血統表〕

ディクタス 1967 栗毛	Sanctus	Fine Top
		Sanelta
	Doronic	Worden
		Dulzetta
ダイナランディング 1980 鹿毛	ノーザンテースト	Northern Dancer
		Lady Victoria
	ナイスランディング	First Landing
		Pashmina

〔戦績表〕

日付	競馬場	レース名	人気	着順	騎手	距離
1989.7.23	小倉	3歳新馬	3	1	西浦勝一	芝1000
1989.8.19	小倉	フェニックス賞	2	1	西浦勝一	芝1200
1989.9.3	小倉	小倉3歳S(G3)	1	9	西浦勝一	芝1200
1989.10.14	京都	萩S	2	6	西浦勝一	芝1200
1989.11.11	京都	デイリー杯3歳S(G2)	7	5	西浦勝一	芝1400
1989.12.10	阪神	ラジオたんぱ杯3歳牝馬S(G3)	4	3	西浦勝一	芝1600
1990.3.18	阪神	報知杯4歳牝馬特別(G2)	8	11	西浦勝一	芝1400
1990.4.8	阪神	桜花賞(G1)	18	11	西浦勝一	芝1600
1990.4.29	東京	サンスポ賞4歳牝馬特別(G2)	12	6	中舘英二	芝2000
1990.5.20	東京	優駿牝馬(オークス)(G1)	18	9	中舘英二	芝2400
1990.9.30	中京	サファイヤS(G3)	8	3	村本善之	芝1700
1990.10.21	京都	ローズS(G2)	10	2	村本善之	芝2000
1990.11.11	京都	エリザベス女王杯(G1)	9	4	村本善之	芝2400
1991.1.27	京都	京都牝馬特別(G3)	14	7	松永昌博	芝1600
1991.2.9	京都	すばるS	7	4	武豊	芝2000
1991.2.24	中京	マイラーズC(G2)	7	3	松永昌博	芝1700
1991.3.23	京都	コーラルS	4	1	松永昌博	芝1400
1991.4.21	東京	京王杯スプリングC(G2)	12	11	松永昌博	芝1400
1991.5.12	京都	京阪杯(G3)	7	1	村本善之	芝2000
1991.6.2	京都	阪急杯(G3)	2	10	村本善之	芝1400
1991.6.16	中京	金鯱賞(G3)	5	7	村本善之	芝1800
1991.7.14	小倉	小倉日経賞	3	3	村本善之	芝1700
1991.8.4	小倉	北九州記念(G3)	3	2	村本善之	芝1800
1991.8.25	小倉	小倉記念(G3)	2	3	村本善之	芝2000
1991.9.15	中京	朝日チャレンジC(G3)	6	2	村本善之	芝2000
1992.2.2	小倉	関門橋S	4	2	内田国夫	芝2000
1992.2.23	小倉	小倉大賞典(G3)	2	10	安田隆行	芝1800
1992.3.22	中京	中京記念(G3)	4	8	村本善之	芝2000
1992.4.5	阪神	産經大阪杯(G2)	7	4	村本善之	芝2000
1992.5.3	東京	メトロポリタンS	3	2	武豊	芝2300
1992.5.17	新潟	新潟大賞典(G3)	5	4	内田国夫	芝2200
1992.5.30	阪神	エメラルドS	2	1	村本善之	芝2500
1992.6.21	中京	金鯱賞(G3)	1	1	村本善之	芝1800
1992.7.12	中京	高松宮杯(G2)	3	12	村本善之	芝2000
1992.8.30	小倉	小倉記念(G3)	4	1	村本善之	芝2000
1992.9.20	中山	オールカマー(G3)	4	1	村本善之	芝2200
1992.10.11	東京	毎日王冠(G2)	3	2	村本善之	芝1800
1992.11.1	東京	天皇賞(秋)(G1)	4	9	村本善之	芝2000
1992.11.22	京都	マイルチャンピオンS(G1)	10	9	村本善之	芝1600
1992.11.29	東京	ジャパンC(G1)	14	9	村本善之	芝2400
1992.12.27	中山	有馬記念(G1)	16	7	村本善之	芝2500
1993.3.21	中山	日経賞(G2)	5	6	村本善之	芝2500
1993.4.4	阪神	産經大阪杯(G2)	6	6	村本善之	芝2000

1990.4.8	阪神	桜花賞(G1)	1	1	河内洋	芝1600
1990.5.20	東京	優駿牝馬(オークス)(G1)	1	2	河内洋	芝2400

ダイイチルビー

〔3代血統表〕

トウショウボーイ 1973 鹿毛	テスコボーイ	Princely Gift
		Suncourt
	ソシアルバターフライ	Your Host
		Wisteria
ハギノトップレディ 1977 黒鹿毛	サンシー	Sanctus
		Wordys
	イットー	ヴェンチア
		ミスマルミチ

〔戦績表〕

日付	競馬場	レース名	人気	着順	騎手	距離
1990.2.25	阪神	4歳新馬	1	1	武豊	芝1600
1990.3.24	阪神	アネモネ賞(500万下)	1	1	武豊	芝1600
1990.4.8	阪神	忘れな草賞	1	2	武豊	芝2000
1990.4.29	東京	サンスポ賞4歳牝馬特別(G2)	1	2	増沢末夫	芝2000
1990.5.20	東京	優駿牝馬 (オークス) (G1)	2	5	武豊	芝2400
1990.10.21	京都	ローズS(G2)	1	5	武豊	芝2000
1991.1.7	京都	洛陽S	2	2	河内洋	芝1600
1991.1.27	京都	京都牝馬特別(G3)	3	1	河内洋	芝1600
1991.2.24	中山	中山牝馬S(G3)	1	3	河内洋	芝1800
1991.4.21	東京	京王杯スプリングC(G2)	3	1	河内洋	芝1400
1991.5.12	東京	安田記念(G1)	2	1	河内洋	芝1600
1991.7.7	中京	高松宮杯(G2)	1	2	河内洋	芝2000
1991.10.26	京都	スワンS(G2)	1	2	河内洋	芝1400
1991.11.17	京都	マイルチャンピオンS(G1)	1	2	河内洋	芝1600
1991.12.15	中山	スプリンターズS(G1)	2	1	河内洋	芝1200
1992.3.1	阪神	マイラーズC(G2)	1	6	河内洋	芝1600
1992.4.25	東京	京王杯スプリングC(G2)	1	5	河内洋	芝1400
1992.5.17	東京	安田記念(G1)	4	15	河内洋	芝1600

ニシノフラワー

〔3代血統表〕

Majestic Light 1973 鹿毛	Majestic Prince	Raise a Native
		Gay Hostess
	Irradiate	Ribot
		High Voltage
デュプリシト 1985 鹿毛	Danzig	Northern Dancer
		Pas de Nom
	Fabulous Fraud	Le Fabuleux
		The Bride

〔戦績表〕

日付	競馬場	レース名	人気	着順	騎手	距離
1991.7.7	札幌	3歳新馬	4	1	佐藤正雄	ダ1000
1991.7.28	札幌	札幌3歳S(G3)	4	1	佐藤正雄	芝1200
1991.11.2	京都	デイリー杯3歳S(G2)	1	1	田原成貴	芝1400
1991.12.1	阪神	阪神3歳牝馬S(G1)	1	1	佐藤正雄	芝1600
1992.3.15	阪神	チューリップ賞	1	2	佐藤正雄	芝1600
1992.4.12	阪神	桜花賞(G1)	1	1	河内洋	芝1600
1992.5.24	東京	優駿牝馬(オークス)(G1)	1	7	河内洋	芝2400
1992.10.25	京都	ローズS(G2)	1	4	河内洋	芝2000
1992.11.15	京都	エリザベス女王杯(G1)	6	3	河内洋	芝2400
1992.12.20	中山	スプリンターズS(G1)	2	1	河内洋	芝1200
1993.2.28	阪神	マイラーズC(G2)	1	1	河内洋	芝1600
1993.5.16	東京	安田記念(G1)	1	10	河内洋	芝1600

ホクトベガ

〔3代血統表〕

ナグルスキー 1981 鹿毛	Nijinsky	Northern Dancer
		Flaming Page
	Deceit	Prince John
		Double Agent
タケノファルコン 1982 黒鹿毛	フィリップオブスペイン	Tudor Melody
		Lerida
	クールフェアー	イエローゴッド
		シャークスキン

〔戦績表〕

日付	競馬場	レース名	人気	着順	騎手	距離
1993.1.5	中山	4歳新馬	2	1	加藤和宏	ダ1200
1993.1.16	中山	朱竹賞(500万下)	1	2	加藤和宏	ダ1800
1993.2.20	東京	カトレア賞(500万下)	1	1	加藤和宏	ダ1600
1993.3.20	中山	フラワーC(G3)	2	1	加藤和宏	芝1800
1993.4.11	阪神	桜花賞(G1)	6	5	加藤和宏	芝1600
1993.5.23	東京	優駿牝馬(オークス)(G1)	5	6	加藤和宏	芝2400
1993.10.3	中山	クイーンS(G3)	2	2	加藤和宏	芝2000
1993.10.24	京都	ローズS(G2)	3	3	加藤和宏	芝2000
1993.11.14	京都	エリザベス女王杯(G1)	9	1	加藤和宏	芝2400
1993.12.18	中山	ターコイズS	2	3	加藤和宏	芝1800
1994.1.15	阪神	平安S(G3)	2	10	加藤和宏	ダ1800
1994.2.27	中山	中山牝馬S(G3)	2	4	加藤和宏	芝1800
1994.4.23	東京	京王杯スプリングC(G2)	5	5	加藤和宏	芝1400
1994.6.12	札幌	札幌日経OP	1	1	加藤和宏	芝1800
1994.7.3	札幌	札幌記念(G3)	1	1	加藤和宏	芝2000
1994.8.21	札幌	函館記念(G3)	1	3	加藤和宏	芝2000
1994.10.9	東京	毎日王冠(G2)	11	9	加藤和宏	芝1800
1994.11.13	東京	富士S	2	6	加藤和宏	芝1800
1994.12.18	阪神	阪神牝馬特別(G2)	6	5	加藤和宏	芝2000
1995.1.22	中山	アメリカジョッキーCC(G2)	6	2	加藤和宏	芝2200
1995.2.26	中山	中山牝馬S(G3)	1	2	加藤和宏	芝1800
1995.3.12	中山	中山記念(G2)	2	8	加藤和宏	芝1800
1995.4.22	東京	京王杯スプリングC(G2)	11	3	横山典弘	芝1400
1995.5.14	東京	安田記念(G1)	3	5	横山典弘	芝1600
1995.6.13	川崎	エンプレス杯	1	1	横山典弘	ダ2000
1995.8.20	函館	函館記念(G3)	5	11	的場均	芝2000
1995.10.8	東京	毎日王冠(G2)	8	7	大塚栄三郎	芝1800
1995.10.29	東京	天皇賞(秋)(G1)	15	16	横山典弘	芝2000
1995.11.19	新潟	福島記念(G3)	8	2	中舘英二	芝2000
1995.12.17	阪神	阪神牝馬特別(G2)	5	5	中舘英二	芝2000
1996.1.24	川崎	川崎記念	2	1	横山典弘	ダ2000
1996.2.17	東京	フェブラリーS(G2)	3	1	横山典弘	ダ1600
1996.3.20	船橋	ダイオライト記念	1	1	横山典弘	ダ2400
1996.5.5	高崎	群馬記念	1	1	横山典弘	ダ1500
1996.6.19	大井	帝王賞	1	1	横山典弘	ダ2000
1996.7.15	川崎	エンプレス杯	1	1	横山典弘	ダ2000
1996.10.10	盛岡	南部杯	1	1	的場均	ダ1600
1996.11.10	京都	エリザベス女王杯(G1)	4	4	的場均	芝2200
1996.12.4	浦和	浦和記念	1	1	横山典弘	ダ2000
1996.12.22	中山	有馬記念(G1)	9	9	藤田伸二	芝2500
1997.2.5	川崎	川崎記念	1	1	横山典弘	ダ2000
1997.4.3	ドバイ	ドバイワールドC	−	止	横山典弘	ダ2000

1993.4.25	京都	天皇賞(春)(G1)	14	9	村本善之	芝3200
1993.5.16	東京	安田記念(G1)	14	2	村本善之	芝1600
1993.6.13	阪神	宝塚記念(G1)	8	2	村本善之	芝2200
1993.6.26	京都	テレビ愛知OP	1	1	村本善之	芝2000
1993.9.19	中山	オールカマー(G3)	4	7	村本善之	芝2200
1993.10.10	東京	毎日王冠(G2)	6	7	村本善之	芝1800
1993.10.31	東京	天皇賞(秋)(G1)	16	10	村本善之	芝2000
1993.11.14	東京	富士S	5	8	田島信行	芝1800

シンコウラブリイ

〔3代血統表〕

Caerleon 1980 鹿毛	Nijinsky	Northern Dancer
		Flaming Page
	Foreseer	Round Table
		Regal Gleam
ハッピートレイルズ 1984 鹿毛	ポッセ	Forli
		In Hot Pursuit
	ロイコン	High Top
		Madelon

〔戦績表〕

日付	競馬場	レース名	人気	着順	騎手	距離
1991.11.2	東京	3歳新馬	2	1	橋本広喜	芝1600
1991.11.16	福島	福島3歳S	1	1	坂本勝美	芝1200
1991.12.1	阪神	阪神3歳牝馬S(G1)	2	3	岡部幸雄	芝1600
1992.5.23	東京	カーネーションC	1	6	岡部幸雄	芝1600
1992.6.7	東京	NZT4歳S(G2)	4	1	岡部幸雄	芝1600
1992.7.5	福島	ラジオたんぱ賞(G3)	1	1	坂本勝美	芝1800
1992.10.4	中山	クイーンS(G3)	1	1	岡部幸雄	芝2000
1992.11.15	東京	富士S	1	1	岡部幸雄	芝1800
1992.11.22	京都	マイルチャンピオンS(G1)	1	2	岡部幸雄	芝1600
1993.4.24	東京	京王杯スプリングC(G2)	1	2	岡部幸雄	芝1400
1993.5.16	東京	安田記念(G1)	3	3	岡部幸雄	芝1600
1993.6.13	札幌	札幌日経OP	1	1	岡部幸雄	芝1800
1993.10.10	東京	毎日王冠(G2)	1	1	岡部幸雄	芝1800
1993.10.30	京都	スワンS(G2)	1	1	岡部幸雄	芝1400
1993.11.21	京都	マイルチャンピオンS(G1)	1	1	岡部幸雄	芝1600

ベガ

〔3代血統表〕

トニービン 1983 鹿毛	カンパラ	Kalamoun
		State Pension
	Severn Bridge	Hornbeam
		Priddy Fair
アンティックヴァリュー 1979 鹿毛	Northern Dancer	Nearctic
		Natalma
	Moonscape	Tom Fool
		Brazen

〔戦績表〕

日付	競馬場	レース名	人気	着順	騎手	距離
1993.1.9	京都	4歳新馬	4	2	橋本美純	芝1800
1993.1.24	京都	4歳新馬	2	1	武豊	芝2000
1993.3.13	阪神	チューリップ賞	1	1	武豊	芝1600
1993.4.11	阪神	桜花賞(G1)	1	1	武豊	芝1600
1993.5.23	東京	優駿牝馬(オークス)(G1)	1	1	武豊	芝2400
1993.11.14	京都	エリザベス女王杯(G1)	2	3	武豊	芝2400
1993.12.26	中山	有馬記念(G1)	6	9	武豊	芝2500
1994.4.3	阪神	産經大阪杯(G2)	1	9	武豊	芝2000
1994.6.12	阪神	宝塚記念(G1)	5	13	武豊	芝2200

ダンスパートナー

〔3代血統表〕

サンデーサイレンス 1986 青鹿毛	Halo	Hail to Reason
		Cosmah
	Wishing Well	Understanding
		Mountain Flower
ダンシングキイ 1983 鹿毛	Nijinsky	Northern Dancer
		Flaming Page
	Key Partner	Key to the Mint
		Native Partner

〔戦績表〕

日付	競馬場	レース名	人気	着順	騎手	距離
1995.1.29	小倉	4歳新馬	1	1	増井裕	芝1200
1995.2.18	京都	エルフィンS	2	2	角田晃一	芝1600
1995.3.11	京都	チューリップ賞(G3)	2	2	武豊	芝1600
1995.4.9	京都	桜花賞(G1)	3	2	武豊	芝1600
1995.5.21	東京	優駿牝馬(オークス)(G1)	3	1	武豊	芝2400
1995.8.27	フランス	ノネット賞(G3)	–	2	武豊	芝2000
1995.9.10	フランス	ヴェルメイユ賞(G1)	–	6	武豊	芝2400
1995.11.5	京都	菊花賞(G1)	1	5	武豊	芝3000
1995.12.17	阪神	阪神牝馬特別(G2)	1	2	武豊	芝2000
1996.1.21	東京	アメリカジョッキーCC(G2)	4	2	蛯名正義	芝2200
1996.2.11	京都	京都記念(G2)	2	2	武豊	芝2200
1996.3.31	阪神	産経大阪杯(G2)	2	4	武豊	芝2000
1996.5.11	京都	京阪杯(G3)	1	1	四位洋文	芝2200
1996.6.9	東京	安田記念(G1)	7	6	四位洋文	芝1600
1996.7.7	阪神	宝塚記念(G1)	3	3	四位洋文	芝2200
1996.10.6	京都	京都大賞典(G2)	2	4	四位洋文	芝2400
1996.11.10	京都	エリザベス女王杯(G1)	1	1	四位洋文	芝2200
1996.11.24	東京	ジャパンC(G1)	6	10	四位洋文	芝2400
1996.12.22	中山	有馬記念(G1)	12	6	四位洋文	芝2500
1997.4.13	香港	クイーンエリザベスC	–	8	四位洋文	芝2000
1997.6.15	阪神	鳴尾記念(G2)	4	3	河内洋	芝2000
1997.7.6	阪神	宝塚記念(G1)	4	3	河内洋	芝2200
1997.10.5	京都	京都大賞典(G2)	1	2	河内洋	芝2400
1997.11.9	京都	エリザベス女王杯(G1)	1	2	河内洋	芝2200
1997.12.21	中山	有馬記念(G1)	5	14	河内洋	芝2500

ビワハイジ

〔3代血統表〕

Caerleon 1980 鹿毛	Nijinsky	Northern Dancer
		Flaming Page
	Foreseer	Round Table
		Regal Gleam
アグサン 1985 青毛	Lord Gayle	Sir Gaylord
		Sticky Case
	Santa Luciana	Luciano
		Suleika

〔戦績表〕

日付	競馬場	レース名	人気	着順	騎手	距離
1995.6.10	札幌	3歳新馬	1	1	武豊	芝1000
1995.7.30	札幌	札幌3歳S(G3)	3	1	武豊	芝1200
1995.12.3	阪神	阪神3歳牝馬S(G1)	4	1	角田晃一	芝1600
1996.3.2	阪神	チューリップ賞(G3)	1	2	角田晃一	芝1600
1996.4.7	阪神	桜花賞(G1)	2	15	角田晃一	芝1600
1996.6.2	東京	東京優駿(日本ダービー)(G1)	10	13	角田晃一	芝2400
1997.10.18	京都	カシオペアS	5	5	角田晃一	芝2000
1997.11.9	京都	エリザベス女王杯(G1)	5	7	角田晃一	芝2200
1997.12.14	阪神	阪神牝馬特別(G2)	4	7	角田晃一	芝1600

ヒシアマゾン

〔3代血統表〕

Theatrical 1982 黒鹿毛	Nureyev	Northern Dancer
		Special
	ツリーオブノレッジ	Sassafras
		Sensibility
Katies 1981 黒鹿毛	ノノアルコ	Nearctic
		Seximee
	Mortefontaine	ポリック
		Brabantia

〔戦績表〕

日付	競馬場	レース名	人気	着順	騎手	距離
1993.9.19	中山	3歳新馬	1	1	中舘英二	ダ1200
1993.10.24	東京	プラタナス賞(500万下)	3	2	江田照男	ダ1400
1993.11.13	東京	京成杯3歳S(G2)	6	2	中舘英二	芝1400
1993.12.5	阪神	阪神3歳牝馬S(G1)	2	1	中舘英二	芝1600
1994.1.9	中山	京成杯(G3)	1	2	中舘英二	芝1600
1994.1.30	東京	クイーンC(G3)	1	1	中舘英二	芝1600
1994.4.16	中山	クリスタルC(G3)	1	1	中舘英二	芝1200
1994.6.5	東京	NZT4歳S(G2)	1	1	中舘英二	芝1600
1994.10.2	中山	クイーンS(G3)	1	1	中舘英二	芝2000
1994.10.23	阪神	ローズS(G2)	1	1	中舘英二	芝2000
1994.11.13	京都	エリザベス女王杯(G1)	1	1	中舘英二	芝2400
1994.12.25	中山	有馬記念(G1)	6	2	中舘英二	芝2500
1995.7.9	中京	高松宮杯(G2)	1	5	中舘英二	芝2000
1995.9.18	中山	オールカマー(G2)	1	1	中舘英二	芝2200
1995.10.8	京都	京都大賞典(G2)	1	1	中舘英二	芝2400
1995.11.26	東京	ジャパンC(G1)	2	2	中舘英二	芝2400
1995.12.24	中山	有馬記念(G1)	1	5	中舘英二	芝2500
1996.6.9	東京	安田記念(G1)	4	10	中舘英二	芝1600
1996.11.10	京都	エリザベス女王杯(G1)	5	7(降)	中舘英二	芝2200
1996.12.22	中山	有馬記念(G1)	5	5	河内洋	芝2500

ノースフライト

〔3代血統表〕

トニービン 1983 鹿毛	カンパラ	Kalamoun
		State Pension
	Severn Bridge	Hornbeam
		Priddy Fair
シヤダイフライト 1973 鹿毛	ヒッティングアウェー	Ambiorix
		Striking
	フォーワードフライト	Porterhouse
		Bashful Girl

〔戦績表〕

日付	競馬場	レース名	人気	着順	騎手	距離
1993.5.1	新潟	4歳未出走	1	1	西園正都	芝1600
1993.7.25	小倉	足立山特別(500万下)	1	1	武豊	芝1700
1993.9.18	阪神	秋分特別(900万下)	1	5	武豊	芝2000
1993.10.17	東京	府中牝馬S(G3)	4	1	角田晃一	芝1600
1993.11.14	京都	エリザベス女王杯(G1)	5	2	角田晃一	芝2400
1993.12.19	阪神	阪神牝馬特別(G3)	1	1	武豊	芝2000
1994.1.30	阪神	京都牝馬特別(G3)	1	1	武豊	芝1600
1994.3.6	中京	マイラーズC(G2)	1	1	武豊	芝1700
1994.5.15	東京	安田記念(G1)	5	1	角田晃一	芝1600
1994.10.29	阪神	スワンS(G2)	2	2	角田晃一	芝1400
1994.11.20	京都	マイルチャンピオンS(G1)	1	1	角田晃一	芝1600

日付	競馬場	レース名	人気	着順	騎手	距離
1998.1.31	京都	京都牝馬特別(G3)	3	1	ペリエ	芝1600

メジロドーベル

〔3代血統表〕

メジロライアン 1987 鹿毛	アンバーシャダイ	ノーザンテースト
		クリアアンバー
	メジロチェイサー	メジロサンマン
		シエリル
メジロビューティー 1982 鹿毛	パーソロン	Milesian
		Paleo
	メジロナガサキ	ネヴァービート
		メジロボサツ

〔戦績表〕

日付	競馬場	レース名	人気	着順	騎手	距離
1996.7.13	新潟	3歳新馬	4	1	吉田豊	芝1000
1996.9.1	中山	新潟3歳S(G3)	3	5	吉田豊	芝1200
1996.10.6	東京	サフラン賞(500万下)	1	1	吉田豊	芝1400
1996.10.27	東京	いちょうS	2	1	吉田豊	芝1600
1996.12.1	阪神	阪神3歳牝馬S(G1)	2	1	吉田豊	芝1600
1997.3.1	阪神	チューリップ賞(G3)	1	3	吉田豊	芝1600
1997.4.6	阪神	桜花賞(G1)	2	2	吉田豊	芝1600
1997.5.25	東京	優駿牝馬(オークス)(G1)	2	1	吉田豊	芝2400
1997.9.14	中山	オールカマー(G2)	1	1	吉田豊	芝2200
1997.10.19	京都	秋華賞(G1)	1	1	吉田豊	芝2000
1997.12.21	中山	有馬記念(G1)	3	8	吉田豊	芝2500
1998.1.25	京都	日経新春杯(G2)	1	8	吉田豊	芝2400
1998.4.5	阪神	産経大阪杯(G2)	3	2	吉田豊	芝2000
1998.6.13	東京	目黒記念(G2)	2	5	吉田豊	芝2500
1998.7.12	阪神	宝塚記念(G1)	6	5	吉田豊	芝2200
1998.10.18	東京	府中牝馬S(G3)	1	1	吉田豊	芝1800
1998.11.15	京都	エリザベス女王杯(G1)	2	1	吉田豊	芝2200
1998.12.27	中山	有馬記念(G1)	7	9	吉田豊	芝2500
1999.2.28	中山	中山牝馬S(G3)	1	2	吉田豊	芝1800
1999.10.10	東京	毎日王冠(G2)	7	6	吉田豊	芝1800
1999.11.14	京都	エリザベス女王杯(G1)	2	1	吉田豊	芝2200

エアグルーヴ

〔3代血統表〕

トニービン 1983 鹿毛	カンパラ	Kalamoun
		State Pension
	Severn Bridge	Hornbeam
		Priddy Fair
ダイナカール 1980 鹿毛	ノーザンテースト	Northern Dancer
		Lady Victoria
	シャダイフェザー	ガーサント
		パロクサイド

〔戦績表〕

日付	競馬場	レース名	人気	着順	騎手	距離
1995.7.8	札幌	3歳新馬	1	2	武豊	芝1200
1995.7.30	札幌	3歳新馬	1	1	武豊	芝1200
1995.10.29	東京	いちょうS	1	1	武豊	芝1600
1995.12.3	阪神	阪神3歳牝馬S(G1)	3	2	キネーン	芝1600
1996.3.2	阪神	チューリップ賞(G3)	2	1	ペリエ	芝1600
1996.5.26	東京	優駿牝馬(オークス)(G1)	1	1	武豊	芝2400
1996.10.20	京都	秋華賞(G1)	1	10	武豊	芝2000
1997.6.22	阪神	マーメイドS(G3)	1	1	武豊	芝2000
1997.8.17	札幌	札幌記念(G2)	1	1	武豊	芝2000
1997.10.26	東京	天皇賞(秋)(G1)	2	1	武豊	芝2000
1997.11.23	東京	ジャパンC(G1)	2	2	武豊	芝2400
1997.12.21	中山	有馬記念(G1)	2	3	ペリエ	芝2500
1998.4.5	阪神	産経大阪杯(G2)	1	1	武豊	芝2000

フラワーパーク

〔3代血統表〕

ニホンピロウイナー 1980 黒鹿毛	スティールハート	Habitat
		A. 1
	ニホンピロエバート	チャイナロック
		ライトフレーム
ノーザンフラワー 1977 栗毛	ノーザンテースト	Northern Dancer
		Lady Victoria
	ファイアフラワー	Dike
		Pascha

〔戦績表〕

日付	競馬場	レース名	人気	着順	騎手	距離
1995.10.29	新潟	4歳未勝利	5	10	村山明	芝1600
1995.11.11	新潟	4歳未勝利	4	1	村山明	芝1600
1995.12.3	中京	恵那特別(500万下)	5	1	村山明	芝1200
1995.12.24	阪神	千種川特別(900万下)	1	1	村山明	芝1400
1996.1.20	京都	石清水S(1500万下)	2	3	村山明	芝1600
1996.2.24	阪神	うずしおS(1500万下)	1	1	村山明	芝1400
1996.3.23	阪神	陽春S	3	2	村山明	芝1200
1996.4.28	京都	シルクロードS(G3)	4	1	田原成貴	芝1200
1996.5.19	中京	高松宮杯(G1)	3	1	田原成貴	芝1200
1996.6.9	東京	安田記念(G1)	5	9	田原成貴	芝1600
1996.11.23	中京	CBC賞(G2)	2	2	田原成貴	芝1200
1996.12.15	中山	スプリンターズS(G1)	1	1	田原成貴	芝1200
1997.3.2	阪神	読売マイラーズC(G2)	2	4	田原成貴	芝1600
1997.4.20	京都	シルクロードS(G3)	1	4	田原成貴	芝1200
1997.5.18	中京	高松宮杯(G1)	1	8	田原成貴	芝1200
1997.10.25	京都	スワンS(G2)	7	6	田原成貴	芝1400
1997.11.22	中京	CBC賞(G2)	4	4	田原成貴	芝1200
1997.12.14	中山	スプリンターズS(G1)	3	4	田原成貴	芝1200

ファビラスラフイン

〔3代血統表〕

Fabulous Dancer 1976 鹿毛	Northern Dancer	Nearctic
		Natalma
	Last of the Line	The Axe
		Bryonia
Mercalle 1986 芦毛	Kaldoun	Caro
		Katana
	Eole des Mers	Carvin
		Deesse des Mers

〔戦績表〕

日付	競馬場	レース名	人気	着順	騎手	距離
1996.2.24	阪神	4歳新馬	3	1	藤田伸二	ダ1200
1996.3.16	阪神	さわらび賞(500万下)	1	1	藤田伸二	芝1600
1996.4.20	東京	NZT4歳S(G2)	1	1	藤田伸二	芝1400
1996.5.12	東京	NHKマイルC(G1)	1	14	藤田伸二	芝1600
1996.10.20	京都	秋華賞(G1)	5	1	松永幹夫	芝2000
1996.11.24	東京	ジャパンC(G1)	7	2	松永幹夫	芝2400
1996.12.22	中山	有馬記念(G1)	4	10	松永幹夫	芝2500

1998.5.31	東京	優駿牝馬(オークス)(G1)	1	3	武豊	芝2400
1998.9.27	阪神	ローズS(G2)	1	1	武豊	芝2000
1998.10.25	京都	秋華賞(G1)	2	1	武豊	芝2000
1999.3.7	阪神	マイラーズC(G2)	5	10	松永幹夫	芝1600
1999.5.15	東京	京王杯スプリングC(G2)	6	5	武豊	芝1400
1999.8.22	札幌	札幌記念(G2)	2	2	武豊	芝2000
1999.11.14	京都	エリザベス女王杯(G1)	1	6	武豊	芝2200
1999.12.26	中山	有馬記念(G1)	9	8	蛯名正義	芝2500
2000.4.15	阪神	マイラーズC(G2)	5	10	熊沢重文	芝1600
2000.8.20	札幌	札幌記念(G2)	1	7	松永幹夫	芝2000
2000.11.12	京都	エリザベス女王杯(G1)	3	1	松永幹夫	芝2200

テイエムオーシャン

〔3代血統表〕

ダンシングブレーヴ 1983 鹿毛	Lyphard	Northern Dancer
		Goofed
	Navajo Princess	Drone
		Olmec
リヴァーガール 1991 鹿毛	リヴリア	Riverman
		Dahlia
	エルプス	マグニテュード
		ホクエイリボン

〔戦績表〕

日付	競馬場	レース名	人気	着順	騎手	距離
2000.8.5	札幌	3歳新馬	3	1	本田優	芝1200
2000.8.26	札幌	3歳500万下	1	1	本田優	芝1200
2000.9.23	札幌	札幌3歳S(G3)	1	3	本田優	芝1800
2000.12.3	阪神	阪神3歳牝馬S(G1)	1	1	本田優	芝1600
2001.3.3	阪神	チューリップ賞(G3)	1	1	本田優	芝1600
2001.4.8	阪神	桜花賞(G1)	1	1	本田優	芝1600
2001.5.20	東京	優駿牝馬(オークス)(G1)	1	3	本田優	芝2400
2001.10.14	京都	秋華賞(G1)	1	1	本田優	芝2000
2001.11.11	京都	エリザベス女王杯(G1)	1	5	本田優	芝2200
2001.12.23	中山	有馬記念(G1)	8	6	本田優	芝2500
2002.8.18	札幌	札幌記念(G2)	2	1	本田優	芝2000
2002.10.27	中山	天皇賞(秋)(G1)	1	13	本田優	芝2000
2002.11.24	中山	ジャパンC(G1)	10	9	本田優	芝2200
2002.12.22	中山	有馬記念(G1)	10	10	本田優	芝2500
2003.4.19	阪神	マイラーズC(G2)	2	3	本田優	芝1600
2003.5.31	中京	金鯱賞(G2)	3	9	本田優	芝2000
2003.7.13	阪神	マーメイドS(G3)	2	2	本田優	芝2000
2003.8.17	札幌	クイーンS(G3)	2	3	本田優	芝1800

ファインモーション

〔3代血統表〕

デインヒル 1986 鹿毛	Danzig	Northern Dancer
		Pas de Nom
	Razyana	His Majesty
		Spring Adieu
Cocotte 1983 鹿毛	Troy	Petingo
		La Milo
	Gay Milly	Mill Reef
		Gaily

〔戦績表〕

日付	競馬場	レース名	人気	着順	騎手	距離
2001.12.1	阪神	2歳新馬	1	1	武豊	芝2000
2002.8.4	函館	3歳以上500万下	1	1	松永幹夫	芝2000
2002.8.25	札幌	阿寒湖特別(1000万下)	1	1	松永幹夫	芝2600

1998.6.21	阪神	鳴尾記念(G2)	1	2	武豊	芝2000
1998.7.12	阪神	宝塚記念(G1)	3	3	武豊	芝2200
1998.8.23	札幌	札幌記念(G2)	1	1	武豊	芝2000
1998.11.15	京都	エリザベス女王杯(G1)	1	3	横山典弘	芝2200
1998.11.29	東京	ジャパンC(G1)	2	2	横山典弘	芝2400
1998.12.27	中山	有馬記念(G1)	2	5	武豊	芝2500

シーキングザパール

〔3代血統表〕

Seeking the Gold 1985 鹿毛	Mr. Prospector	Raise a Native
		Gold Digger
	Con Game	Buckpasser
		Broadway
ページプルーフ 1988 黒鹿毛	Seattle Slew	Bold Reasoning
		My Charmer
	パープスポールド	Bold Forbes
		Goofed

〔戦績表〕

日付	競馬場	レース名	人気	着順	騎手	距離
1996.7.20	小倉	3歳新馬	1	1	武豊	芝1200
1996.9.1	中山	新潟3歳S(G3)	2	3	武豊	芝1200
1996.10.19	京都	デイリー杯3歳S(G2)	1	1	武豊	芝1400
1996.12.1	阪神	阪神3歳牝馬S(G1)	1	4	武豊	芝1600
1997.1.15	京都	シンザン記念(G3)	1	1	武豊	芝1600
1997.3.15	中山	フラワーC(G3)	1	1	武豊	芝1800
1997.4.20	東京	NZT4歳S(G2)	1	1	武豊	芝1400
1997.5.11	東京	NHKマイルC(G1)	1	1	武豊	芝1600
1997.9.21	阪神	ローズS(G2)	1	3	武豊	芝2000
1998.4.26	京都	シルクロードS(G3)	4	1	武豊	芝1200
1998.5.24	中京	高松宮記念(G1)	1	4	武豊	芝1200
1998.6.14	東京	安田記念(G1)	4	10	武豊	芝1600
1998.8.9	フランス	モーリス・ド・ゲスト賞(G1)	–	1	武豊	芝1300
1998.9.6	フランス	ムーラン・ド・ロンシャン賞(G1)	–	5	武豊	芝1600
1998.11.22	京都	マイルチャンピオンS(G1)	2	8	河内洋	芝1600
1998.12.20	中山	スプリンターズS(G1)	2	2	武豊	芝1200
1999.1.23	アメリカ	サンタモニカH(G1)	–	4	武豊	ダ7F
1999.5.23	中京	高松宮記念(G1)	1	2	武豊	芝1200
1999.6.13	東京	安田記念(G1)	3	3	武豊	芝1600
1998.10.2	アメリカ	ノーブルダムゼルH (G3)	–	4	J.ヴェラスケス	芝1600
199810.17	アメリカ	ローレルダッシュS (G3)	–	4	C.ロペス	芝1200

ファレノプシス

〔3代血統表〕

ブライアンズタイム 1985 黒鹿毛	Roberto	Hail to Reason
		Bramalea
	Kelley's Day	Graustark
		Golden Trail
キャットクイル 1990 鹿毛	Storm Cat	Storm Bird
		Terlingua
	Pacific Princess	Damascus
		Fiji

〔戦績表〕

日付	競馬場	レース名	人気	着順	騎手	距離
1997.11.30	阪神	3歳新馬	1	1	石山繁	ダ1200
1997.12.14	阪神	さざんか賞(500万下)	1	1	石山繁	芝1400
1998.2.15	京都	エルフィンS	1	1	石山繁	芝1600
1998.3.7	阪神	チューリップ賞(G3)	1	4	石山繁	芝1600
1998.4.12	阪神	桜花賞(G1)	3	1	武豊	芝1600

日付	競馬場	レース名	人気	着順	騎手	距離
2000.11.11	京都	3歳新馬	1	1	福永祐一	芝1200
2000.12.10	阪神	3歳500万下	2	6	福永祐一	芝1600
2001.1.6	京都	若菜賞(500万下)	3	9	松永幹夫	ダ1200
2001.1.27	京都	寒桜賞(500万下)	4	4	松永幹夫	芝1200
2001.3.17	中山	フラワーC(G3)	11	8	宝来城多	芝1800
2001.5.4	京都	あずさ賞(500万下)	3	3	福永祐一	芝1600
2001.5.19	中京	3歳500万下	2	1	福永祐一	芝1200
2001.6.10	中京	ファルコンS(G3)	9	9	福永祐一	芝1200
2001.11.10	京都	醍醐特別(1000万下)	6	1	福永祐一	芝1200
2001.12.15	阪神	逆瀬川S(1600万下)	6	3	小牧太	芝1600
2002.2.17	京都	山城S(1600万下)	1	2	福永祐一	芝1200
2002.3.10	阪神	武庫川S(1600万下)	4	3	福永祐一	芝1600
2002.3.24	中山	船橋S(1600万下)	1	3	安藤勝己	芝1200
2002.4.14	阪神	淀屋橋S(1600万下)	1	1	岩田康誠	芝1200
2002.5.12	東京	京王杯スプリングC(G2)	7	3	福永祐一	芝1400
2002.6.8	中京	テレビ愛知OP	1	7	福永祐一	芝1200
2002.7.20	小倉	佐世保S(1600万下)	1	1	福永祐一	芝1200
2002.8.17	小倉	北九州短距離S(1600万下)	1	1	岩田康誠	芝1200
2002.9.8	阪神	セントウルS(G3)	1	1	岩田康誠	芝1200
2002.9.29	新潟	スプリンターズS(G1)	1	1	武豊	芝1200
2002.12.15	香港	香港スプリント(G1)	–	12	武豊	芝1000
2003.3.2	阪神	阪急杯(G3)	2	9	武豊	芝1200
2003.3.30	中京	高松宮記念(G1)	3	1	安藤勝己	芝1200
2003.5.18	東京	京王杯スプリングC(G2)	4	8	安藤勝己	芝1400
2003.6.8	東京	安田記念(G1)	9	12	安藤勝己	芝1600
2003.7.6	函館	函館スプリントS(G3)	1	1	安藤勝己	芝1200
2003.9.14	阪神	セントウルS(G3)	1	2	安藤勝己	芝1200
2003.10.5	中山	スプリンターズS(G1)	1	2	安藤勝己	芝1200

スティルインラブ

〔3代血統表〕

サンデーサイレンス 1986 青鹿毛	Halo	Hail to Reason
		Cosmah
	Wishing Well	Understanding
		Mountain Flower
ブラダマンテ 1986 栗毛	Roberto	Hail to Reason
		Bramalea
	Sulemeif	Northern Dancer
		Barely Even

〔戦績表〕

日付	競馬場	レース名	人気	着順	騎手	距離
2002.11.30	阪神	2歳新馬	1	1	幸英明	芝1400
2003.1.19	京都	紅梅S	2	1	幸英明	芝1400
2003.3.8	阪神	チューリップ賞(G3)	1	2	幸英明	芝1600
2003.4.13	阪神	桜花賞(G1)	2	1	幸英明	芝1600
2003.5.25	東京	優駿牝馬(オークス)(G1)	2	1	幸英明	芝2400
2003.9.21	阪神	ローズS(G2)	1	5	幸英明	芝2000
2003.10.19	京都	秋華賞(G1)	2	1	幸英明	芝2000
2003.11.16	京都	エリザベス女王杯(G1)	1	2	幸英明	芝2200
2004.5.29	中京	金鯱賞(G2)	5	8	幸英明	芝2000
2004.6.27	阪神	宝塚記念(G1)	10	8	幸英明	芝2200
2004.7.18	小倉	北九州記念(G3)	4	12	幸英明	芝1800
2004.10.17	東京	府中牝馬S(G3)	1	3	幸英明	芝1800
2004.11.14	京都	エリザベス女王杯(G1)	3	9	幸英明	芝2200
2005.5.28	中京	金鯱賞(G2)	4	6	幸英明	芝2000
2005.6.26	阪神	宝塚記念(G1)	14	9	幸英明	芝2200
2005.10.16	東京	府中牝馬S(G3)	5	17	幸英明	芝1800

2002.9.15	阪神	ローズS(G2)	1	1	松永幹夫	芝2000
2002.10.13	京都	秋華賞(G1)	1	1	武豊	芝2000
2002.11.10	京都	エリザベス女王杯(G1)	1	1	武豊	芝2200
2002.12.22	中山	有馬記念(G1)	1	5	武豊	芝2500
2003.8.17	札幌	クイーンS(G3)	1	2	武豊	芝1800
2003.10.12	東京	毎日王冠(G2)	1	7	武豊	芝1800
2003.11.23	京都	マイルチャンピオンS(G1)	2	2	武豊	芝1600
2003.12.21	阪神	阪神牝馬S(G2)	1	1	武豊	芝1600
2004.6.6	東京	安田記念(G1)	3	13	武豊	芝1600
2004.7.25	函館	函館記念(G3)	1	2	武豊	芝2000
2004.8.22	札幌	札幌記念(G2)	1	1	武豊	芝2000
2004.11.21	京都	マイルチャンピオンS(G1)	2	9	武豊	芝1600

トゥザヴィクトリー

〔3代血統表〕

サンデーサイレンス 1986 青鹿毛	Halo	Hail to Reason
		Cosmah
	Wishing Well	Understanding
		Mountain Flower
フェアリードール 1991 栗毛	Nureyev	Northern Dancer
		Special
	Dream Deal	Sharpen Up
		Likely Exchange

〔戦績表〕

日付	競馬場	レース名	人気	着順	騎手	距離
1998.12.13	阪神	3歳新馬	1	1	幸英明	芝1600
1999.1.10	京都	福寿草特別(500万下)	2	2	武豊	芝2000
1999.1.30	京都	つばき賞(500万下)	1	1	武豊	芝2000
1999.3.20	阪神	アネモネS	1	3	武豊	芝1400
1999.4.11	阪神	桜花賞(G1)	5	3	幸英明	芝1600
1999.5.30	東京	優駿牝馬(オークス)(G1)	1	2	武豊	芝2400
1999.9.26	阪神	ローズS(G2)	1	4	武豊	芝2000
1999.10.24	京都	秋華賞(G1)	1	13	武豊	芝2000
2000.6.11	東京	エプソムC(G3)	3	5	蛯名正義	芝1800
2000.7.9	阪神	マーメイドS(G3)	1	2	幸英明	芝2000
2000.8.13	札幌	クイーンS(G3)	1	1	藤田伸二	芝1800
2000.10.15	東京	府中牝馬S(G3)	1	1	四位洋文	芝1800
2000.11.12	京都	エリザベス女王杯(G1)	2	4	四位洋文	芝2200
2000.12.17	阪神	阪神牝馬特別(G2)	3	1	四位洋文	芝1600
2001.2.18	東京	フェブラリーS(G1)	4	3	武豊	ダ1600
2001.3.24	ドバイ	ドバイワールドC(G1)	–	2	武豊	ダ2000
2001.11.11	京都	エリザベス女王杯(G1)	4	1	武豊	芝2200
2001.11.25	東京	ジャパンC(G1)	11	14	四位洋文	芝2400
2001.12.23	中山	有馬記念(G1)	6	3	武豊	芝2500
2002.2.17	東京	フェブラリーS(G1)	3	4	武豊	ダ1600
2002.3.23	ドバイ	ドバイワールドC(G1)	–	11	ペリエ	ダ2000

ビリーヴ

〔3代血統表〕

サンデーサイレンス 1986 青鹿毛	Halo	Hail to Reason
		Cosmah
	Wishing Well	Understanding
		Mountain Flower
グレートクリスティーヌ 1987 鹿毛	Danzig	Northern Dancer
		Pas de Nom
	Great Lady M.	Icecapade
		Sovereign Lady

〔戦績表〕

2005.10.9	東京	毎日王冠(G2)	2	6	池添謙一	芝1800
2005.10.30	東京	天皇賞(秋)(G1)	4	5	池添謙一	芝2000
2005.11.13	京都	エリザベス女王杯(G1)	2	1	池添謙一	芝2200
2006.10.8	京都	京都大賞典(G2)	2	1	池添謙一	芝2400
2006.10.29	東京	天皇賞(秋)(G1)	1	5	池添謙一	芝2000
2006.11.12	京都	エリザベス女王杯(G1)	2	2	池添謙一	芝2200
2006.12.24	中山	有馬記念(G1)	5	10	池添謙一	芝2500
2007.4.14	阪神	マイラーズC(G2)	2	2	池添謙一	芝1600
2007.5.13	東京	ヴィクトリアマイル(G1)	2	9	池添謙一	芝1600
2007.10.27	京都	スワンS(G2)	4	4	池添謙一	芝1400
2007.11.11	京都	エリザベス女王杯(G1)	2	3	池添謙一	芝2200

ヘヴンリーロマンス

〔3代血統表〕

サンデーサイレンス 1986 青鹿毛	Halo	Hail to Reason
		Cosmah
	Wishing Well	Understanding
		Mountain Flower
ファーストアクト 1986 鹿毛	Sadler's Wells	Northern Dancer
		Fairy Bridge
	Arkadina	Ribot
		Natashka

〔戦績表〕

日付	競馬場	レース名	人気	着順	騎手	距離
2002.11.30	阪神	2歳新馬	5	6	松永幹夫	芝1400
2002.12.22	阪神	2歳新馬	4	3	松永幹夫	芝2000
2003.1.11	京都	3歳未勝利	2	2	松永幹夫	ダ1800
2003.1.26	京都	3歳未勝利	1	1	松永幹夫	ダ1800
2003.5.24	中京	3歳500万下	6	2	松永幹夫	芝2000
2003.6.28	函館	遊楽部特別(500万下)	1	2	松永幹夫	芝1800
2003.7.13	函館	陸奥湾特別(500万下)	4	3	松永幹夫	芝2000
2003.7.26	函館	3歳以上500万下	2	1	松永幹夫	芝1800
2003.8.2	函館	かもめ島特別(1000万下)	1	2	松永幹夫	芝1800
2003.9.21	阪神	ローズS(G2)	7	6	松永幹夫	芝2000
2003.10.19	京都	3歳以上1000万下	3	1	松永幹夫	芝2000
2003.11.16	京都	エリザベス女王杯(G1)	9	10	松永幹夫	芝2200
2003.12.6	阪神	ゴールデンホイップT(1600万下)	1	2	オリヴァー	芝2000
2003.12.27	阪神	オリオンS(1600万下)	2	2	松永幹夫	芝2200
2004.3.28	阪神	但馬S(1600万下)	3	3	角田晃一	芝2000
2004.4.17	阪神	難波S(1600万下)	1	8	松永幹夫	芝2000
2004.5.2	東京	メイS(1600万下)	3	1	吉田豊	芝1800
2004.6.6	中京	愛知杯(G3)	1	10	松永幹夫	芝2000
2004.7.11	阪神	マーメイドS(G3)	4	5	松永幹夫	芝2000
2004.10.17	東京	府中牝馬S(G3)	11	7	松永幹夫	芝1800
2004.11.7	東京	ユートピアS(1600万下)	3	4	吉田豊	芝1600
2004.11.21	京都	古都S(1600万下)	4	2	松永幹夫	芝2200
2004.12.4	阪神	ゴールデンホイップT(1600万下)	4	1	内田博幸	芝1600
2004.12.19	阪神	阪神牝馬S(G2)	3	1	松永幹夫	芝1600
2005.1.30	京都	京都牝馬S(G3)	2	6	松永幹夫	芝1600
2005.2.20	東京	フェブラリーS(G1)	10	11	松永幹夫	ダ1600
2005.3.12	中山	中山牝馬S(G3)	3	10	松永幹夫	芝1800
2005.4.24	福島	福島牝馬S(G3)	5	10	松永幹夫	芝1800
2005.8.14	札幌	クイーンS(G3)	10	2	松永幹夫	芝1800
2005.8.21	札幌	札幌記念(G2)	9	1	松永幹夫	芝2000
2005.10.30	東京	天皇賞(秋)(G1)	14	1	松永幹夫	芝2000
2005.11.27	東京	ジャパンC(G1)	8	7	松永幹夫	芝2400
2005.12.25	中山	有馬記念(G1)	8	6	松永幹夫	芝2500

アドマイヤグルーヴ

〔3代血統表〕

サンデーサイレンス 1986 青鹿毛	Halo	Hail to Reason
		Cosmah
	Wishing Well	Understanding
		Mountain Flower
エアグルーヴ 1993 鹿毛	トニービン	カンパラ
		Severn Bridge
	ダイナカール	ノーザンテースト
		シャダイフェザー

〔戦績表〕

日付	競馬場	レース名	人気	着順	騎手	距離
2002.11.10	京都	2歳新馬	1	1	武豊	芝1800
2002.12.7	阪神	エリカ賞(500万下)	1	1	武豊	芝2000
2003.3.22	阪神	若葉S	1	1	武豊	芝2000
2003.4.13	阪神	桜花賞(G1)	1	3	武豊	芝1600
2003.5.25	東京	優駿牝馬(オークス)(G1)	1	7	武豊	芝2400
2003.9.21	阪神	ローズS(G2)	2	1	武豊	芝2000
2003.10.19	京都	秋華賞(G1)	1	2	武豊	芝2000
2003.11.16	京都	エリザベス女王杯(G1)	2	1	武豊	芝2200
2004.4.4	阪神	産経大阪杯(G2)	3	7	武豊	芝2000
2004.5.29	中京	金鯱賞(G2)	4	5	武豊	芝2000
2004.7.11	阪神	マーメイドS(G3)	1	1	武豊	芝2000
2004.10.10	京都	京都大賞典(G2)	2	4	武豊	芝2400
2004.10.31	東京	天皇賞(秋)(G1)	9	3	武豊	芝2000
2004.11.14	京都	エリザベス女王杯(G1)	2	1	武豊	芝2200
2005.4.3	阪神	産経大阪杯(G2)	2	4	武豊	芝2000
2005.5.1	京都	天皇賞(春)(G1)	6	11	武豊	芝3200
2005.5.28	中京	金鯱賞(G2)	3	4	武豊	芝2000
2005.6.26	阪神	宝塚記念(G1)	8	8	武豊	芝2200
2005.10.30	東京	天皇賞(秋)(G1)	17	17	上村洋行	芝2000
2005.11.13	京都	エリザベス女王杯(G1)	4	3	上村洋行	芝2200
2005.12.18	阪神	阪神牝馬S(G2)	2	1	武豊	芝1600

スイープトウショウ

〔3代血統表〕

エンドスウィープ 1991 鹿毛	フォーティナイナー	Mr. Prospector
		File
	Broom Dance	Dance Spell
		Witching Hour
タバサトウショウ 1993 鹿毛	ダンシングブレーヴ	Lyphard
		Navajo Princess
	サマンサトウショウ	トウショウボーイ
		マーブルトウショウ

〔戦績表〕

日付	競馬場	レース名	人気	着順	騎手	距離
2003.10.18	京都	2歳新馬	1	1	角田晃一	芝1400
2003.11.9	京都	ファンタジーS(G3)	2	1	角田晃一	芝1400
2003.12.7	阪神	阪神ジュベナイルF(G1)	1	5	角田晃一	芝1600
2004.1.18	京都	紅梅S	1	1	角田晃一	芝1400
2004.3.6	阪神	チューリップ賞(G3)	1	1	池添謙一	芝1600
2004.4.11	阪神	桜花賞(G1)	2	5	池添謙一	芝1600
2004.5.23	東京	優駿牝馬(オークス)(G1)	4	2	池添謙一	芝2400
2004.9.19	阪神	ローズS(G2)	2	3	池添謙一	芝2000
2004.10.17	京都	秋華賞(G1)	2	1	池添謙一	芝2000
2004.11.14	京都	エリザベス女王杯(G1)	1	5	池添謙一	芝2200
2005.5.8	京都	都大路S	1	5	池添謙一	芝1600
2005.6.5	東京	安田記念(G1)	10	2	池添謙一	芝1600
2005.6.26	阪神	宝塚記念(G1)	11	1	池添謙一	芝2200

2006.2.26	阪神	3歳新馬	9	1	本田優	芝1400
2006.3.26	阪神	君子蘭賞(500万下)	6	1	本田優	芝1400
2006.4.30	東京	スイートピーS	1	1	本田優	芝1800
2006.5.21	東京	優駿牝馬(オークス)(G1)	3	1	本田優	芝2400
2006.10.15	京都	秋華賞(G1)	2	1	本田優	芝2000
2006.11.12	京都	エリザベス女王杯(G1)	1	12(降)	本田優	芝2200
2007.5.13	東京	ヴィクトリアマイル(G1)	1	10	武幸四郎	芝1600
2007.6.24	阪神	宝塚記念(G1)	6	6	武幸四郎	芝2200
2008.5.31	中京	金鯱賞(G2)	5	3	武幸四郎	芝2000
2008.10.19	東京	府中牝馬S(G3)	1	2	横山典弘	芝1800
2008.11.16	京都	エリザベス女王杯(G1)	1	2	横山典弘	芝2200
2008.12.28	中山	有馬記念(G1)	6	7	横山典弘	芝2500
2009.2.21	京都	京都記念(G2)	2	4	横山典弘	芝2200
2009.4.5	阪神	産経大阪杯(G2)	4	3	横山典弘	芝2000
2009.5.17	東京	ヴィクトリアマイル(G1)	2	8	横山典弘	芝1600
2009.10.18	東京	府中牝馬S(G3)	1	6	横山典弘	芝1800
2009.11.15	京都	エリザベス女王杯(G1)	5	9	横山典弘	芝2200

アストンマーチャン

〔3代血統表〕

アドマイヤコジーン 1996 芦毛	Cozzene	Caro
		Ride the Trails
	アドマイヤマカディ	ノーザンテースト
		ミセスマカディー
ラスリングカプス 1993 黒鹿毛	Woodman	Mr. Prospector
		プレイメイト
	フィールディ	Northfields
		Gramy

〔戦績表〕

日付	競馬場	レース名	人気	着順	騎手	距離
2006.7.22	小倉	2歳新馬	2	2	武豊	芝1200
2006.8.6	小倉	2歳未勝利	1	1	和田竜二	芝1200
2006.9.3	小倉	小倉2歳S(G3)	3	1	鮫島良太	芝1200
2006.11.5	京都	ファンタジーS(G3)	3	1	武豊	芝1400
2006.12.3	阪神	阪神ジュベナイルF(G1)	1	2	武豊	芝1600
2007.3.11	阪神	フィリーズレビュー(G2)	1	1	武豊	芝1400
2007.4.8	阪神	桜花賞(G1)	2	7	武豊	芝1600
2007.8.12	小倉	北九州記念(G3)	1	6	岩田康誠	芝1200
2007.9.30	中山	スプリンターズS(G1)	3	1	中舘英二	芝1200
2007.10.27	京都	スワンS(G2)	1	14	中舘英二	芝1400
2008.2.10	京都	シルクロードS(G3)	1	10	武豊	芝1200

ピンクカメオ

〔3代血統表〕

フレンチデピュティ 1992 栗毛	Deputy Minister	Vice Regent
		Mint Copy
	Mitterand	Hold Your Peace
		Laredo Lass
シルバーレーン 1985 黒鹿毛	Silver Hawk	Roberto
		Gris Vitesse
	Strait Lane	Chieftain
		Level Sands

〔戦績表〕

日付	競馬場	レース名	人気	着順	騎手	距離
2006.7.1	福島	2歳新馬	1	1	後藤浩輝	芝1200
2006.7.22	新潟	マリーゴールド賞	3	2	蛯名正義	芝1400
2006.10.29	東京	くるみ賞(500万下)	1	1	蛯名正義	芝1400
2006.12.3	阪神	阪神ジュベナイルF(G1)	8	8	蛯名正義	芝1600

ラインクラフト

〔3代血統表〕

エンドスウィープ 1991 鹿毛	フォーティナイナー	Mr. Prospector
		File
	Broom Dance	Dance Spell
		Witching Hour
マストビーラヴド 1993 栗毛	サンデーサイレンス	Halo
		Wishing Well
	ダイナシュート	ノーザンテースト
		シヤダイマイン

〔戦績表〕

日付	競馬場	レース名	人気	着順	騎手	距離
2004.10.16	京都	2歳新馬	3	1	福永祐一	芝1400
2004.11.7	京都	ファンタジーS(G3)	2	1	福永祐一	芝1400
2004.12.5	阪神	阪神ジュベナイルF(G1)	1	3	福永祐一	芝1600
2005.3.13	阪神	フィリーズレビュー(G2)	1	1	福永祐一	芝1400
2005.4.10	阪神	桜花賞(G1)	2	1	福永祐一	芝1600
2005.5.8	東京	NHKマイルC(G1)	2	1	福永祐一	芝1600
2005.9.18	阪神	ローズS(G2)	1	2	福永祐一	芝2000
2005.10.16	京都	秋華賞(G1)	1	2	福永祐一	芝2000
2005.11.20	京都	マイルチャンピオンS(G1)	2	3	福永祐一	芝1600
2005.12.18	阪神	阪神牝馬S(G2)	1	4	福永祐一	芝1600
2006.3.26	中京	高松宮記念(G1)	2	2	福永祐一	芝1200
2006.4.8	阪神	阪神牝馬S(G2)	1	1	福永祐一	芝1400
2006.5.14	東京	ヴィクトリアマイル(G1)	1	9	福永祐一	芝1600

シーザリオ

〔3代血統表〕

スペシャルウィーク 1995 黒鹿毛	サンデーサイレンス	Halo
		Wishing Well
	キャンペンガール	マルゼンスキー
		レディーシラオキ
キロフプリミエール 1990 鹿毛	Sadler's Wells	Northern Dancer
		Fairy Bridge
	Querida	Habitat
		Principia

〔戦績表〕

日付	競馬場	レース名	人気	着順	騎手	距離
2004.12.25	阪神	2歳新馬	2	1	福永祐一	芝1600
2005.1.9	中山	寒竹賞(500万下)	4	1	福永祐一	芝2000
2005.3.19	中山	フラワーC(G3)	1	1	福永祐一	芝1800
2005.4.10	阪神	桜花賞(G1)	1	2	吉田稔	芝1600
2005.5.22	東京	優駿牝馬(オークス)(G1)	1	1	福永祐一	芝2400
2005.7.3	アメリカ	アメリカンオークス(G1)	－	1	福永祐一	芝10F

カワカミプリンセス

〔3代血統表〕

キングヘイロー 1995 鹿毛	ダンシングブレーヴ	Lyphard
		Navajo Princess
	グッバイヘイロー	Halo
		Pound Foolish
タカノセクレタリー 1996 鹿毛	Seattle Slew	Bold Reasoning
		My Charmer
	Summer Secretary	Secretariat
		Golden Summer

〔戦績表〕

日付	競馬場	レース名	人気	着順	騎手	距離

2007.1.20	中山	菜の花賞	3	1	蛯名正義	芝1600
2007.4.8	阪神	桜花賞(G1)	8	14	蛯名正義	芝1600
2007.5.6	東京	NHKマイルC(G1)	17	1	内田博幸	芝1600
2007.5.20	東京	優駿牝馬(オークス)(G1)	7	5	四位洋文	芝2400
2007.9.16	阪神	ローズS(G2)	4	4	四位洋文	芝1800
2007.10.14	京都	秋華賞(G1)	5	14	後藤浩輝	芝2000
2007.11.18	京都	マイルチャンピオンS(G1)	11	9	四位洋文	芝1600
2007.12.5	船橋	クイーン賞(G3)	3	5	内田博幸	ダ1800
2008.2.2	東京	東京新聞杯(G3)	11	14	蛯名正義	芝1600
2008.4.6	中山	ダービー卿CTG3)	8	14	内田博幸	芝1600
2008.4.12	阪神	阪神牝馬S(G2)	7	14	池添謙一	芝1400
2008.5.18	東京	ヴィクトリアマイル(G1)	9	6	内田博幸	芝1600
2008.6.8	東京	安田記念(G1)	16	15	蛯名正義	芝1600
2008.8.31	札幌	キーンランドC(G3)	9	16	三浦皇成	芝1200
2009.3.1	阪神	阪急杯(G3)	13	15	和田竜二	芝1400
2009.3.15	中山	中山牝馬S(G3)	15	2	後藤浩輝	芝1800
2009.4.25	福島	福島牝馬S(G3)	2	4	後藤浩輝	芝1800

スリープレスナイト

〔3代血統表〕

クロフネ 1998 芦毛	フレンチデピュティ	Deputy Minister
		Mitterand
	ブルーアヴェニュー	Classic Go Go
		Eliza Blue
ホワットケイティーディド 1989 鹿毛	Nureyev	Northern Dancer
		Special
	Katies	ノノアルコ
		Mortefontaine

〔戦績表〕

日付	競馬場	レース名	人気	着順	騎手	距離
2007.1.7	京都	3歳新馬	1	2	安藤勝己	芝1400
2007.1.20	京都	3歳未勝利	1	3	ルメール	芝1600
2007.2.10	京都	3歳未勝利	1	1	安藤勝己	ダ1200
2007.3.3	阪神	3歳500万下	1	2	安藤勝己	ダ1200
2007.5.13	京都	3歳500万下	1	1	上村洋行	ダ1200
2007.6.17	阪神	出石特別(1000万下)	1	1	上村洋行	ダ1200
2007.7.14	新潟	越後S(1600万下)	2	1	上村洋行	ダ1200
2007.10.8	東京	ペルセウスS	1	5	上村洋行	ダ1400
2007.11.18	東京	霜月S	5	5	上村洋行	ダ1400
2007.12.9	阪神	ギャラクシーS	4	2	上村洋行	ダ1400
2008.1.6	京都	門松S	2	2	上村洋行	ダ1400
2008.4.20	中山	京葉S	2	1	横山典弘	ダ1200
2008.5.18	京都	栗東S	1	1	上村洋行	ダ1200
2008.6.15	中京	CBC賞(G3)	4	1	上村洋行	芝1200
2008.8.17	小倉	北九州記念(G3)	1	1	上村洋行	芝1200
2008.10.5	中山	スプリンターズS(G1)	1	1	上村洋行	芝1200
2009.3.29	中京	高松宮記念(G1)	1	2	上村洋行	芝1200
2009.9.13	阪神	セントウルS(G2)	1	2	上村洋行	芝1200

ウオッカ

〔3代血統表〕

タニノギムレット 1999 鹿毛	ブライアンズタイム	Roberto
		Kelley's Day
	タニノクリスタル	クリスタルパレス
		タニノシーバード
タニノシスター 1993 栗毛	ルション	Riverman
		ベルドリーヌ
	エナジートウショウ	トウショウボーイ
		コーニストウショウ

〔戦績表〕

日付	競馬場	レース名	人気	着順	騎手	距離
2006.10.29	京都	2歳新馬	2	1	鮫島克也	芝1600
2006.11.12	京都	黄菊賞(500万下)	2	2	四位洋文	芝1800
2006.12.3	阪神	阪神ジュベナイルF(G1)	4	1	四位洋文	芝1600
2007.2.3	京都	エルフィンS	1	1	四位洋文	芝1600
2007.3.3	阪神	チューリップ賞(G3)	1	1	四位洋文	芝1600
2007.4.8	阪神	桜花賞(G1)	1	2	四位洋文	芝1600
2007.5.27	東京	東京優駿(日本ダービー)(G1)	3	1	四位洋文	芝2400
2007.6.24	阪神	宝塚記念(G1)	1	8	四位洋文	芝2200
2007.10.14	京都	秋華賞(G1)	1	3	四位洋文	芝2000
2007.11.11	京都	エリザベス女王杯(G1)	−	消	四位洋文	芝2200
2007.11.25	東京	ジャパンC(G1)	2	4	四位洋文	芝2400
2007.12.23	中山	有馬記念(G1)	3	11	四位洋文	芝2500
2008.2.23	京都	京都記念(G2)	2	6	四位洋文	芝2200
2008.3.29	ドバイ	ドバイデューティーF(G1)	−	4	武豊	芝1777
2008.5.18	東京	ヴィクトリアマイル(G1)	1	2	武豊	芝1600
2008.6.8	東京	安田記念(G1)	2	1	岩田康誠	芝1600

ブルーメンブラット

〔3代血統表〕

アドマイヤベガ 1996 鹿毛	サンデーサイレンス	Halo
		Wishing Well
	ベガ	トニービン
		アンティックヴァリュー
マイワイルドフラワー 1986 鹿毛	Topsider	Northern Dancer
		Drumtop
	Wildwook	Sir Gaylord
		Blue Canoe

〔戦績表〕

日付	競馬場	レース名	人気	着順	騎手	距離
2006.1.15	京都	3歳新馬	2	2	小牧太	芝1600
2006.1.28	京都	3歳未勝利	1	1	安藤勝己	ダ1800
2006.2.19	京都	3歳500万下	1	2	川島信二	ダ1400
2006.3.18	中山	フラワーC(G3)	8	3	川島信二	芝1800
2006.4.9	阪神	忘れな草賞	1	2	川島信二	芝2000
2006.5.7	京都	矢車賞(500万下)	1	1	川島信二	芝1800
2006.5.21	東京	優駿牝馬(オークス)(G1)	8	9	川島信二	芝2400
2006.8.13	札幌	クイーンS(G3)	4	6	川島信二	芝1800
2006.9.3	札幌	大倉山特別(1000万下)	1	1	川島信二	芝1500
2006.10.15	京都	秋華賞(G1)	6	8	川島信二	芝2000
2006.11.11	東京	ユートピアS(1600万下)	1	3	川島信二	芝1600
2006.12.2	阪神	ゴールデンホイップT(1600万下)	1	2	岩田康誠	芝1600
2007.1.20	京都	石清水S(1600万下)	1	4	川島信二	芝1600
2007.2.18	京都	斑鳩S(1600万下)	1	1	川島信二	芝1400
2007.4.7	阪神	阪神牝馬S(G2)	4	5	川島信二	芝1400
2007.5.13	東京	ヴィクトリアマイル(G1)	15	8	川島信二	芝1600
2007.7.7	阪神	ストークS(1600万下)	−	消	和田竜二	芝1400
2007.10.21	東京	白秋S(1600万下)	2	1	吉田豊	芝1400
2007.11.11	東京	オーロC	1	1	後藤浩輝	芝1400
2007.12.16	阪神	阪神C(G2)	5	3	ルメール	芝1400
2008.2.3	京都	京都牝馬S(G3)	1	4	ルメール	芝1600
2008.4.12	阪神	阪神牝馬S(G2)	1	2	後藤浩輝	芝1400
2008.5.18	東京	ヴィクトリアマイル(G1)	4	3	後藤浩輝	芝1600
2008.10.19	東京	府中牝馬S(G3)	4	1	吉田豊	芝1800
2008.11.23	京都	マイルチャンピオンS(G1)	4	1	吉田豊	芝1600

2009.12.27	中山	有馬記念(G1)	1	2	横山典弘	芝2500
2010.2.20	京都	京都記念(G2)	1	1	横山典弘	芝2200
2010.3.27	ドバイ	ドバイシーマC(G1)	−	2	ペリエ	芝2410
2010.5.16	東京	ヴィクトリアマイル(G1)	1	1	横山典弘	芝1600
2010.6.27	阪神	宝塚記念(G1)	1	2	横山典弘	芝2200
2010.10.31	東京	天皇賞(秋)(G1)	1	1	スミヨン	芝2000
2010.11.28	東京	ジャパンC(G1)	1	2(降)	スミヨン	芝2400
2010.12.26	中山	有馬記念(G1)	1	2	スミヨン	芝2500
2011.3.26	ドバイ	ドバイワールドC(G1)	−	8	ムーア	A2000
2011.5.15	東京	ヴィクトリアマイル(G1)	1	2	岩田康誠	芝1600
2011.6.26	阪神	宝塚記念(G1)	1	2	岩田康誠	芝2200
2011.10.30	東京	天皇賞(秋)(G1)	1	4	岩田康誠	芝2000
2011.11.27	東京	ジャパンC(G1)	2	1	岩田康誠	芝2400
2011.12.25	中山	有馬記念(G1)	2	7	岩田康誠	芝2500

アパパネ

〔3代血統表〕

キングカメハメハ 2001 鹿毛	Kingmambo	Mr. Prospector
		Miesque
	マンファス	ラストタイクーン
		Pilot Bird
ソルティビッド 2000 栗毛	Salt Lake	Deputy Minister
		Take Lady Anne
	Piper Piper	Spectacular Bid
		Alvarada

〔戦績表〕

日付	競馬場	レース名	人気	着順	騎手	距離
2009.7.5	福島	2歳新馬	3	3	蛯名正義	芝1800
2009.10.31	東京	2歳未勝利	3	1	蛯名正義	芝1600
2009.11.15	東京	赤松賞(500万下)	3	1	蛯名正義	芝1600
2009.12.13	阪神	阪神ジュベナイルF(G1)	2	1	蛯名正義	芝1600
2010.3.6	阪神	チューリップ賞(G3)	1	2	蛯名正義	芝1600
2010.4.11	阪神	桜花賞(G1)	1	1	蛯名正義	芝1600
2010.5.23	東京	優駿牝馬(オークス)(G1)	1	1	蛯名正義	芝2400
2010.9.19	阪神	ローズS(G2)	1	4	蛯名正義	芝1800
2010.10.17	京都	秋華賞(G1)	1	1	蛯名正義	芝2000
2010.11.14	京都	エリザベス女王杯(G1)	1	3	蛯名正義	芝2200
2011.4.17	阪神	マイラーズC(G2)	4	4	蛯名正義	芝1600
2011.5.15	東京	ヴィクトリアマイル(G1)	2	1	蛯名正義	芝1600
2011.6.5	東京	安田記念(G1)	1	6	蛯名正義	芝1600
2011.10.16	東京	府中牝馬S(G2)	1	14	蛯名正義	芝1800
2011.11.13	京都	エリザベス女王杯(G1)	4	3	蛯名正義	芝2200
2011.12.11	香港	香港マイル(G1)	−	13	蛯名正義	芝1600
2012.4.7	阪神	阪神牝馬S(G2)	3	7	岩田康誠	芝1400
2012.5.13	東京	ヴィクトリアマイル(G1)	1	5	蛯名正義	芝1600
2012.6.3	東京	安田記念(G1)	4	16	蛯名正義	芝1600

カレンチャン

〔3代血統表〕

クロフネ 1998 芦毛	フレンチデピュティ	Deputy Minister
		Mitterand
	ブルーアヴェニュー	Classic Go Go
		Eliza Blue
スプリングチケット 1997 黒鹿毛	トニービン	カンパラ
		Severn Bridge
	カズミハルコマ	マルゼンスキー
		センシユータカラ

〔戦績表〕

2008.10.12	東京	毎日王冠(G2)	1	2	武豊	芝1800
2008.11.2	東京	天皇賞(秋)(G1)	1	1	武豊	芝2000
2008.11.30	東京	ジャパンC(G1)	2	3	岩田康誠	芝2400
2009.3.5	ドバイ	ジュベルハッタ(G2)	−	5	武豊	芝1777
2009.3.28	ドバイ	ドバイデューティーF(G1)	−	7	武豊	芝1777
2009.5.17	東京	ヴィクトリアマイル(G1)	1	1	武豊	芝1600
2009.6.7	東京	安田記念(G1)	1	1	武豊	芝1600
2009.10.11	東京	毎日王冠(G2)	1	2	武豊	芝1800
2009.11.1	東京	天皇賞(秋)(G1)	1	3	武豊	芝2000
2009.11.29	東京	ジャパンC(G1)	1	1	ルメール	芝2400
2010.3.4	ドバイ	マクトゥームCR3(G2)	−	8	ルメール	A2000

ダイワスカーレット

〔3代血統表〕

アグネスタキオン 1998 栗毛	サンデーサイレンス	Halo
		Wishing Well
	アグネスフローラ	ロイヤルスキー
		アグネスレディー
スカーレットブーケ 1988 栗毛	ノーザンテースト	Northern Dancer
		Lady Victoria
	スカーレットインク	Crimson Satan
		Consentida

〔戦績表〕

日付	競馬場	レース名	人気	着順	騎手	距離
2006.11.19	京都	2歳新馬	1	1	安藤勝己	芝2000
2006.12.16	中京	中京2歳S	1	1	安藤勝己	芝1800
2007.1.8	京都	シンザン記念(G3)	1	2	安藤勝己	芝1600
2007.3.3	阪神	チューリップ賞(G3)	2	2	安藤勝己	芝1600
2007.4.8	阪神	桜花賞(G1)	3	1	安藤勝己	芝1600
2007.9.16	阪神	ローズS(G2)	1	1	安藤勝己	芝1800
2007.10.14	京都	秋華賞(G1)	2	1	安藤勝己	芝2000
2007.11.11	京都	エリザベス女王杯(G1)	1	1	安藤勝己	芝2200
2007.12.23	中山	有馬記念(G1)	5	2	安藤勝己	芝2500
2008.4.6	阪神	産経大阪杯(G2)	1	1	安藤勝己	芝2000
2008.11.2	東京	天皇賞(秋)(G1)	2	2	安藤勝己	芝2000
2008.12.28	中山	有馬記念(G1)	1	1	安藤勝己	芝2500

ブエナビスタ

〔3代血統表〕

スペシャルウィーク 1995 黒鹿毛	サンデーサイレンス	Halo
		Wishing Well
	キャンペンガール	マルゼンスキー
		レディーシラオキ
ビワハイジ 1993 青鹿毛	Caerleon	Nijinsky
		Foreseer
	アグサン	Lord Gayle
		Santa Luciana

〔戦績表〕

日付	競馬場	レース名	人気	着順	騎手	距離
2008.10.26	京都	2歳新馬	1	3	安藤勝己	芝1800
2008.11.15	京都	2歳未勝利	1	1	安藤勝己	芝1600
2008.12.14	阪神	阪神ジュベナイルF(G1)	1	1	安藤勝己	芝1600
2009.3.7	阪神	チューリップ賞(G3)	1	1	安藤勝己	芝1600
2009.4.12	阪神	桜花賞(G1)	1	1	安藤勝己	芝1600
2009.5.24	東京	優駿牝馬(オークス)(G1)	1	1	安藤勝己	芝2400
2009.8.23	札幌	札幌記念(G2)	1	2	安藤勝己	芝2000
2009.10.18	京都	秋華賞(G1)	1	3(降)	安藤勝己	芝2000
2009.11.15	京都	エリザベス女王杯(G1)	1	3	安藤勝己	芝2200

メイショウマンボ

〔3代血統表〕

スズカマンボ 2001 鹿毛	サンデーサイレンス	Halo
		Wishing Well
	スプリングマンボ	Kingmambo
		キーフライヤー
メイショウモモカ 2002 栗毛	グラスワンダー	Silver Hawk
		Amerifiora
	メイショウアヤメ	ジェイドロバリー
		ウイルムーン

〔戦績表〕

日付	競馬場	レース名	人気	着順	騎手	距離
2012.11.25	京都	2歳新馬	1	1	飯田祐史	芝1400
2012.12.9	阪神	阪神ジュベナイルF(G1)	14	10	飯田祐史	芝1600
2013.1.14	京都	紅梅S	7	2	武幸四郎	芝1400
2013.2.16	京都	こぶし賞(500万下)	2	1	武幸四郎	芝1600
2013.3.10	阪神	フィリーズレビュー(G2)	3	1	川田将雅	芝1400
2013.4.7	阪神	桜花賞(G1)	4	10	武幸四郎	芝1600
2013.5.19	東京	優駿牝馬(オークス)(G1)	9	1	武幸四郎	芝2400
2013.9.15	阪神	ローズS(G2)	4	4	武幸四郎	芝1800
2013.10.13	京都	秋華賞(G1)	3	1	武幸四郎	芝2000
2013.11.10	京都	エリザベス女王杯(G1)	2	1	武幸四郎	芝2200
2014.4.6	阪神	産経大阪杯(G2)	3	7	武幸四郎	芝2000
2014.5.18	東京	ヴィクトリアマイル(G1)	3	2	武幸四郎	芝1600
2014.6.29	阪神	宝塚記念(G1)	4	11	武幸四郎	芝2200
2014.10.14	京都	京都大賞典(G2)	2	10	武幸四郎	芝2400
2014.11.16	京都	エリザベス女王杯(G1)	2	12	武幸四郎	芝2200
2014.12.28	中山	有馬記念(G1)	14	15	武幸四郎	芝2500
2015.4.11	阪神	阪神牝馬S(G2)	6	13	武幸四郎	芝1400
2015.5.17	東京	ヴィクトリアマイル(G1)	8	17	武幸四郎	芝1600
2015.6.7	東京	安田記念(G1)	15	14	武幸四郎	芝1600
2015.7.1	川崎	スパーキングレディーC(G3)	4	6	武幸四郎	ダ1600
2015.10.17	東京	府中牝馬S(G2)	8	14	武幸四郎	芝1800
2015.11.15	京都	エリザベス女王杯(G1)	12	17	武幸四郎	芝2200
2015.12.5	中京	金鯱賞(G2)	10	12	武幸四郎	芝2000
2016.1.5	京都	京都金杯(G3)	10	14	武幸四郎	芝1600
2016.4.9	阪神	阪神牝馬S(G2)	9	13	武幸四郎	芝1600
2016.5.15	東京	ヴィクトリアマイル(G1)	17	12	武幸四郎	芝1600
2016.6.12	阪神	マーメイドS(G3)	12	11	武幸四郎	芝2000
2016.10.15	東京	府中牝馬S(G2)	10	13	武幸四郎	芝1800
2016.11.13	京都	エリザベス女王杯(G1)	13	12	池添謙一	芝2200
2017.3.12	中山	中山牝馬S(G3)	13	14	柴田善臣	芝1800
2017.4.8	阪神	阪神牝馬S(G2)	11	14	小牧太	芝1600

ハープスター

〔3代血統表〕

ディープインパクト 2002 鹿毛	サンデーサイレンス	Halo
		Wishing Well
	ウインドインハーヘア	Alzao
		Burghclere
ヒストリックスター 2005 鹿毛	ファルブラヴ	Fairy King
		Gift of the Night
	ベガ	トニービン
		アンティックヴァリュー

〔戦績表〕

日付	競馬場	レース名	人気	着順	騎手	距離
2013.7.14	中京	2歳新馬	1	1	川田将雅	芝1400
2013.8.25	新潟	新潟2歳S(G3)	1	1	川田将雅	芝1600

日付	競馬場	レース名	人気	着順	騎手	距離
2009.12.26	阪神	2歳新馬	1	2	武豊	ダ1200
2010.1.16	京都	3歳未勝利	1	1	国分恭介	ダ1200
2010.2.7	中京	萌黄賞(500万下)	2	1	鮫島良太	芝1200
2010.3.14	阪神	フィリーズレビュー(G2)	6	8	鮫島良太	芝1400
2010.5.15	京都	葵S	2	2	池添謙一	芝1200
2010.6.19	函館	潮騒特別(1000万下)	2	1	池添謙一	芝1200
2011.1.23	京都	伏見S(1600万下)	1	3	池添謙一	芝1200
2011.2.19	京都	山城S(1600万下)	1	1	川田将雅	芝1200
2011.4.9	阪神	阪神牝馬S(G2)	1	1	池添謙一	芝1400
2011.7.3	函館	函館スプリントS(G3)	1	1	池添謙一	芝1200
2011.8.28	札幌	キーンランドC(G3)	1	1	池添謙一	芝1200
2011.10.2	中山	スプリンターズS(G1)	3	1	池添謙一	芝1200
2011.12.11	香港	香港スプリント(G1)	–	5	池添謙一	芝1200
2012.3.3	中山	オーシャンS(G3)	1	4	池添謙一	芝1200
2012.3.25	中京	高松宮記念(G1)	2	1	池添謙一	芝1200
2012.9.9	阪神	セントウルS(G2)	3	4	池添謙一	芝1200
2012.9.30	中山	スプリンターズS(G1)	1	2	池添謙一	芝1200
2012.12.9	香港	香港スプリント(G1)	–	7	池添謙一	芝1200

ジェンティルドンナ

〔3代血統表〕

ディープインパクト 2002 鹿毛	サンデーサイレンス	Halo
		Wishing Well
	ウインドインハーヘア	Alzao
		Burghclere
ドナブリーニ 2003 栗毛	Bertolini	Danzig
		Aquilegia
	Cal Norma's Lady	リファーズスペシャル
		June Darling

〔戦績表〕

日付	競馬場	レース名	人気	着順	騎手	距離
2011.11.19	京都	2歳新馬	1	2	M.デムーロ	芝1600
2011.12.10	阪神	2歳未勝利	1	1	メンディザバル	芝1600
2012.1.8	京都	シンザン記念(G3)	2	1	ルメール	芝1600
2012.3.3	阪神	チューリップ賞(G3)	2	4	岩田康誠	芝1600
2012.4.8	阪神	桜花賞(G1)	2	1	岩田康誠	芝1600
2012.5.20	東京	優駿牝馬(オークス)(G1)	3	1	川田将雅	芝2400
2012.9.16	阪神	ローズS(G2)	1	1	岩田康誠	芝1800
2012.10.14	京都	秋華賞(G1)	1	1	岩田康誠	芝2000
2012.11.25	東京	ジャパンC(G1)	3	1	岩田康誠	芝2400
2013.3.30	ドバイ	ドバイシーマC(G1)	–	2	岩田康誠	芝2410
2013.6.23	阪神	宝塚記念(G1)	1	3	岩田康誠	芝2200
2013.10.27	東京	天皇賞(秋)(G1)	1	2	岩田康誠	芝2000
2013.11.24	東京	ジャパンC(G1)	1	1	ムーア	芝2400
2014.2.16	京都	京都記念(G2)	1	6	福永祐一	芝2200
2014.3.29	ドバイ	ドバイシーマC(G1)	–	1	ムーア	芝2410
2014.6.29	阪神	宝塚記念(G1)	3	9	川田将雅	芝2200
2014.11.2	東京	天皇賞(秋)(G1)	2	2	戸崎圭太	芝2000
2014.11.30	東京	ジャパンC(G1)	1	4	ムーア	芝2400
2014.12.28	中山	有馬記念(G1)	4	1	戸崎圭太	芝2500

2013.3.17	中山	下総S(1600万下)	5	9	津村明秀	ダ1800
2013.4.13	中山	総武S(1600万下)	8	3	蛯名正義	ダ1800
2013.7.14	函館	駒場特別(1000万下)	4	3	岩田康誠	ダ1700
2013.7.28	函館	竜飛崎特別(1000万下)	1	1	岩田康誠	ダ1700
2014.1.5	京都	初夢S(1600万下)	9	3	岩田康誠	ダ1800
2014.1.18	京都	雅S(1600万下)	1	6	岩田康誠	ダ1900
2014.2.16	小倉	門司S(1600万下)	1	1	バルジュー	ダ1700
2014.3.5	川崎	エンプレス杯(G2)	2	3	バルジュー	ダ2100
2014.7.13	函館	マリーンS	2	2	岩田康誠	ダ1700
2014.8.14	門別	ブリーダーズゴールドC(G3)	2	1	岩田康誠	ダ2000
2014.10.2	大井	レディスプレリュード(G2)	2	2	岩田康誠	ダ1800
2014.11.3	盛岡	JBCレディスクラシック(G1)	2	1	岩田康誠	ダ1800
2014.12.7	中京	チャンピオンズC(G1)	15	4	松田大作	ダ1800
2015.1.21	大井	TCK女王盃(G3)	1	1	C.デムーロ	ダ1800
2015.2.22	東京	フェブラリーS(G1)	6	7	C.デムーロ	ダ1600
2015.4.14	船橋	マリーンC(G3)	1	1	岩田康誠	ダ1600
2015.5.5	船橋	かしわ記念(G1)	2	5	岩田康誠	ダ1600
2015.7.1	川崎	スパーキングレディーC(G3)	1	3	岩田康誠	ダ1600
2015.8.13	門別	ブリーダーズゴールドC(G3)	1	2	岩田康誠	ダ2000
2015.10.1	大井	レディスプレリュードC(G2)	2	1	岩田康誠	ダ1800
2015.11.3	大井	JBCレディスクラシック(G1)	1	2	岩田康誠	ダ1800
2015.12.6	中京	チャンピオンズC(G1)	12	1	M.デムーロ	ダ1800

ショウナンパンドラ

〔3代血統表〕

ディープインパクト 2002 鹿毛	サンデーサイレンス	Halo
		Wishing Well
	ウインドインハーヘア	Alzao
		Burghclere
キューティゴールド 2004 栗毛	フレンチデピュティ	Deputy Minister
		Mitterand
	ゴールデンサッシュ	ディクタス
		ダイナサッシュ

〔戦績表〕

日付	競馬場	レース名	人気	着順	騎手	距離
2013.12.8	阪神	2歳新馬	2	2	浜中俊	芝1800
2014.1.5	京都	3歳未勝利	1	1	浜中俊	芝2000
2014.2.8	京都	エルフィンS	1	2	浜中俊	芝1600
2014.3.21	中山	フラワーC(G3)	1	5	浜中俊	芝1800
2014.5.4	東京	スイートピーS	1	5	川須栄彦	芝1800
2014.5.24	東京	カーネーションC(500万下)	3	2	ウィリアムズ	芝1800
2014.8.16	新潟	糸魚川特別(500万下)	1	1	岩田康誠	芝2000
2014.9.13	新潟	紫苑S	1	2	岩田康誠	芝2000
2014.10.19	京都	秋華賞(G1)	3	1	浜中俊	芝2000
2014.11.16	京都	エリザベス女王杯(G1)	4	6	浜中俊	芝2200
2015.4.5	阪神	産経大阪杯(G2)	7	9	浜中俊	芝2000
2015.5.17	東京	ヴィクトリアマイル(G1)	7	8	浜中俊	芝1600
2015.6.28	阪神	宝塚記念(G1)	11	3	池添謙一	芝2200
2015.9.27	中山	オールカマー(G2)	3	1	池添謙一	芝2200
2015.11.1	東京	天皇賞(秋)(G1)	5	4	池添謙一	芝2000
2015.11.29	東京	ジャパンC(G1)	4	1	池添謙一	芝2400
2016.4.3	阪神	産経大阪杯(G2)	4	3	池添謙一	芝2000
2016.5.15	東京	ヴィクトリアマイル(G1)	2	3	池添謙一	芝1600

2013.12.8	阪神	阪神ジュベナイルF(G1)	1	2	川田将雅	芝1600
2014.3.8	阪神	チューリップ賞(G3)	1	1	川田将雅	芝1600
2014.4.13	阪神	桜花賞(G1)	1	1	川田将雅	芝1600
2014.5.25	東京	優駿牝馬(オークス)(G1)	1	2	川田将雅	芝2400
2014.8.24	札幌	札幌記念(G2)	2	1	川田将雅	芝2000
2014.10.5	フランス	凱旋門賞(G1)	−	6	川田将雅	芝2400
2014.11.30	東京	ジャパンC(G1)	2	5	川田将雅	芝2400
2015.2.15	京都	京都記念(G2)	1	5	川田将雅	芝2200
2015.3.28	ドバイ	ドバイシーマC(G1)	−	8	ムーア	芝2410

ミッキークイーン

〔3代血統表〕

ディープインパクト 2002 鹿毛	サンデーサイレンス	Halo
		Wishing Well
	ウインドインハーヘア	Alzao
		Burghclere
ミュージカルウェイ 2002 栗毛	Gold Away	Goldneyev
		Blushing Away
	Mulika	Procida
		Gazelia

〔戦績表〕

日付	競馬場	レース名	人気	着順	騎手	距離
2014.12.7	阪神	2歳新馬	1	2	浜中俊	芝1400
2014.12.21	阪神	2歳未勝利	1	1	浜中俊	芝1600
2015.2.14	東京	クイーンC(G3)	3	2	浜中俊	芝1600
2015.4.12	阪神	忘れな草賞	1	1	浜中俊	芝2000
2015.5.24	東京	優駿牝馬(オークス)(G1)	3	1	浜中俊	芝2400
2015.9.20	阪神	ローズS(G2)	1	2	浜中俊	芝1800
2015.10.18	京都	秋華賞(G1)	1	1	浜中俊	芝2000
2015.11.29	東京	ジャパンC(G1)	3	8	浜中俊	芝2400
2016.4.9	阪神	阪神牝馬S(G2)	1	2	ルメール	芝1600
2016.5.15	東京	ヴィクトリアマイル(G1)	1	2	浜中俊	芝1600
2016.11.13	京都	エリザベス女王杯(G1)	2	3	浜中俊	芝2200
2016.12.25	中山	有馬記念(G1)	7	5	浜中俊	芝2500
2017.4.8	阪神	阪神牝馬S(G2)	1	1	浜中俊	芝1600
2017.5.14	東京	ヴィクトリアマイル(G1)	1	7	浜中俊	芝1600
2017.6.25	阪神	宝塚記念(G1)	4	3	浜中俊	芝2200
2017.11.12	京都	エリザベス女王杯(G1)	3	3	浜中俊	芝2200
2017.12.24	中山	有馬記念(G1)	5	11	浜中俊	芝2500

サンビスタ

〔3代血統表〕

スズカマンボ 2001 鹿毛	サンデーサイレンス	Halo
		Wishing Well
	スプリングマンボ	Kingmambo
		キーフライヤー
ホワイトカーニバル 2000 芦毛	ミシル	Miswaki
		April Edge
	イエロープルーム	パークリージェント
		グランドリーム

〔戦績表〕

日付	競馬場	レース名	人気	着順	騎手	距離
2012.3.31	阪神	3歳未勝利	3	4	川田将雅	ダ1800
2012.4.14	阪神	3歳未勝利	2	6	川田将雅	ダ1800
2012.5.5	京都	3歳未勝利	4	1	川田将雅	ダ1800
2012.9.16	阪神	3歳以上500万下	3	3	川田将雅	ダ1800
2012.10.8	京都	3歳以上500万下	1	1	和田竜二	ダ1800
2013.3.3	小倉	早鞆特別(1000万下)	4	1	吉田隼人	ダ1700

2014.6.29	東京	3歳以上500万下	1	1	蛯名正義	芝1800
2014.8.3	新潟	三面川特別(1000万下)	2	3	蛯名正義	芝1800
2014.10.11	東京	山中湖特別(1000万下)	1	3	蛯名正義	芝1800
2014.11.16	東京	tvk賞(1000万下)	3	5	大野拓弥	芝2000
2015.2.14	東京	4歳以上1000万下	1	3	蛯名正義	芝1800
2015.3.8	中山	潮来特別(1000万下)	2	1	蛯名正義	芝2500
2015.5.9	東京	緑風S(1600万下)	2	1	蛯名正義	芝2400
2015.6.14	阪神	マーメイドS(G3)	1	2	蛯名正義	芝2000
2015.9.27	中山	オールカマー(G2)	4	5	蛯名正義	芝2200
2015.11.15	京都	エリザベス女王杯(G1)	6	1	蛯名正義	芝2200
2015.12.27	中山	有馬記念(G1)	12	4	蛯名正義	芝2500
2016.3.26	中山	日経賞(G2)	4	3	蛯名正義	芝2500
2016.5.29	東京	目黒記念(G2)	1	2	蛯名正義	芝2500
2016.6.26	阪神	宝塚記念(G1)	8	1	蛯名正義	芝2200
2016.9.25	中山	オールカマー(G2)	2	5	蛯名正義	芝2200
2016.11.13	京都	エリザベス女王杯(G1)	1	6	蛯名正義	芝2200
2016.12.25	中山	有馬記念(G1)	6	10	蛯名正義	芝2500

メジャーエンブレム

〔3代血統表〕

ダイワメジャー 2001 栗毛	サンデーサイレンス	Halo
		Wishing Well
	スカーレットブーケ	ノーザンテースト
		スカーレットインク
キャッチータイトル 2003 栗毛	オペラハウス	Sadler's Wells
		Colorspin
	タイトルド	Rainbow Quest
		Her Ladyship

〔戦績表〕

日付	競馬場	レース名	人気	着順	騎手	距離
2015.6.14	東京	2歳新馬	1	1	ルメール	芝1800
2015.9.12	中山	アスター賞(500万下)	1	1	ルメール	芝1600
2015.10.31	東京	アルテミスS(G3)	1	2	ルメール	芝1600
2015.12.13	阪神	阪神ジュベナイルF(G1)	1	1	ルメール	芝1600
2016.2.13	東京	クイーンC(G3)	1	1	ルメール	芝1600
2016.4.10	阪神	桜花賞(G1)	1	4	ルメール	芝1600
2016.5.8	東京	NHKマイルC(G1)	1	1	ルメール	芝1600

アエロリット

〔3代血統表〕

クロフネ 1998 芦毛	フレンチデピュティ	Deputy Minister
		Mitterand
	ブルーアヴェニュー	Classic Go Go
		Eliza Blue
アステリックス 2010 黒鹿毛	ネオユニヴァース	サンデーサイレンス
		ポインテッドパス
	アイルドフランス	Nureyev
		ステラマドリッド

〔戦績表〕

日付	競馬場	レース名	人気	着順	騎手	距離
2016.6.19	東京	2歳新馬	2	1	横山典弘	芝1400
2016.10.2	中山	サフラン賞(500万下)	1	2	横山典弘	芝1600
2017.1.8	中山	フェアリーS(G3)	1	2	横山典弘	芝1600
2017.2.11	東京	クイーンC(G3)	5	2	横山典弘	芝1600
2017.4.9	阪神	桜花賞(G1)	6	5	横山典弘	芝1600
2017.5.7	東京	NHKマイルC(G1)	2	1	横山典弘	芝1600
2017.7.30	札幌	クイーンS(G3)	2	1	横山典弘	芝1800
2017.10.15	京都	秋華賞(G1)	1	7	横山典弘	芝2000

ストレイトガール

〔3代血統表〕

フジキセキ 1992 青鹿毛	サンデーサイレンス	Halo
		Wishing Well
	ミルレーサー	Le Fabuleux
		Marston's Mill
ネヴァーピリオド 2002 栗毛	タイキシャトル	Devil's Bag
		ウェルシュマフィン
	フューチャハッピー	デインヒル
		タイセイカグラ

〔戦績表〕

日付	競馬場	レース名	人気	着順	騎手	距離
2011.8.21	札幌	2歳新馬	10	11	宮崎北斗	芝1500
2011.8.27	札幌	2歳未勝利	6	1	宮崎北斗	芝1200
2011.9.17	札幌	2歳500万下	8	7	宮崎北斗	芝1200
2011.10.2	札幌	すずらん賞	14	4	宮崎北斗	芝1200
2011.12.10	阪神	2歳500万下	7	7	川田将雅	芝1400
2012.1.15	京都	紅梅S	11	8	浜中俊	芝1400
2012.2.4	京都	エルフィンS	11	6	武幸四郎	芝1600
2012.6.17	函館	3歳以上500万下	2	1	岩田康誠	芝1200
2012.7.8	函館	道新スポーツ杯(1000万下)	6	5	三浦皇成	芝1200
2012.7.29	札幌	羊ヶ丘特別(1000万下)	3	6	三浦皇成	芝1200
2012.9.1	札幌	摩周湖特別(1000万下)	6	2	岩田康誠	芝1500
2013.6.16	函館	3歳以上500万下	1	2	岩田康誠	芝1200
2013.6.23	函館	3歳以上500万下	1	1	田中勝春	芝1200
2013.7.13	函館	函館スポニチ賞(1000万下)	1	1	岩田康誠	芝1200
2013.7.20	函館	函館日刊スポーツ杯(1600万下)	2	1	岩田康誠	芝1200
2013.8.11	函館	UHB賞	2	1	吉田隼人	芝1200
2013.8.25	函館	キーンランドC(G3)	1	2	田中勝春	芝1200
2013.12.8	中京	尾張S	1	1	吉田隼人	芝1200
2014.2.2	京都	シルクロードS(G3)	2	1	岩田康誠	芝1200
2014.3.30	中京	高松宮記念(G1)	1	3	岩田康誠	芝1200
2014.5.18	東京	ヴィクトリアマイル(G1)	6	3	岩田康誠	芝1600
2014.6.22	函館	函館スプリントS(G3)	1	11	岩田康誠	芝1200
2014.10.5	新潟	スプリンターズS(G1)	2	2	岩田康誠	芝1200
2014.12.14	香港	香港スプリント(G1)	−	3	岩田康誠	芝1200
2015.3.29	中京	高松宮記念(G1)	1	13	岩田康誠	芝1200
2015.5.17	東京	ヴィクトリアマイル(G1)	5	1	戸崎圭太	芝1600
2015.9.13	阪神	セントウルS(G2)	3	4	戸崎圭太	芝1200
2015.10.4	中山	スプリンターズS(G1)	1	1	戸崎圭太	芝1200
2015.12.13	香港	香港スプリント(G1)	−	9	戸崎圭太	芝1200
2016.4.9	阪神	阪神牝馬S(G2)	3	9	戸崎圭太	芝1600
2016.5.15	東京	ヴィクトリアマイル(G1)	7	1	戸崎圭太	芝1600

マリアライト

〔3代血統表〕

ディープインパクト 2002 鹿毛	サンデーサイレンス	Halo
		Wishing Well
	ウインドインハーヘア	Alzao
		Burghclere
クリソプレーズ 2002 黒鹿毛	エルコンドルパサー	Kingmambo
		サドラーズギャル
	キャサリーンパー	Riverman
		Regal Exception

〔戦績表〕

日付	競馬場	レース名	人気	着順	騎手	距離
2014.1.11	中山	3歳新馬	3	1	三浦皇成	芝2000
2014.3.2	中山	3歳500万下	5	3	三浦皇成	芝1800
2014.5.4	東京	スイートピーS	3	6	幸英明	芝1800

2017.5.21	東京	優駿牝馬(オークス)(G1)	3	5	武豊	芝2400
2017.9.17	阪神	ローズS(G2)	3	3	武豊	芝1800
2017.10.15	京都	秋華賞(G1)	4	2	武豊	芝2000
2017.11.12	京都	エリザベス女王杯(G1)	7	8	福永祐一	芝2200
2018.2.4	東京	東京新聞杯(G3)	3	1	武豊	芝1600
2018.4.7	阪神	阪神牝馬S(G2)	1	3	武豊	芝1600
2018.5.13	東京	ヴィクトリアマイル(G1)	1	2	武豊	芝1600
2018.6.3	東京	安田記念(G1)	6	8	武豊	芝1600
2018.10.13	東京	アイルランドT府中牝馬S(G2)	2	2	M.デムーロ	芝1800
2018.11.11	京都	エリザベス女王杯(G1)	3	1	モレイラ	芝2200
2018.12.9	香港	香港ヴァーズ(G1)	−	2	モレイラ	芝2400
2019.3.10	中京	金鯱賞(G2)	5	2	シュタルケ	芝2000
2019.4.28	香港	QE2世C(G1)	−	3	マーフィー	芝2000
2019.6.23	阪神	宝塚記念(G1)	3	1	レーン	芝2200
2019.10.26	オーストラリア	コックスプレート(G1)	−	1	レーン	芝2040
2019.12.22	中山	有馬記念(G1)	2	1	レーン	芝2500

グランアレグリア

〔3代血統表〕

ディープインパクト 2002 鹿毛	サンデーサイレンス	Halo
		Wishing Well
	ウインドインハーヘア	Alzao
		Burghclere
タピッツフライ 2007 芦毛	Tapit	Pulpit
		Tap Your Heels
	Flying Marlin	Marlin
		Morning Dove

〔戦績表〕

日付	競馬場	レース名	人気	着順	騎手	距離
2018.6.3	東京	2歳新馬	1	1	ルメール	芝1600
2018.10.6	東京	サウジアラビアRC(G3)	1	1	ルメール	芝1600
2018.12.16	阪神	朝日杯フューチュリティS(G1)	1	3	ルメール	芝1600
2019.4.7	阪神	桜花賞(G1)	2	1	ルメール	芝1600
2019.5.5	東京	NHKマイルC(G1)	1	5(降)	ルメール	芝1600
2019.12.21	阪神	阪神C(G2)	1	1	ルメール	芝1400
2020.3.29	中京	高松宮記念(G1)	2	2	池添謙一	芝1200
2020.6.7	東京	安田記念(G1)	3	1	池添謙一	芝1600
2020.10.4	中山	スプリンターズS(G1)	1	1	ルメール	芝1200
2020.11.22	阪神	マイルチャンピオンS(G1)	1	1	ルメール	芝1600
2021.4.4	阪神	大阪杯(G1)	2	4	ルメール	芝2000
2021.5.16	東京	ヴィクトリアマイル(G1)	1	1	ルメール	芝1600
2021.6.6	東京	安田記念(G1)	1	2	ルメール	芝1600
2021.10.31	東京	天皇賞(秋)(G1)	2	3	ルメール	芝2000
2021.11.21	阪神	マイルチャンピオンS(G1)	1	1	ルメール	芝1600

クロノジェネシス

〔3代血統表〕

バゴ 2001 黒鹿毛	Nashwan	Blushing Groom
		Height of Fashion
	Moonlight's Box	Nureyev
		Coup de Genie
クロノロジスト 2003 芦毛	クロフネ	フレンチデピュティ
		ブルーアヴェニュー
	インディスユニゾン	サンデーサイレンス
		ラスティックベル

〔戦績表〕

日付	競馬場	レース名	人気	着順	騎手	距離
2018.9.2	小倉	2歳新馬	1	1	北村友一	芝1800

2018.2.25	中山	中山記念(G2)	5	2	横山典弘	芝1800
2018.5.13	東京	ヴィクトリアマイル(G1)	3	4	戸崎圭太	芝1600
2018.6.3	東京	安田記念(G1)	5	2	戸崎圭太	芝1600
2018.10.7	東京	毎日王冠(G2)	1	1	モレイラ	芝1800
2018.11.18	京都	マイルチャンピオンS(G1)	2	12	ムーア	芝1600
2019.1.26	アメリカ	ペガサスWCT(G1)	−	9	ジェルー	芝1900
2019.5.12	東京	ヴィクトリアマイル(G1)	2	5	横山典弘	芝1600
2019.6.2	東京	安田記念(G1)	3	2	戸崎圭太	芝1600
2019.10.6	東京	毎日王冠(G2)	2	2	津村明秀	芝1800
2019.10.27	東京	天皇賞(秋)(G1)	6	3	戸崎圭太	芝2000
2019.12.22	中山	有馬記念(G1)	12	14	津村明秀	芝2500

アーモンドアイ

〔3代血統表〕

ロードカナロア 2008 鹿毛	キングカメハメハ	Kingmambo
		マンファス
	レディブラッサム	Storm Cat
		サラトガデュー
フサイチパンドラ 2003 栗毛	サンデーサイレンス	Halo
		Wishing Well
	ロッタレース	Nureyev
		Sex Appeal

〔戦績表〕

日付	競馬場	レース名	人気	着順	騎手	距離
2017.8.6	新潟	2歳新馬	1	2	ルメール	芝1400
2017.10.8	東京	2歳未勝利	1	1	ルメール	芝1600
2018.1.8	京都	シンザン記念(G3)	1	1	戸崎圭太	芝1600
2018.4.8	阪神	桜花賞(G1)	2	1	ルメール	芝1600
2018.5.20	東京	優駿牝馬(オークス)(G1)	1	1	ルメール	芝2400
2018.10.14	京都	秋華賞(G1)	1	1	ルメール	芝2000
2018.11.25	東京	ジャパンC(G1)	1	1	ルメール	芝2400
2019.3.30	ドバイ	ドバイターフ(G1)	−	1	ルメール	芝1800
2019.6.2	東京	安田記念(G1)	1	3	ルメール	芝1600
2019.10.27	東京	天皇賞(秋)(G1)	1	1	ルメール	芝2000
2019.12.22	中山	有馬記念(G1)	1	9	ルメール	芝2500
2020.5.17	東京	ヴィクトリアマイル(G1)	1	1	ルメール	芝1600
2020.6.7	東京	安田記念(G1)	1	2	ルメール	芝1600
2020.11.1	東京	天皇賞(秋)(G1)	1	1	ルメール	芝2000
2020.11.29	東京	ジャパンC(G1)	1	1	ルメール	芝2400

リスグラシュー

〔3代血統表〕

ハーツクライ 2001 鹿毛	サンデーサイレンス	Halo
		Wishing Well
	アイリッシュダンス	トニービン
		ビューパーダンス
リリサイド 2007 鹿毛	American Post	Bering
		Wells Fargo
	Miller's Lily	ミラーズメイト
		Lymara

〔戦績表〕

日付	競馬場	レース名	人気	着順	騎手	距離
2016.8.27	新潟	2歳新馬	1	2	中谷雄太	芝1600
2016.9.10	阪神	2歳未勝利	2	1	中谷雄太	芝1800
2016.10.29	東京	アルテミスS(G3)	1	1	武豊	芝1600
2016.12.11	阪神	阪神ジュベナイルF(G1)	2	2	戸崎圭太	芝1600
2017.3.4	阪神	チューリップ賞(G3)	2	3	武豊	芝1600
2017.4.9	阪神	桜花賞(G1)	3	2	武豊	芝1600

デアリングタクト

〔3代血統表〕

エピファネイア 2010 鹿毛	シンボリクリスエス	Kris S.
		Tee Kay
	シーザリオ	スペシャルウィーク
		キロフプリミエール
デアリングバード 2011 黒鹿毛	キングカメハメハ	Kingmambo
		マンファス
	デアリングハート	サンデーサイレンス
		デアリングダンジグ

〔戦績表〕

日付	競馬場	レース名	人気	着順	騎手	距離
2019.11.16	京都	2歳新馬	2	1	松山弘平	芝1600
2020.2.8	京都	エルフィンS(L)	3	1	松山弘平	芝1600
2020.4.12	阪神	桜花賞(G1)	2	1	松山弘平	芝1600
2020.5.24	東京	優駿牝馬(オークス)(G1)	1	1	松山弘平	芝2400
2020.10.18	京都	秋華賞(G1)	1	1	松山弘平	芝2000
2020.11.29	東京	ジャパンC(G1)	3	3	松山弘平	芝2400
2021.3.14	中京	金鯱賞(G2)	1	2	松山弘平	芝2000
2021.4.25	香港	QE2世C(G1)	–	3	松山弘平	芝2000
2022.5.15	東京	ヴィクトリアマイル(G1)	5	6	松山弘平	芝1600
2022.6.26	阪神	宝塚記念(G1)	4	3	松山弘平	芝2200
2022.9.25	中山	オールカマー(G2)	1	6	松山弘平	芝2200
2022.11.13	阪神	エリザベス女王杯(G1)	1	6	松山弘平	芝2200
2022.11.27	東京	ジャパンC(G1)	5	4	マーカンド	芝2400

モズスーパーフレア

〔3代血統表〕

Speightstown 1998 栗毛	Gone West	Mr. Prospector
		Secrettame
	Silken Cat	Storm Cat
		Silken Doll
Christies Treasure 2004 栗毛	Belong to Me	Danzig
		Belonging
	Roses At Sunset	Valid Appeal
		Bid Gal

〔戦績表〕

日付	競馬場	レース名	人気	着順	騎手	距離
2017.8.19	小倉	2歳新馬	1	1	松若風馬	芝1200
2017.9.3	小倉	小倉2歳S(G3)	1	7	松若風馬	芝1200
2017.11.3	京都	ファンタジーS(G3)	7	5	松若風馬	芝1400
2017.12.16	中京	つわぶき賞(500万下)	2	8	松若風馬	芝1400
2018.1.14	京都	紅梅S	6	6	和田竜二	芝1400
2018.3.4	小倉	萌黄賞(500万下)	4	1	中谷雄太	芝1200
2018.3.17	中京	ファルコンS(G3)	9	5	中谷雄太	芝1400
2018.6.16	函館	HTB杯(1000万下)	2	1	北村友一	芝1200
2018.7.21	函館	函館日刊スポーツ杯(1600万下)	2	11	丸山元気	芝1200
2018.9.22	中山	セプテンバーS(1600万下)	2	1	武豊	芝1200
2018.10.7	京都	オパールS	1	3	北村友一	芝1200
2018.12.2	中山	ラピスラズリS	1	2	北村友一	芝1200
2019.1.5	中山	カーバンクルS	1	1	武豊	芝1200
2019.3.2	中山	オーシャンS(G3)	1	1	ルメール	芝1200
2019.3.24	中京	高松宮記念(G1)	2	15	武豊	芝1200
2019.8.18	小倉	北九州記念(G3)	2	4	松若風馬	芝1200
2019.9.29	中山	スプリンターズS(G1)	3	2	松若風馬	芝1200
2019.11.24	京都	京阪杯(G3)	1	8	松山弘平	芝1200
2020.2.2	京都	シルクロードS(G3)	2	4	松若風馬	芝1200
2020.3.29	中京	高松宮記念(G1)	9	1	松若風馬	芝1200
2020.8.23	小倉	北九州記念(G3)	1	2	松若風馬	芝1200

2018.10.20	東京	アイビーS	3	1	北村友一	芝1800
2018.12.9	阪神	阪神ジュベナイルF(G1)	2	2	北村友一	芝1600
2019.2.11	東京	クイーンC(G3)	1	1	北村友一	芝1600
2019.4.7	阪神	桜花賞(G1)	3	3	北村友一	芝1600
2019.5.19	東京	優駿牝馬(オークス)(G1)	2	3	北村友一	芝2400
2019.10.13	京都	秋華賞(G1)	4	1	北村友一	芝2000
2019.11.10	京都	エリザベス女王杯(G1)	2	5	北村友一	芝2200
2020.2.16	京都	京都記念(G2)	1	1	北村友一	芝2200
2020.4.5	阪神	大阪杯(G1)	4	2	北村友一	芝2000
2020.6.28	阪神	宝塚記念(G1)	2	1	北村友一	芝2200
2020.11.1	東京	天皇賞(秋)(G1)	2	3	北村友一	芝2000
2020.12.27	中山	有馬記念(G1)	1	1	北村友一	芝2500
2021.3.27	ドバイ	ドバイシーマC(G1)	–	2	北村友一	芝2410
2021.6.27	阪神	宝塚記念(G1)	1	1	ルメール	芝2200
2021.10.3	フランス	凱旋門賞(G1)	–	7	マーフィー	芝2400
2021.12.26	中山	有馬記念(G1)	2	3	ルメール	芝2500

ラッキーライラック

〔3代血統表〕

オルフェーヴル 2008 栗毛	ステイゴールド	サンデーサイレンス
		ゴールデンサッシュ
	オリエンタルアート	メジロマックイーン
		エレクトロアート
ライラックスアンドレース 2008 栗毛	Flower Alley	Distorted Humor
		プリンセスオリビア
	Refinement	Seattle Slew
		ステラマドリッド

〔戦績表〕

日付	競馬場	レース名	人気	着順	騎手	距離
2017.8.20	新潟	2歳新馬	2	1	石橋脩	芝1600
2017.10.28	東京	アルテミスS(G3)	2	1	石橋脩	芝1600
2017.12.10	阪神	阪神ジュベナイルF(G1)	2	1	石橋脩	芝1600
2018.3.3	阪神	チューリップ賞(G2)	1	1	石橋脩	芝1600
2018.4.8	阪神	桜花賞(G1)	1	2	石橋脩	芝1600
2018.5.20	東京	優駿牝馬(オークス)(G1)	2	3	石橋脩	芝2400
2018.10.14	京都	秋華賞(G1)	2	9	北村友一	芝2000
2019.2.24	中山	中山記念(G2)	6	2	石橋脩	芝1800
2019.4.6	阪神	阪神牝馬S(G2)	1	8	石橋脩	芝1600
2019.5.12	東京	ヴィクトリアマイル(G1)	1	4	石橋脩	芝1600
2019.10.14	東京	アイルランドT府中牝馬S(G2)	2	3	石橋脩	芝1800
2019.11.10	京都	エリザベス女王杯(G1)	3	1	スミヨン	芝2200
2019.12.8	香港	香港ヴァーズ(G1)	–	2	スミヨン	芝2400
2020.3.1	中山	中山記念(G2)	2	2	M.デムーロ	芝1800
2020.4.5	阪神	大阪杯(G1)	2	1	M.デムーロ	芝2000
2020.6.28	阪神	宝塚記念(G1)	3	6	M.デムーロ	芝2200
2020.8.23	札幌	札幌記念(G2)	1	3	M.デムーロ	芝2000
2020.11.15	阪神	エリザベス女王杯(G1)	1	1	ルメール	芝2200
2020.12.27	中山	有馬記念(G1)	4	4	福永祐一	芝2500

2020.12.27	中山	有馬記念(G1)	6	10	M.デムーロ	芝2500
2021.2.14	阪神	京都記念(G2)	1	1	川田将雅	芝2200
2021.3.27	ドバイ	ドバイシーマC(G1)	–	3	マーフィー	芝2410
2021.4.25	香港	QE2世C(G1)	–	1	ホー	芝2000
2021.8.22	札幌	札幌記念(G2)	1	2	川田将雅	芝2000
2021.11.6	アメリカ	BCF&Mターフ(G1)	–	1	川田将雅	芝2200
2021.12.12	香港	香港C(G1)	–	1	川田将雅	芝2000

ソダシ

〔3代血統表〕

クロフネ 1998 芦毛	フレンチデピュティ	Deputy Minister
		Mitterand
	ブルーアヴェニュー	Classic Go Go
		Eliza Blue
ブチコ 2012 白毛	キングカメハメハ	Kingmambo
		マンファス
	シラユキヒメ	サンデーサイレンス
		ウェイブウインド

〔戦績表〕

日付	競馬場	レース名	人気	着順	騎手	距離
2020.7.12	函館	2歳新馬	3	1	吉田隼人	芝1800
2020.9.5	札幌	札幌2歳S(G3)	2	1	吉田隼人	芝1800
2020.10.31	東京	アルテミスS(G3)	1	1	吉田隼人	芝1600
2020.12.13	阪神	阪神ジュベナイルF(G1)	1	1	吉田隼人	芝1600
2021.4.11	阪神	桜花賞(G1)	2	1	吉田隼人	芝1600
2021.5.23	東京	優駿牝馬(オークス)(G1)	1	8	吉田隼人	芝2400
2021.8.22	札幌	札幌記念(G2)	2	1	吉田隼人	芝2000
2021.10.17	阪神	秋華賞(G1)	1	10	吉田隼人	芝2000
2021.12.5	中京	チャンピオンズC(G1)	2	12	吉田隼人	ダ1800
2022.2.20	東京	フェブラリーS(G1)	4	3	吉田隼人	ダ1600
2022.5.15	東京	ヴィクトリアマイル(G1)	4	1	吉田隼人	芝1600
2022.8.21	札幌	札幌記念(G2)	1	5	吉田隼人	芝2000
2022.10.15	東京	アイルランドT府中牝馬S(G2)	1	2	吉田隼人	芝1800
2022.11.20	阪神	マイルチャンピオンS(G1)	2	3	吉田隼人	芝1600
2023.5.14	東京	ヴィクトリアマイル(G1)	3	2	レーン	芝1600
2023.6.4	東京	安田記念(G1)	2	7	川田将雅	芝1600

ソングライン

〔3代血統表〕

キズナ 2010 青鹿毛	ディープインパクト	サンデーサイレンス
		ウインドインハーヘア
	キャットクイル	Storm Cat
		Pacific Princess
ルミナスパレード 2011 黒鹿毛	シンボリクリスエス	Kris S.
		Tee Kay
	ルミナスポイント	アグネスタキオン
		ソニンク

〔戦績表〕

日付	競馬場	レース名	人気	着順	騎手	距離
2020.6.20	東京	2歳新馬	1	2	レーン	芝1400
2020.11.22	東京	2歳未勝利	2	1	丸山元気	芝1600
2021.1.16	中京	紅梅S(L)	1	1	ルメール	芝1400
2021.4.11	阪神	桜花賞(G1)	7	15	池添謙一	芝1600
2021.5.9	東京	NHKマイルC(G1)	7	2	池添謙一	芝1600
2021.8.15	新潟	関屋記念(G3)	1	3	池添謙一	芝1600
2021.10.23	東京	富士S(G2)	1	1	池添謙一	芝1600
2021.12.25	阪神	阪神C(G2)	1	15	池添謙一	芝1400
2022.2.26	サウジ	1351ターフスプリント(G3)	2	1	ルメール	芝1351

2020.10.4	中山	スプリンターズS(G1)	2	10	松若風馬	芝1200
2020.11.3	大井	JBCスプリント(G1)	4	4	松若風馬	ダ1200
2021.1.31	中京	シルクロードS(G3)	1	17	北村友一	芝1200
2021.3.28	中京	高松宮記念(G1)	6	5	松若風馬	芝1200
2021.8.22	小倉	北九州記念(G3)	2	3	松若風馬	芝1200
2021.10.3	中山	スプリンターズS(G1)	5	5	松若風馬	芝1200
2021.11.3	金沢	JBCスプリント(G1)	4	3	松若風馬	ダ1400
2021.12.12	中山	カペラS(G3)	1	4	松若風馬	ダ1200

レイパパレ

〔3代血統表〕

ディープインパクト 2002 鹿毛	サンデーサイレンス	Halo
		Wishing Well
	ウインドインハーヘア	Alzao
		Burghclere
シェルズレイ 2003 芦毛	クロフネ	フレンチデピュティ
		ブルーアヴェニュー
	オイスターチケット	ウイニングチケット
		ナムラピアリス

〔戦績表〕

日付	競馬場	レース名	人気	着順	騎手	距離
2020.1.11	京都	3歳新馬	1	1	川田将雅	芝1600
2020.6.6	阪神	3歳以上1勝クラス	1	1	川田将雅	芝1600
2020.7.26	新潟	糸魚川特別(2勝クラス)	1	1	川田将雅	芝1800
2020.10.18	京都	大原S(3勝クラス)	1	1	川田将雅	芝1800
2020.12.5	阪神	チャレンジC(G3)	1	1	川田将雅	芝2000
2021.4.4	阪神	大阪杯(G1)	4	1	川田将雅	芝2000
2021.6.27	阪神	宝塚記念(G1)	2	3	川田将雅	芝2200
2021.9.26	中山	オールカマー(G2)	1	4	川田将雅	芝2200
2021.11.14	阪神	エリザベス女王杯(G1)	1	6	ルメール	芝2200
2021.12.12	香港	香港C(G1)	–	6	スミヨン	芝2000
2022.3.13	中京	金鯱賞(G2)	2	2	川田将雅	芝2000
2022.4.3	阪神	大阪杯(G1)	3	2	川田将雅	芝2000
2022.5.15	東京	ヴィクトリアマイル(G1)	1	12	川田将雅	芝1600
2022.10.9	東京	毎日王冠(G2)	2	4	川田将雅	芝1800
2022.12.11	香港	香港C(G1)	–	9	モレイラ	芝2000

ラヴズオンリーユー

〔3代血統表〕

ディープインパクト 2002 鹿毛	サンデーサイレンス	Halo
		Wishing Well
	ウインドインハーヘア	Alzao
		Burghclere
ラヴズオンリーミー 2006 鹿毛	Storm Cat	Storm Bird
		Terlingua
	Monevassia	Mr. Prospector
		Miesque

〔戦績表〕

日付	競馬場	レース名	人気	着順	騎手	距離
2018.11.3	京都	2歳新馬	2	1	ルメール	芝1800
2018.11.25	京都	白菊賞(500万下)	1	1	岩田康誠	芝1600
2019.4.7	阪神	忘れな草賞(L)	1	1	M.デムーロ	芝2000
2019.5.19	東京	優駿牝馬(オークス)(G1)	1	1	M.デムーロ	芝2400
2019.11.10	京都	エリザベス女王杯(G1)	1	3	M.デムーロ	芝2200
2020.5.17	東京	ヴィクトリアマイル(G1)	3	7	M.デムーロ	芝1600
2020.6.6	阪神	鳴尾記念(G3)	1	2	M.デムーロ	芝2000
2020.10.17	東京	アイルランドT府中牝馬S(G2)	1	5	M.デムーロ	芝1800
2020.11.15	阪神	エリザベス女王杯(G1)	3	3	M.デムーロ	芝2200

メアジードーツ

〔3代血統表〕

Nodouble 1965 栗毛	Noholme	Star Kingdom
		Oceana
	Abla-Jay	Double Jay
		Ablamucha
Avalanche Lily 1965 鹿毛	T.V. Lark	Indian Hemp
		Miss Larksfly
	Tumbling	War Admiral
		Up the Hill

ホーリックス

〔3代血統表〕

Three Legs 1972 芦毛	Petingo	Petition
		Alcazar
	Teodora	Hard Sauce
		Tellastory
Malt 1978 黒鹿毛	Moss Trooper	Levmoss
		Forest Friend
	Frill	Agricola
		Froth

スタネーラ

〔3代血統表〕

Guillaume Tell 1972 栗毛	Nashua	Nasrullah
		Segula
	La Dauphine	Princequillo
		Baby League
Lady Aureola 1964 栗毛	Aureole	Hyperion
		Angelola
	Lady Godiva	Royal Charger
		Princess Toi

ザルカヴァ

〔3代血統表〕

Zamindar 1994 鹿毛	Gone West	Mr. Prospector
		Secrettame
	Zaizafon	The Minstrel
		Mofida
Zarkasha 1999 鹿毛	Kahyasi	イルドブルボン
		Kadissya
	Zarkana	Doyoun
		Zarna

2022.5.15	東京	ヴィクトリアマイル(G1)	2	5	池添謙一	芝1600
2022.6.5	東京	安田記念(G1)	4	1	池添謙一	芝1600
2022.9.11	中京	セントウルS(G2)	2	5	ルメール	芝1200
2023.2.25	サウジ	1351ターフスプリ(G3)	1	10	ルメール	芝1351
2023.5.14	東京	ヴィクトリアマイル(G1)	4	1	戸崎圭太	芝1600
2023.6.4	東京	安田記念(G1)	4	1	戸崎圭太	芝1600

スターズオンアース

〔3代血統表〕

ドゥラメンテ 2012 鹿毛	キングカメハメハ	Kingmambo
		マンファス
	アドマイヤグルーヴ	サンデーサイレンス
		エアグルーヴ
サザンスターズ 2013 鹿毛	Smart Strike	Mr. Prospector
		Classy'n Smart
	スタセリタ	Monsun
		Soignee

〔戦績表〕

日付	競馬場	レース名	人気	着順	騎手	距離
2021.8.1	新潟	2歳新馬	2	2	石橋脩	芝1800
2021.10.9	東京	2歳未勝利	1	1	石橋脩	芝1800
2021.11.21	東京	赤松賞(1勝クラス)	1	3	石橋脩	芝1600
2022.1.10	中山	フェアリーS(G3)	1	2	石橋脩	芝1600
2022.2.12	東京	クイーンC(G3)	1	2	横山武史	芝1600
2022.4.10	阪神	桜花賞(G1)	7	1	川田将雅	芝1600
2022.5.22	東京	優駿牝馬(オークス)(G1)	3	1	ルメール	芝2400
2022.10.16	阪神	秋華賞(G1)	1	3	ルメール	芝2000
2023.4.2	阪神	大阪杯(G1)	1	2	ルメール	芝2000
2023.5.14	東京	ヴィクトリアマイル(G1)	1	3	ルメール	芝1600

リバティアイランド

〔3代血統表〕

ドゥラメンテ 2012 鹿毛	キングカメハメハ	Kingmambo
		マンファス
	アドマイヤグルーヴ	サンデーサイレンス
		エアグルーヴ
ヤンキーローズ 2013 青鹿毛	All American	Red Ransom
		Milva
	Condesaar	ザール
		Condescendance

〔戦績表〕

日付	競馬場	レース名	人気	着順	騎手	距離
2022.7.30	新潟	2歳新馬	1	1	川田将雅	芝1600
2022.10.29	東京	アルテミスS(G3)	1	2	川田将雅	芝1600
2022.12.11	阪神	阪神ジュベナイルF(G1)	1	1	川田将雅	芝1600
2023.4.9	阪神	桜花賞(G1)	1	1	川田将雅	芝1600
2023.5.21	東京	優駿牝馬(オークス)(G1)	1	1	川田将雅	芝2400

※166 ～ 176ページ[日本馬の「夢」を砕いた海外の名牝たち] 掲載馬の戦績は省略しました

ソレミア

〔3代血統表〕

Poliglote 1992 鹿毛	Sadler's Wells	Northern Dancer
		Fairy Bridge
	Alexandrie	Val de l'Orne
		Apachee
Brooklyn's Dance 1988 黒鹿毛	Shirley Heights	Mill Reef
		Hardiemma
	Vallee Dansante	Lyphard
		Green Valley

トレヴ

〔3代血統表〕

Motivator 2002 鹿毛	モンジュー	Sadler's Wells
		Floripedes
	Out West	Gone West
		Chellingoua
Trevise 2000 鹿毛	Anabaa	Danzig
		Balbonella
	Trevillari	Riverman
		Trevilla

エネイブル

〔3代血統表〕

Nathaniel 2008 鹿毛	Galileo	Sadler's Wells
		Urban Sea
	Magnificient Style	Silver Hawk
		Mia Karina
Concentric 2004 鹿毛	Sadler's Wells	Northern Dancer
		Fairy Bridge
	Apogee	Shirley Heights
		Bourbon Girl

スノーフェアリー

〔3代血統表〕

Intikhab 1994 鹿毛	Red Ransom	Roberto
		アラビアII
	Crafty Example	Crafty Prospector
		Zienelle
ウッドランドドリーム 2002 青鹿毛	Charnwood Forest	ウォーニング
		Dance of Leaves
	Fantasy Girl	Marju
		Persian Fantasy

【参考文献】

■『競馬四季報』サラブレッド血統センター／ケイバブック
■『競馬の血統学―サラブレッドの進化と限界』吉沢譲治／ＮＨＫライブラリー／２００１
■『競馬の世界史―サラブレッド誕生から21世紀の凱旋門賞まで』本村凌二／中公新書／２０１６
■『競馬ノンフィクション １９９８年世代』江面弘也／星海社新書／２０２２
■『血統史たらればなし』栗山求／ＫＡＤＯＫＡＷＡ／２０１６
■『グランプリ 夢の蹄跡 ドキュメントドリーム・レース』自由国民社／１９９０
■『サンデーサイレンス大全』宝島社／２００６
■『ジョッキーズ』島田明宏／イースト・プレス／２０２０
■『田端到・加藤栄の種牡馬事典 ２０２２―２０２３』田端到・加藤栄／サンクチュアリ・パブリッシング／２０２２
■『Ｎｕｍｂｅｒ競馬ノンフィクション傑作選 名馬堂々。』文藝春秋／２０２１
■『日本ダービー50年史』 日本中央競馬会 １９８３年
■『名馬を読む １〜３』江面弘也／三賢社／２０１７〜２０２１
■『パーフェクト種牡馬辞典 ２０２３―２０２４』監修：栗山求・望田潤／自由国民社／２０２３
■『「優駿」観戦記で甦る有馬記念十番勝負』寺山修司・遠藤周作ほか／小学館／１９９９
■『「優駿」観戦記で甦る桜花賞十番勝負』寺山修司・田辺聖子ほか／小学館／１９９９

[監修者プロフィール]

江面弘也 (えづら こうや)

ノンフィクションライター。1960年、福島県生まれ。東京理科大学卒業後、(株)中央競馬ピーアール・センター入社。雑誌『優駿』の編集に携わったのちフリー。競馬関連著書に『競馬ノンフィクション 1998年世代』(星海社新書)、『名馬を読む』1〜3、『昭和の名騎手』(三賢社)、『活字競馬に挑んだ二人の男』(ミデアム出版社)、『サラブレッド・ビジネス ラムタラと日本競馬』(文春新書)など多数。

執筆：四條たか子（P32～35、P40～61、P76～77、P167～176）
山崎征則（P62～75、P78～105、P108～113）
渡邉和彦（P106～107、P114～165）
ブックデザイン：森田恭行（キガミッツ）
校正校閲：長岡伸治（プリンシパル）
本文構成・編集協力：高見澤 秀（マイストリート）
写真提供：村田利之／サラブレッド血統センター／ケイバブック／ JRA

血統と戦績で読む

伝説の牝馬図鑑

2023年11月26日　初版第1刷発行

監　修　江面弘也

発　行　永田和泉

発行所　株式会社イースト・プレス
〒101-0051 東京都千代田区神田神保町 2-4-7
久月神田ビル
TEL：03-5213-4700　FAX：03-5213-4701
https://www.eastpress.co.jp

印刷所　中央精版印刷株式会社

ISBN 978-4-7816-2270-5